普通高等教育“十一五”规划教材

不动产权籍的调查与测量

Investigation and Survey of Real Estate Cadastral

（第四次修订）

吴向阳 蒋 辉 王守光 等 编著

测绘出版社

·北京·

内容简介

本书系统地介绍了不动产权籍调查与测量的基本知识、基础理论、作业方式和操作程序。概要介绍了不动产权籍调查相关的概念、内涵、发展历史等,并阐述了不动产权属调查、控制测量、细部测量、面积量算、日常调查等内容,以及土地利用现状调查相关技术方法和内容,不动产权籍调查的技术管理和工程项目管理,最后介绍了不动产权籍数据库与信息系统建设。书中内容力求将现代测量新技术与我国新近颁布的有关不动产法规紧密地结合在一起,使读者在掌握理论知识的同时,又能掌握生产的技能。

本书可作为高等学校相关专业的教材,也可作为广大测绘人员、不动产权籍调查人员和管理工作者的参考书。

图书在版编目(CIP)数据

不动产权籍的调查与测量 / 吴向阳等编著. — 北京：测绘出版社，2021.7

ISBN 978-7-5030-4374-1

Ⅰ. ①不… Ⅱ. ①吴… Ⅲ. ①不动产－调查②不动产－测量 Ⅳ. ①F293.3

中国版本图书馆 CIP 数据核字(2021)第 129784 号

责任编辑	刘　策	封面设计 李　伟	责任印制 吴　芸
出版发行	测绘出版社	电　话	010－68580735(发行部)
地　址	北京市西城区三里河路 50 号		010－68531363(编辑部)
邮政编码	100045	网　址	www.chinasmp.com
电子信箱	smp@sinomaps.com	经　销	新华书店
成品规格	184mm×260mm	印　刷	北京建筑工业印刷厂
印　张	14.25	字　数	351 千字
版　次	2021 年 7 月第 1 版	印　次	2021 年 7 月第 1 次印刷
印　数	0001—2000	定　价	45.00 元

书　号 ISBN 978-7-5030-4374-1

本书如有印装质量问题,请与我社发行部联系调换。

前　言

回望历史，不忘初心。此次出版的《不动产权籍的调查与测量》，是经第四次修订后的教材，承前启后、继往开来，以顺应时代发展。此前，本书已使用过2个书名，出版过4个版本，分别是1996年版和2004年版的《地籍测量学》，2008年版和2014年版的《地籍调查与地籍测量学》。本书属于全国高等学校测绘学科教学指导委员会于1995年确定的普通高等教育测绘类规划教材和于2008年确定的测绘学科"十一五"规划教材。《地籍调查与地籍测量学》(第二版)自2014年出版以来，得到各相关院校师生、广大从事地籍测量工作人员的大力支持，并提出了不少改进意见。由于我国2019年修改了《中华人民共和国土地管理法》，同时全面实施不动产登记，地籍调查与房产调查已合并在不动产权籍调查范畴。第三次全国国土调查业已完成，相应的法规、体系也有相应的调整。因此，有必要进行第四次修订，并更名为《不动产权籍的调查与测量》。

不动产主要是由土地、海域及其附着物构成，其中最核心的就是土地。此前对于城镇及周边地区所进行的调查通常使用较大比例尺(1∶500～1∶2 000)图件，调查单元为宗地。对于更广阔的乡村地区，通常使用1∶1万比例尺的正射影像图进行调查，即书中所述的土地利用现状调查，调查单位为图斑。本书所阐述土地的主要附着物为房产等，因此本书仅涉及房产调查。这样本版内容就与《地籍测量与地籍测量学》(第二版)内容相应衔接。

本书系统地介绍了不动产权籍的调查与测量有关的基本知识和基础理论、操作程序和作业方法，内容较为全面。它的显著特点是将测量技术在新颁布的土地法规、规程指导下，与不动产权籍调查紧密结合在一起，供读者在掌握理论知识的同时又学习到从事实际生产的技能。力求做到融科学性、实用性于一体，理论与生产紧密结合。

本书由吴向阳(东南大学)、蒋辉(南京工业大学)、王守光(河海大学)、吴长彬(南京师范大学)、孙在宏(南京师范大学)、王新志(南京信息工程大学)、郭冰(宿迁学院)、章书寿(河海大学)以及南京国图信息产业有限公司刘新平、边华乔、崔立、闫保银、冯彦彦等共同编写。由章书寿、孙在宏统稿，江苏省自然资源厅姜正杰、李闽主审。

本书在编写过程中得到了自然资源主管单位与测绘单位的支持，并参阅了众多的教材、参考书籍资料，在此一并致谢。

限于编者的理论认识和实践经验，谬误与不当之处在所难免，深切希望广大读者不吝指正。

编　者

2021年2月

《地籍调查与地籍测量学》第二版序

由河海大学、南京师范大学、南京工业大学和东南大学等校教师与江苏省国土资源厅共同编写的《地籍调查与地籍测量学》一书，是在《地籍测量学》(河海大学出版社，1996 年和 2004 年出版)一书的基础上修订而成的。后者曾于 1995 年通过全国高等学校测绘学科教学指导委员会组织的专家评审并推荐出版。2008 年，此书进行修订后，又聘请专家进行了审阅，同年，被高等学校测绘学科教学指导委员会推荐作为“十一五”规划教材由测绘出版社公开出版。经过几年来的应用，得到各相关院校和广大土地管理技术人员的大力支持，提出了不少改进意见。随着第二次全国土地调查成果的全面应用与成果更新机制的建立，近年来国家也修改了有关土地管理的相关法规、规程，尤其是 2012 年颁布的《地籍调查规程》(TD/T 1001—2012)的实施，地籍调查与地籍测量的政策、技术等相关内容有了较大变化。鉴此，编著者对此书又进行了再次修订，使之更好地与国家政策、法规紧密结合。

近些年来，随着我国经济的日益增长和社会的可持续发展，“珍惜和保护每一寸土地”这一基本国策已越发深入人心。国家陆续出台一系列旨在更加科学管理和严厉保护土地的政策和法规，加之现代测绘科技的不断进步，使得地籍管理与地籍测绘的手段更为先进。所有这些，在这本书里都得到了较好的体现。不仅如此，本书能较好地将基础理论与实际生产应用结合在一起，它不仅汲取了编著者们的多年科研和教学实践成果，而且总结了从事本专业工作的科学管理经验，应该说是理论与实践、教学与生产相结合的产物。随着国民经济的不断发展，土地利用的调查与测绘工作的作用更显重要，因而它已成为我们测绘学科和行业的重要组成部分。目前，国家和地方测绘部门有大量的测绘工作者投入这项工作中去，这也促进了地籍调查与测绘工作的发展。因此，更多地掌握和发展这一领域的知识乃是我们测绘教育工作者和科技工作者面临的任务。本书不仅可作为高等学校相关专业教材使用，也是广大测绘工作者一本有价值的参考书。

宁津生*

2013 年 8 月

* 宁津生(1932—2020)，中国工程院院士，武汉大学教授，2013 年时任教育部高等学校测绘学科教学指导委员会主任。

《地籍调查与地籍测量学》第二版前言

《地籍调查与地籍测量学》自2008年出版以来，得到各相关院校和广大土地管理技术人员的大力支持，并提出不少改进意见。目前，第二次全国土地调查成果已开始应用于地籍日常管理，并建立了相应的更新调查机制，有关地籍管理的相关法规、政策等有了较大的变化，特别是2012年TD/T 1001—2012《地籍调查规程》的发布、实施，相比1993年的TD 1001—93《城镇地籍调查规程》也有较大变化。因此，本次修订时：在第一章、第二章中统一了城乡地籍单元划分、编码、调查内容与方法等内容；在第三章中，增加了2000国家大地坐标系的内容；在第四章测绘地籍图方法中，删除了部分解析法，增加了国家基本比例尺地形图分幅和编号；在第五章中，删除了用插值法计算任意图形面积的内容；在第六章中，强化了变更调查中权属调查内容；在第七章中，按照目前土地利用变更调查机制进行了较大幅度的修改，并增加了土地利用遥感监测、基于更新数据包的土地利用数据更新等内容。

本书系统地介绍了土地权属调查和地籍测量的基本知识和基础理论、操作程序和作业方法，内容较为全面。本书的显著特点是将当代测量的最新技术与在新颁布的土地法规、规程指导下所进行的地籍调查紧密结合在一起，使读者在掌握理论知识的同时又掌握从事实际生产的技能。编者力求做到融科学性、实用性于一体，理论与生产紧密结合。

本书由河海大学、南京师范大学、南京工业大学、东南大学等四所院校与江苏省国土资源厅联合修订。修订版编写人员分工如下：郜莉、孙在宏、袁源编写第一章、第二章，吴向阳编写第三章，蒋辉、王守光编写第四章、第十一章，章书寿、孙小荣编写第五章、第八章，崔立、孙在宏、陈建编写第六章、第十章，刘新平、孙在宏、赵炯文编写第七章，吴长彬编写第九章。全书由章书寿、孙在宏统稿，由姜正杰、李闽审阅。

在修订编写过程中得到一些土地管理单位、院校和南京国图信息产业有限公司的支持，并参阅了众多的教材、参考书和资料。宁津生院士为本书专门作序，并提出许多宝贵意见，在此一并致谢。同时感谢王亚华、乔伟峰和苏娟等同志为修订稿所做的大量工作。

限于编者的理论认识和实践经验，谬误与不当之处在所难免，深切希望广大读者不吝赐教。

编　者

2014年2月

《地籍调查与地籍测量学》第一版前言

《地籍测量学》自1996年出版以来，得到各兄弟院校和广大土地管理技术人员的支持，并提出不少改进意见。地籍测量是一门政策性很强的学科，由于近几年来国家修改了有关土地管理的相关法律、法规，尤其是2007年《中华人民共和国物权法》的出台与全国第二次土地调查的开展，使得地籍测量的政策、技术等相关内容有了较大的变化；同时测绘技术也发生了较大的发展，GPS技术、数字化成图、GIS的广泛应用，使地籍测量的手段更加先进、快捷。基于上述原因，由河海大学、南京师范大学、南京工业大学、东南大学等四所院校与江苏省国土资源厅联合对原书进行修订。修订版基本保持了原书风格，对权属调查、土地利用现状调查、地籍调查技术管理和房产测量等章节做了较大的调整。书中系统地介绍了土地权属调查和地籍测量的基本知识、基础理论、操作程序和作业方法，内容较为全面。本书的显著特点是将当代测量的最新技术与在新颁布的土地法规指导下所进行的地籍调查紧密地结合在一起，使读者在掌握理论知识的同时又掌握从事实际生产的技能。作者力求做到融科学性、实用性于一体，理论与生产紧密结合。根据审稿专家的意见，此次将书名改为《地籍调查与地籍测量学》，编写人员分工如下：郜莉、孙在宏编写第1章、第2章，吴向阳编写第3章，蒋辉、王守光编写第4章，章书寿编写第5、第6章，赵炯文、孙在宏编写第7章，孙在宏编写第9章，郜莉、孙在宏、章书寿编写第8章、第10章，蒋辉编写第11章。全书由章书寿、孙在宏统稿，由姜正杰、李闽审阅。

本书在编写过程中得到一些土地管理单位和院校的支持，并参阅了众多的教材、参考书和资料，同时也得到了武汉大学测绘学院潘正风、资环学院张根寿两位教授的仔细审阅，宁津生院士为本书专门作序，并提出许多宝贵意见，在此一并致谢。同时感谢南京师范大学王亚华、陈建、杨素静、乔伟峰、吴长彬、崔立、曹喃等同志为修订稿所做的大量工作。

限于编者的理论认识和实践经验，谬误与不当之处在所难免，深切希望广大读者不吝赐教。

编　者

2007年8月

《地籍测量学》修订版前言

《地籍测量学》自1996年出版以来，得到各兄弟院校和广大土地管理技术人员的支持，并提出不少改进意见。由于近几年来国家修改了有关土地管理的相关的法律、法规，同时测绘技术也产生了巨大变化，尤其是GPS技术、数字化成图、GIS的广泛应用，使地籍测量的手段更加先进、快捷。基于上述原因，由河海大学、南京工业大学、东南大学、南京师范大学四所院校与江苏省国土资源厅联合对原书进行修订。修订版基本保持原书风格，新增了土地利用现状调查、房产测量和土地勘测定界三章内容。编写分工如下：郜莉、孙在宏编写第一、二章，吴向阳编写第三章，蒋辉、黄鸥、赵炯文编写第四章，章书寿编写第五、六章，赵炯文编写第七章，孙在宏编写第九章，郜莉、章书寿编写第八、十章，蒋辉编写第十一章。全书由章书寿、孙在宏统稿，由姜正杰、孙治淮审阅。

在修订编写过程中得到国土资源部和兄弟院校的支持，并参阅了众多的教材、参考书和资料，在此一并致谢。同时感谢研究生王亚华、陈建为修订稿所做的大量工作。

限于编者的理论认识和实践经验，谬误与不当之处在所难免，深切希望广大读者不吝赐教。

编　者

2004年6月

《地籍测量学》第一版前言

随着社会主义“四化”建设的发展和深入，长期以来被人们所忽视了的土地问题已引起全社会的关注。越来越多的中国人已开始认识到我国耕地及人口承载力的潜在危机，它不仅在当前制约着我国经济的发展，而且也深远地影响着整个民族赖以生存的基本物质条件。因此，十分珍惜和合理利用每寸土地已成为我国的基本国策之一。1986 年 6 月第六届全国人大常委会第 16 次会议通过了我国第一部有关土地管理法规——《中华人民共和国土地管理法》。1988 年 12 月第七届全国人大常委会第 5 次会议又提出《关于修改中华人民共和国土地管理法的决定)。1986 年，国家土地管理局和地方各级土地管理部门相继成立，标志着我国已向土地管理的科学化和法律化迈出了可喜的一步。

土地管理的一个重要内容就是地籍管理，而地籍测量则是一门新兴的为地籍管理提供最基本资料的测量学科。为了满足国家对土地管理技术人才的迫切需求。我们根据高等学校工程测量专业教学计划的要求，通过几年的教学实践，在工程测量专业本科开设“地籍测量学”的基础上，于 1990 年起陆续招收“土地管理与地籍测量”“土地管理与房地产开发”专科。鉴于目前地籍测量知识尚处于不断发展和完善阶段，国内尚无合适的教材。为此，我们于 1990 年编写了“地籍测量学”的教材(上、下册)，供内部使用。经多年的教学实践，其中两次修改，现定名为“地籍测量学”，它是“测量学”等专业课的后继课程。

本书由河海大学与江苏省国土管理局共同编写，由章书寿担任主编，姜正杰主审。陈惠明、杨彩凤编写第一、二章，潘庆林编写第三章，黄明智编写第四、八章，章书寿编写第五章，赵炯文编写第六章，陈惠明、赵炯文合编第七章。柳宁、范叔道参加第一 、二稿的编写工作。教材先后在河海大学、南京建工学院、南京师范大学、华南建设学院等院校试用。1995 年，全国高等学校测绘类教学指导委员会又组织专家进行了认真评审并推荐出版。

本书内容力求科学性、实用性，做到简明扼要、概念清楚、通俗易懂，并紧密结合国家现行的规程与规范，反映当前生产作业中的新技术。在编排上考虑了教学中各课程的相互配合与衔接。

编写过程得到土地管理单位与有关测绘单位的支持，并参阅了兄弟院校教材与有关单位的文献、资料，在此一并致谢。

由于编者的实际作业经验和理论认识不足，加之编写时间仓促，书中的错误和缺点还望同仁不吝批评指正。

编　者

1996 年于南京

目　录

第一章　绪　论

§1-1　不动产及相关概念

一、不动产

所谓不动产，顾名思义就是不可移动的财产。它在法律上有着严格的定义。《中华人民共和国民法典》(2021 年 1 月 1 日起实施，以下简称《民法典》)规定："物包括不动产和动产。""物权的种类和内容，由法律规定。"可见，不动产和动产都属于"物"的范畴。《不动产登记暂行条例》(2015 年 3 月 1 日起实施，以下简称《登记条例》)进一步明确指出："本条例所称不动产，是指土地、海域以及房屋、林木等定着物。"

不动产是相对于动产而言的。动产是指能够移动而不损害其实际用途和经济价值的财产，如汽车、电视机等。不动产是指依照其物理性质不能移动，或者移动将严重损害其经济价值的有体物，在范围上包括土地、海域及其附属的房屋等建筑物、构筑物和森林、林木等定着物。

不动产主要由土地、海域和定着物构成，其中最核心的就是土地。土地是指地球表面的陆地部分，包括内陆水域、滩涂和岛屿。众所周知，土地是人类赖以生存的自然资源，是人类进行社会生产所必不可少的物质条件。正如马克思所指出的，"……土地是一切生产和一切存在的源泉"，"……劳动并不是它所生产的使用价值即物质财富的唯一源泉……劳动是财富之父，土地是财富之母"。土地是人类生产活动的基础，人类活动又影响着土地的变化，土地自从被人类用于生产之后，在社会生产中就成为生产资料，成为一切生产必需的物质条件。即土地是自然资源，同时又是不动产，房屋、林木等定着物都依附土地而存在。我国于 1994 年颁布的《中华人民共和国城市房地产管理法》(2019 年第三次修正)中，房地产与不动产的实质内涵存在明显的区别，房地产只包括土地和房屋，不动产不仅包括房屋、土地，还包括与土地没有分离的林木以及海域、水面等。

(一)不动产的自然特性

不动产的自然特性是指不动产中的土地作为自然场所而具有的本质特性，包括位置的固定性、数量的有限性、空间的立体性、地域的差异性、时间的持久性。

1. 位置的固定性

每一宗不动产都有其固定的空间位置，在空间上不可移动，人们只能在它所处的位置和特定的自然、经济条件下加以利用。

2. 数量的有限性

作为不动产核心的土地，其数量为地球表面积所决定，地壳运动、自然力作用、人类生产活动，可以不断改变地球表面的形态，但土地总量是不变的。土地的供给是有限的，人类不可能无限制地开发利用，依附土地的定着物也是会达到一定负载饱和的。在现代的科学技术条件下,人力不可能创造或消灭土地,只能根据需要改变土地的用途,提高其生产能力。

3. 空间的立体性

土地不仅指地面,还包括从地面向上扩展到一定高度的地上空间以及由此向下延伸的地下空间。随着我国土地供需矛盾的日趋紧张,土地的利用以及相应的不动产权利设立都呈现立体化的趋势。

4. 地域的差异性

不动产位置的固定性造成其无法在不同地区移动,使不动产在数量和质量的分布上具有地域差异。土地的利用程度、不动产的价值,无不受其所处地域的社会功能和经济条件的制约而表现出明显的差异。

5. 时间的持久性

土地具有可以永久反复使用的性能,各种土地若能合理使用,其生产力不但不会随着时间的推移而丧失。相反,还会随着科学技术的进步而日益提高,实现土地资源的可持续利用。

(二)不动产的经济特性

从经济特性方面看,不动产是一种重要的资产,不仅是物,更是一种权益。不动产既包括实物本身,又包括与之相关的各种权益。

1. 价值量大

与一般物品相比,不动产不仅单价高,而且总价高。

2. 用途多样性

从经济角度来看,土地利用的优先顺序是:商业、办公、居住、工业、耕地、牧场、放牧地、森林、不毛荒地。

3. 权益受限性

政府主要通过设置管制权、征收权、征税权和充公权四种特权进行管理。

4. 难以变现性

也称为变现力弱、流动性差,主要因价值高、不可移动、易受限制性等造成。影响变现的因素主要有不动产的通用性、独立使用性、价值量、可分割性、开发程度、区位市场状况等。

5. 保值增值性

保值是指不动产能抵御通货膨胀。增值是指不动产由于面积不能增加、交通等基础设施不断完善、人口增加等,其价值会随着时间推移而增加。

二、不动产权利

不动产权利,又称不动产物权,是以不动产为客体的物权。《民法典》明确规定,“物权是权利人依法对特定的物享有直接支配和排他的权利”。物权作为一种法律关系,具有以下特征:

(1)物权的主体是权利人,可以将各类民事主体纳入其中,如国家、集体、个人及其他权利人。

(2)物权的客体主要是特定的有体物,如不动产、动产等,它与知识产权等财产法律不同。物权主要不是以无形财产、智力成果为客体的,而主要是以有体物作为其客体的。

(3)物权本质上是一种支配权,是权利人对物的直接支配,这就决定了物权所具有的优先性、追及性等特点。

(4)物权是排他的权利,即同一物之上不得存在两个所有权,同一物之上不得成立两个在内容上相互矛盾的他物权。任何人都有不得侵害物权的义务，以及物权人行使权力，有权排斥他人的侵害和妨害。

从物权的客体呈现的不同形态可以将物权区分为不动产物权、动产物权和权利物权。不动产物权是指以不动产为客体的物权，例如土地所有权、土地使用权等。动产物权是指以动产为客体的物权，例如车辆的所有权等。权利物权主要是指在权利之上设立的物权，例如权利质权、建设用地使用权上设立的抵押权等。这种区分的目的在于：其一，通常在不动产可以设立用益物权，而动产则不能；其二，在物权变动上，不动产采取登记的方式，动产采取交付的方式。

三、不动产登记

按照《登记条例》，不动产登记是指不动产登记机构依法将不动产权利归属和其他法律事项记载于不动产登记簿的行为。不动产登记簿应当记载以下事项：①不动产的坐落、界址、空间界限、面积、用途等自然状况；②不动产权利的主体、类型、内容、来源、期限、权利变化等权属状况；③涉及不动产权利限制、提示的事项；④其他相关事项。

不动产登记具体来说，就是由不动产登记机构依法将不动产的归属、权利性质、位置、面积、用途等应当记载的事项记载于不动产登记簿，确定不动产权利归属并予以公示。这里的公示不同于通常理解的公告、告示等广而告之的意思，而是指通过登记簿来宣示不动产物权归属的法定方式。不动产登记具有以下作用。

1. 确认权属和保护权益

《民法典》《中华人民共和国土地管理法》(2019 年第三次修正)(以下简称《土地管理法》)和《中华人民共和国城市房地产管理法》(2019 年第三次修正)等法律规定和明确了土地房屋登记的公示作用。动产可以通过占有来拥有权利，而不动产权利则需要通过登记来公示权利人的权利，这是由不动产位置的不可移动性这一固有特征决定的，也是不动产区别于动产的一个根本特性。

2. 有效保障交易安全

不动产交易不同于动产交易，动产可以通过交付来实现交易，而不动产需要通过登记来实现交易，公示其权利的转移。通过不动产登记的公示作用，不仅确认了不动产权利，还保障了交易安全。

3. 有效支撑和服务公共管理

不动产是重要的资源，也是经济社会发展的重要载体、基础保障，更是重要的资产和资本，支撑着社会主义市场经济的方方面面。要发挥不动产的功能，显示不动产的价值，只能加强管理并通过市场交易才能得到体现。对不动产进行管理和交易，需要通过不动产登记来保障。

§1-2 不动产权利体系

一般意义上说，不动产权籍是指记载不动产的权利、权属、位置、界址、面积、用途及相关条件等基本状况专门的图、簿、册，也包括数据库，共同作为不动产权登记的法律依据。

这里的核心是不动产权利。有了权利的存在，才有确认和记载支撑权利要素的相关事项。不动产权利是不动产所有权及其派生出来的占有、使用、收益和处分权的统称。按照《民法典》所称，不动产权利包含所有权、用益物权和担保物权。根据上述不动产权利类型，经细化续分，形成我国不动产权利层级体系,详见图 1-1。

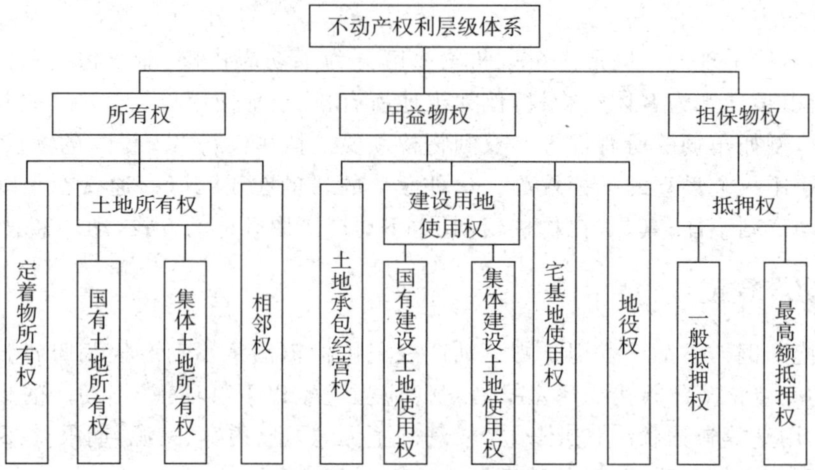

图 1-1 不动产权利层级体系

一、所有权

所有权是对生产劳动的目的、对象、手段、方法和结果的支配力量,又称为财产所有权。所有权是物权中最重要也最完全的一种权利,具有绝对性、排他性、永续性三个特征。不动产所有权分为土地所有权和地表、地上、地下附着物的所有权,具体包括占有、使用、收益、处分等直接支配和排他的权能。

(一)土地所有权

我国实行土地的社会主义公有制,土地分为全民所有和集体所有,即土地的全民所有制和劳动群众集体所有制。属于全民所有的土地,称为国家所有土地;属于劳动群众集体所有的土地,称为集体所有土地。

1. 国有土地所有权

国有土地所有权是指国家对国有土地享有占有、使用、收益和处分的权利。其权能的实现是通过法律规定的形式将占有、使用、收益的权利让渡给使用者,从而与土地的所有权分离,国家保留最终的处分权。一般情况下,国家本身不直接使用土地,而占有和使用国有土地的权利则由具体的单位和个人取得。国有土地的收益权能一部分由使用者享用,一部分由国家通过收取土地使用税(费)和土地使用权有偿出让等形式来实现。国有土地的处分权主要由国家来行使。我国法律禁止土地买卖,国有土地所有权不能流转,因而国家对国有土地的处分权主要是对土地的使用权而言。

我国国有土地所有权的主体是国家,由国务院代表国家行使主体权利,客体是国有土地。

根据《中华人民共和国土地管理法实施条例》(2014 年修订)规定,我国国有土地的范围是:城市市区的土地;农村和城市郊区中已经依法没收、征收、征购为国有的土地;国家依法征收的土地;依法不属于集体的林地、草地、荒地、滩涂及其他土地;农村集体经济组织全部成员转为城镇居民的,原属于其成员集体所有的土地;因国家组织移民、自然灾害等原因,农民成建制集体迁移后不再使用的原属于迁移农民集体所有的土地。

我国国有土地的主要来源有以下四种:

(1)承继。新中国成立后,旧中国的国有土地就当然地成为新中国的国有土地。

(2)没收。1949 年 9 月,我国颁布《中国人民政治协商会议共同纲领》,其中规定“没收官僚资本归人民的国家所有”。

(3)用法律明确归属。新中国成立后,国家通过土地国有化的法律明确了一些属于国家所有的土地。一是 1950 年 6 月颁布的《中华人民共和国土地改革法》,如规定“大森林、大水利工程、大荒地、大荒山、大盐田和矿山及湖、沼、河、港等,均归国家所有”等;二是 1982 年《中华人民共和国宪法》,如规定“城市的土地属于国家所有”。

(4)征收。征收是指国家为了建设的需要,将集体所有的土地征收为国家所有。随着我国经济的进步和城市化的发展,征收已成为现在和将来国家取得土地所有权的主要方式。国家对集体土地进行征收必须坚持两项原则:首先,必须是国家建设确有需要,不能随意滥征土地;其次,必须给予合理补偿。

2. 集体土地所有权

集体土地所有权是指一定范围的农民集体依法对其所有的土地享有占有、使用、收益和处分的权利。集体土地所有权的各项权能可以结合,也可以独立。集体土地所有者有权依法使用自己拥有的土地,集占有、使用、收益和处分的权能于一身;集体土地所有者也可以依法将土地划拨给集体内部成员使用,还可以租赁给其他单位和个人,使土地所有权与使用权分离。集体土地所有者在处置集体土地时应取得许可,这是国有土地所有权与集体土地所有权权能上的区别。集体所有的土地在国家征用或其他权利人依法使用时,集体土地的所有者有要求依法得到补偿的权利。

我国现行集体土地所有权的主体是农村集体经济组织内的农民集体。属于村农民集体所有的土地,由村经济组织或者村民委员会代表集体行使所有权;分别属于村内两个以上农民集体所有的土地,由该村内各集体经济组织或者村民小组代表集体行使所有权;属于乡(镇)农民集体所有的土地,由乡(镇)农村集体经济组织经营、管理。

我国现行集体土地所有权的客体是集体土地。依《民法典》《土地管理法》和《土地管理法实施细则》规定,农村集体土地所有权的客体范围包括:农村和城市郊区的土地(法定属于国家的除外);集体所有的耕地;集体所有的森林、山岭、草原、荒地、滩涂等所占用的土地;集体所有的建筑物、水库、农田水利设施,以及教育、科学、文化、卫生、体育设施所占用的土地;集体所有的农林牧渔场,以及工业企业使用的土地;农民使用的宅基地、自留山、自留地。

集体所有土地的来源是,新中国成立前后,我国通过土地改革,废除了封建地主土地所有制,农民分得了土地。此后在农村相继开展了农业合作化、人民公社化,1962 年《农村人民公社工作条例修正草案》出台,规定人民公社“三级所有”,明确中共中央于 1960 年提出的生产小队实行“四固定”(土地、牲畜、农具、劳动力)政策,自此逐步建立起农村土地的社会主义集体所有制。

我国现行集体所有土地所有权具有下列特性:

(1)权利主体呈现多元化。与国有土地不同,它没有一个全国范围内统一的权利主体。现阶段我国农村集体土地所有权具有多个主体,其形式也有以下三种:乡(镇)农民集体、村农民集体、村以下或村民小组农民集体。所以,集体土地所有权主体呈现的状态是“小众”,因而多元。

(2)权利客体具有多样性。依前所述,我国现行集体所有土地的范围及表现形态有:农村和城市郊区的土地(法定属于国家的除外);耕地、森林、林木、园地、草原、山岭、荒地、滩涂;建筑物、水库、农田水利设施,农林牧渔场以及工业企业使用的土地;农民使用的宅基地、自留山、自留地,等等,呈现的状态多种多样。

(3)权利的单向移转性。集体土地只能转归国家所有,不允许国有土地变为集体所有,可见集体土地所有权的客体只减不增。

(4)权能实现的不完全性。在使用权能方面,集体所有的土地不能用于房地产开发;在收益权能方面,集体所有的土地必须先转变为国家所有后,方可用于出让等经济活动获得收益,这就使得本应属于集体所有权的收益权能受到限制;在处分权能方面,我国法律规定任何单位和个人不得侵占、买卖或者以其他形式非法转让土地,使集体土地所有权的处分权能受到限制。由此可见,农村集体土地所有权受种种限制,呈现出明显的不完全性。

(5)权利行使的组织化。农民集体土地所有权主要由农村集体经济组织[即乡(镇)农村集体经济组织、村集体经济组织、村以下或村民小组农村集体经济组织]行使或由村民委员会以及村民小组代行。重大问题须组织召集集体经济组织全体成员或其代表会议,三分之二以上通过才能行使集体土地所有权利。

(二)定着物所有权

本书所述的定着物所有权特指房屋所有权。房屋所有权(即房产权)是永远的,没有期限限制,只要房屋没有完全毁损灭失就能一直存在。房屋所有权取得分为原始取得和继受取得两种。

1. 原始取得

原始取得是指根据法律的规定,囿于一定的法律事实,取得新建房屋、无主房屋的所有权,或者不以原房屋所有人的权利和意志为根据而取得房屋的所有权。主要包括以下情形:①依法建造房屋;②依法没收房屋;③收归国有的无主房屋;④合法添附的房屋(如翻建、加层)。

2. 继受取得

继受取得又称传来取得,是指根据房屋所有人的意志,接受其转移之房屋所有权。这是以房屋的所有权和所有人转让的意志为根据的,分为因法律行为继受取得和因法律事件继受取得两类。

因法律行为继受是取得房屋所有权最普遍的方法,通常有以下几种形式:①房屋买卖(包括拍卖);②房屋赠予;③房屋交换。因法律事件继受取得房屋所有权,指因被继承人死亡(包括宣告死亡)的法律事件,继承人或受遗赠人依法取得房屋所有权。根据《民法典》第一千一百二十四条、第一千一百三十条、第一千一百三十三条等的有关规定,在有数个继承人的情况下,只要继承人未做放弃继承的意思表示,继承的房产如果未做分割,则应认为数个继承人对房产享有共同所有权。

房屋所有权自转移手续办理完毕后产生效力,即进行所有权登记后便取得。

(三)相邻权

《民法典》的物权篇中第七章规定,"不动产的相邻权利人应当按照有利生产、方便生活、团结互助、公平合理的原则,正确处理相邻关系","不动产权利人应当为相邻权利人用水、排水提供必要的便利","不动产权利人对相邻权利人因通行等必须利用其土地的,应当提供必要的便利","不动产权利人因建造、修缮建筑物以及铺设电线、电缆、水管、暖气和燃气管线等必须利用相邻土地、建筑物的,该土地、建筑物的权利人应当提供必要的便利",等等。

由此可见,相邻关系其实也是一种相互毗邻不动产的所有者和使用者为满足其生产、生活需要而使用、利用他方不动产的一种权利。本书对此种权利称为"相邻权"。

相邻权是为自己的不动产使用便利而对相邻不动产的使用产生限制的权利。其基本内容包括两方面：一是对相邻不动产为特定使用的权利，即为自己不动产的使用便利有必需或必要时，在相邻不动产上所为的特定使用，如在邻地通行、铺设管道等；二是限制相邻不动产权利人对其不动产为特定行为的权利，即当相邻不动产权利人对其不动产的使用造成对相邻人的妨害（包括危险）时，其相邻人有权予以排除。如果因权利的行使，给相邻人的人身或财产造成危害的，相邻人有权要求停止侵害、消除危险和赔偿损失。在处理相邻关系时，相邻各方应该本着有利生产、方便生活、团结互助、公平合理的原则，互谅互让，协商解决。协商不成，可以请求人民法院依法解决。相邻权实质上是对所有权和使用权的限制和延伸。

相邻权的主要体现形式有如下 6 种：

(1)相邻临时占用权。指相邻一方因修建施工需要临时占用他方土地，占用方应与他方就占用土地的范围、用途、期限、补偿与权利义务订立协议。相邻双方的权利义务按协议办理。

(2)相邻通行权。相邻一方必须在他方土地上通行时，相邻方享有相邻通行权。对因此造成他方损失的，应当给予适当赔偿。

(3)相邻截水用水权。这里的相邻权利是一种消极权利，指相邻一方不得擅自堵截或独占自然流水。

(4)相邻排水权。指相邻一方必须使用他方土地排水时，相邻方应有在必要限度内使用他方土地的权利。

(5)相邻安全权。同相邻截水用水权一样，相邻安全权也是一种消极权利。指相邻一方在自己使用的土地上挖掘水沟、水池、地窖或者建造构筑物、种植竹木等时，不得妨碍他方对土地的使用或者危及他方土地定着物的安全和正常使用。

(6)相邻采光、通风权。相邻一方使用土地建造建筑物时，相邻的另一方有要求他方的建筑物不影响本方的采光、通风的权利。

二、用益物权

用益物权是指用益物权人对他人所有的不动产，依法享有占有、使用和收益的权利。国家所有或者国家所有由集体使用以及法律规定属于集体所有的不动产资源，单位、团体、个人依法可以占有、使用和收益。对不动产来说，用益物权主要包括建设用地使用权、宅基地使用权、土地承包经营权、地役权等。

(一)建设用地使用权

建设用地是指建造建筑物、构筑物及附属设施的土地，包括城乡住宅用地、公共设施用地、基础设施用地、工矿用地、军事用地及其他建设用地等。根据所有权的不同，我国的建设用地使用权有国有和集体之分。

1. 国有建设用地使用权

国有建设用地使用权是指国有建设用地使用权人依法对国家所有的土地享有占有、使用和收益的权利，有权利用该土地营造建筑物、构筑物及其附属设施。国有建设用地使用权的取得主要有划拨和出让等方式。

1)划拨国有建设用地使用权

划拨国有建设用地使用权是指土地使用者经县级以上人民政府依法批准，无偿取得的或者缴纳补偿安置等费用后取得的没有使用期限限制的国有建设用地使用权。这里所指的补偿安置费用，是指用地单位在征用集体土地或者通过行政划拨取得其他单位已经使用的划拨土地的基础上取得国有建设用地使用权时,支付给农民或原用地单位的,不是付给国家的。

划拨国有建设用地使用权主要有两个方面的特点:一是权利取得的方式,因为没有向国家支付土地使用费,属于无偿取得的;二是权利的期限,除有法定期限的情形外,权利的使用一般没有期限限制。在此基础上,还有一个特点,那就是权利的交易受到限制。划拨国有建设用地使用权不得单独转让、出租、抵押。如果土地使用者需要将划拨土地用于交易,一是要经过国家土地管理部门批准,二是要取得出让国有建设用地使用权。划拨国有建设用地使用权在补办出让手续、补缴或抵交土地使用权出让金之后,才可以转让、出租、抵押。

2)出让国有建设用地使用权

出让国有建设用地使用权是土地使用者向国家支付出让金而原始取得的有期限限制的国有建设用地使用权。国有建设用地使用权出让最基本的缔约方式是拍卖、招标、挂牌出让和协议四种。

出让国有建设用地使用权具有四个特征:①权利以出让方式取得;②权利直接依法律的规定原始取得;③权利取得性质为有偿和有期限,即以支付出让金为取得土地使用权利的代价,土地使用权利的行使有一定的期限限制;④权利在存续期间内其权能近似于所有权。

商业、旅游、娱乐和商品住宅等经营性用地,必须以招标、拍卖或者挂牌方式出让。

2. 集体建设用地使用权

集体建设用地使用权是指农村集体经济组织兴办乡(镇)企业和乡(镇)村公共设施、公益事业等非农业建设需要而依法利用集体所有土地并取得收益的权利。

集体建设用地使用权的主体有较为严格的限制,大多只能由本集体及其所属成员拥有使用权。全民所有制单位、城市集体所有制单位和其他经济组织进行建设,需要使用集体土地,一般需经过征用,使之转为国有土地后才能取得使用权,即国有建设用地使用权。

根据 2019 年修订的《土地管理法》,自 2020 年 1 月 1 日起,对土地利用总体规划、城乡规划确定为工业、商业等经营性用途,并经依法登记的集体经营性建设用地,土地所有权人可以通过出让、出租等方式交由单位或者个人使用,改变了过去农村的土地必须征为国有才能进入市场的问题,能够为农民直接增加财产性的收入。同时,在集体经营性建设性用地入市的时候,要求必须经本集体经济组织成员的村民会议三分之二以上成员或者三分之二以上村民代表的同意;并应当签订书面合同,载明土地界址、面积、动工期限、使用期限、土地用途、规划条件和双方其他权利义务。

通过出让等方式取得的集体经营性建设用地使用权可以转让、互换、出资、赠予或者抵押,但法律、行政法规另有规定或者土地所有权人、土地使用权人签订的书面合同另有约定的除外。

(二)宅基地使用权

宅基地使用权是指农民个人在集体所有的土地上所享有的建造房屋以用于居住的一种物权。根据规定,宅基地使用权人有权依法利用宅基地建造住宅及其附属设施。宅基地因自然灾害等原因灭失的,宅基地使用权消灭。

宅基地使用权具有如下四个特征:

(1)宅基地的所有权归农民所在的集体经济组织全体成员所拥有,宅基地使用权的主体只能是本农村集体经济组织内的成员。

(2)宅基地使用权的用途仅限于村民建造个人住宅,包括住房以及与居住生活有关的附属设施,如厨房、院墙等。

(3)宅基地使用权实行严格的“一户一宅”制。农村村民一户只能拥有一处宅基地，其面积不得超过省、自治区、直辖市规定的标准。农村村民建住宅，应符合乡(镇)土地利用总体规划，并尽量使用原有的宅基地和村内空闲地。涉及占用农用地的，应依照《土地管理法》的有关规定办理审批手续。

(4)在福利性方面，宅基地的初始取得是无偿的。

宅基地使用权只能由宅基地使用权人行使，任何组织或者个人不得侵占、损毁宅基地。宅基地使用权有效转让，必须满足下列条件：①转让行为应征得本集体经济组织同意；②受让人为同一集体经济组织内部成员；③受让人没有住房和宅基地，且符合宅基地使用权分配条件。

农村村民出售、出租住房后，再申请宅基地的，不予批准。

(三)土地承包经营权

土地承包经营权是指农村集体经济组织成员或者农村集体经济组织以外的单位或个人，依法对其承包经营的集体所有或国家所有由农民集体使用的农村土地，享有占有、使用和收益的权利。

耕地的承包期为三十年，草地的承包期为三十年至五十年，林地的承包期为三十年至七十年；特殊林木的林地承包期，经国务院林业行政主管部门批准可以延长。承包期届满，由土地承包经营权人按照国家有关规定继续承包。

土地承包经营权具有可流转性，可以继承、转让、抵押、出租。但转让、抵押、出租时，流转的期限不得超过承包期的剩余期限。合同的签订必须取得发包方的同意，且不能擅自改变原承包合同的生产经营，否则相应的合同、协议无效。

(四)地役权

2007年颁布的《物权法》(已废止)创立了地役权的法律制度，在此之前没有关于地役权的法律规定，现行的《民法典》吸收和继承了地役权的法律规定。

《民法典》第三百七十二条规定“地役权人有权按照合同约定，利用他人的不动产，以提高自己的不动产的效益”，第三百七十三条规定“设立地役权，当事人应当采取书面形式订立地役权合同”，第三百七十四条规定“地役权自地役权合同生效时设立。当事人要求登记的，可以向登记机构申请地役权登记；未经登记，不得对抗善意第三人”。可以看出，地役权成立的前提条件是须经合同约定。

1. 地役权的含义

地役权中的“役”就是使用的意思，如通行他人土地、由他人土地引水、禁止他人在其土地上建造一定的建筑物等。地役权所涉及的两块土地中，需要役使他人土地的地块称为需役地，供他人役使的地块则称为供役地。需役地的所有权人或者使用权人成为地役权人，地役权是他的一种权利；供役地的所有权人或者使用权人成为地役人，地役权是他的一种义务。

2. 地役权的形式

地役权有多种表现形式，如通行地役权、取水或汲水地役权、导水地役权、排水地役权、眺望地役权、采光地役权、支撑地役权、放牧地役权、排污地役权，以及法律规定的其他地役权等。

3. 地役权与相邻权的区别

地役权是为了自己的使用、经营等方便或利益而使用别人土地的权利，是一种独立的用益物权；相邻权指不动产的所有人或使用人在处理相邻关系时所享有的权利，它不是一种单独的物权，而是相邻方所有权的延伸和扩展，是所有权权能的体现。两者的区别在于：

(1)两者受到损害后的救济请求权不同。相邻权受到侵害后,不能直接以相邻关系为基础提起损害赔偿诉讼,而应该提起所有权的行使受到妨害之诉。地役权受到损害之后,受害人可以直接提起地役权受损害的请求之诉。

(2)两者提供便利的目的不同。地役权的设立是为了使所有权人的权利得到更好行使。而《民法典》对相邻关系的规定是为了调和不同相邻权利人之间的权利矛盾,对他们的各自权利给予一定的限制,使得大家正确处理相邻关系。

(3)相邻权通常都发生在相互毗邻的不动产之上,而地役权则不要求相互毗邻,甚至相隔很远的土地之间都可以通过协议来得到更有效的利用和经营。

(4)相邻权的产生一般都是无偿的,地役权的设立一般都是有偿的。

三、担保物权

担保物权是指担保物权人在债务人不履行到期债务或者发生当事人约定的实现担保物权的情形,依法享有的就担保财产优先受偿的权利。涉及不动产的担保物权主要是抵押权。

不动产抵押权是指为担保债务的履行,债务人或者第三人不转移不动产的占有,将该不动产抵押给债权人,债务人不履行到期债务或者发生当事人约定的实现抵押权的情形,债权人有权就该不动产优先受偿的权利。债务人或者第三人为抵押人,债权人为抵押权人,担保的不动产为抵押财产。

(一)可以抵押的不动产

有权处分的不动产及关联的财产可以抵押,包括:①建筑物和其他土地附着物;②建设用地使用权;③以招标、拍卖、公开协商等方式取得的土地承包经营权;④正在建造的建筑物;⑤法律、行政法规未禁止抵押的其他不动产。

抵押时应当办理抵押登记,抵押权自登记时设立。

抵押人可以将前款所列财产一并抵押。以建筑物抵押的,该建筑物占用范围内的建设用地使用权应一并抵押;以建设用地使用权抵押的,该土地上的建筑物应一并抵押。抵押人未依照规定一并抵押的,未抵押的财产视为一并抵押。

乡镇、村企业的建设用地使用权不得单独抵押。以乡镇、村企业的厂房等建筑物抵押的,其占用范围内的建设用地使用权一并抵押。

(二)不可以抵押的不动产

不可以抵押的不动产及关联的财产包括:①土地所有权;②耕地、宅基地、自留地、自留山等集体所有的土地使用权,但法律规定可以抵押的除外;③学校、幼儿园、医院等以公益为目的的事业单位、社会团体的教育设施、医疗卫生设施和其他社会公益设施;④所有权、使用权不明或者有争议的财产;⑤依法被查封、扣押、监管的财产;⑥法律、行政法规规定不得抵押的其他财产。

§1-3 不动产权籍的调查与测量发展历史简述

一、相关国家地籍测量历史

世界各国在地籍测量方面有着悠久的历史。公元前2000多年,由于尼罗河的泛滥,古埃及人就曾用简单的工具进行测量,以测定和恢复田界。公元前500多年的古罗马皇帝使用

“cadastre”(地籍)一词,要求所有罗马人登记他们的姓名,并按货币价格缴纳地产税(人头税的登记)。1085年在英格兰和爱尔兰,威廉一世为征税颁布了土地登记法,并注意到地籍的多种用途。1654—1658年英格兰和爱尔兰开始进行地籍测量。1789年法国大革命爆发,1790年法国制宪大会提出了建立征税地籍的任务,其目的是在全国对土地实行公正的征税。起初,人们认为不需要进行统一的测量,而由地产主自报面积和估算土地的产量。但因谎报、瞒产等作弊严重,之后又采用对个别地区进行官方测量并估产,而对其余地区进行推估的方法,但也因与实际情况差别太大而未能实施。于是决定进行1∶5 000比例尺的地籍图测量,但由于比例尺小,图上未按地块表示,而是按土地利用种类划分土地,虽然在一定程度上满足了征税的要求,但并不公正、合理。法国认识到地籍是国家的真正上层建筑,从1808年起,花了18年时间,耗资1亿多法郎,对全国所有的地块和房产进行了测量,建立了完整的地籍,不仅保证了征税公正,在一定程度上也起到了地产的证明作用。此外,奥地利于1817年也开始了地籍测量。根据法国的经验,普鲁士王国于1865—1869年完成了27.5万平方千米的征税地籍测量,为随后建立统一的德意志帝国起到了重要作用。美国早在17世纪初殖民地时期就开始土地测量。

随着工业的发展和城市的繁荣,地价越来越高,为了税收的目的,需要埋设界址点标志并用数字将地户的位置在图上和实地精确表示出来。1875年德意志帝国在纽伦堡用所谓“数字法”进行了1∶1 000比例尺地籍图的重新测量。1871—1875年,成立了官方地籍测量和管理机构——地籍局。1885年在新的地籍测量规范中,禁止采用图解交会的方法生产地籍图,并颁布了地产边界标定法,还增加了地产边界关系检核、边界埋石等方面的规范。1898年在德国巴伐利亚州新的地籍测量规范中,规定了对于界址点的测量精度要达到5 cm,而对于导线闭合差和对于连接点的误差也要满足厘米级精度要求。至此,征税地籍发展成地产地籍。

纵观世界各国地籍管理的发展过程,它们均从税收地籍演变为保护私有产权的不动产地籍。随着地籍测绘资料特别是地籍图在其他领域得到越来越多的应用,不动产地籍远远超出了地产保证的范围,并开始向多用途地籍、自动化地籍系统方向发展。

多用途地籍必须满足以下三项要求:①地产保证,即产权和地产边界的官方证明;②用于征税;③广泛用于各种规划设计。多用途地籍对测量提出了更高的要求,它不仅要求测量成果具有很高的精度和现势性,而且要求为各部门方便而迅速地提供有关不动产的几何、物理信息,这些信息以不同的方式(如图形、表格、清单等)提供给用户。多用途地籍的特点是便于采用电子计算机进行数据处理。由多用途地籍所提供的不动产信息构成的地产数据库,是地理信息系统的核心之一。例如,在瑞典,1991年起实现了地籍和土地登记的一体化,从2011年开始实现全国地籍和土地登记程序的全数字化流程。地籍除了集成税收信息,还为自然规划、环境监测和景观分析等服务。瑞典的地籍管理是以不动产为基础单元,其不动产的概念是指一个物体及其上附属建筑,这个物体可以是土地、水、渔业、三维空间等。每个不动产单元的范围,均由综合土地信息系统来界定。不动产登记构成了瑞典土地信息系统的核心,一方面用于信息服务,另一方面用于处理不动产相关的法律问题。

二、我国不动产权籍的管理和测量发展历史

我国的地籍管理和测量工作有着悠久的历史,传说中大禹所铸九鼎上的九州图实为地籍图的开端,殷、周时期,建立了“八家皆私百亩,同养公田”的“九一而助”的井田制管理制度。西

周时期的一切土地属周王所有,此为奴隶社会的土地所有制。据《汉书》记载,所谓井田制,谓“六尺为步,步百为亩,亩百为夫,夫三为屋,屋三为井,井方一里,是为九夫;八家共之,各受私田百亩,公田十亩,是为八百八十亩,余二十亩以为庐舍”,并实行“民年二十受田,六十归田”的农耕制。

战国后期奴隶制逐步瓦解。秦孝公通过商鞅变法,实行“废井田、开阡陌”的私田制土地所有制,即将土地分成公田(官田)和私田(民田),允许土地自由买卖。秦始皇统一中国后,曾进行过大规模的清查户籍和地籍工作。隋、唐时期,实行“均田制”,建立户籍册,以户籍为主,对人口、土地和赋税统一登记,为地籍管理奠定了基础。公元 485 年,北魏孝文帝实施“均田制”,规定成年男女应耕地数目,将土地分类为露田、桑田、麻田、宅地四种,分得田地的农民须向官府缴纳税金,其后数百年均沿袭此制。

唐太宗贞观年间,凡 18 岁以上男子授 20 亩“永业田”,80 亩“口分田”,成年男子每年向官府缴纳租谷及绢布,叫作“调制”,服役 20 天,或以绢布代役,称“庸”,这就是均田制和租庸调制,提高了农民的生产积极性,促进了经济的繁荣。随着大唐的衰落,均田制和租庸调制也遭到破坏,将过去以人丁为主的收税标准改为按户土地多少,分夏秋两季征税。

北宋初期,各地田赋不均,税户多隐田逃税。中期,土地兼并加剧,广大农民日益贫困,阶级矛盾激烈,国家财政危机。此时宋神宗实行“王安石变法”,官府重新丈量土地,按亩收税,官僚及地主均不得例外。当时以东西南北各千步为一方亩(约 4 166.7 亩),此即千步方田法。方田四角,立土为峰,植树为界。对土地清丈的同时,按乡对各户土地数量、质量和用途进行土地登记,建立土地台账。南宋时期,为解决财政危机和土地兼并后地籍混乱问题,成立了经界局,试行经界法。经界法是逐块丈量土地,评定土地质量,并令各户各乡选砧基簿(地籍簿),按规定格式记载各户田亩数量、质量和用途,绘制地块图,标明四至,按图核地。对于量田、登记不实者,均给予法律制裁。

明洪武四年(1371 年),朱元璋为改变宋、元遗留的土地混乱局面,下令清查全国土地,设立户口田砧,以“履亩丈量”方法,整治经界。至 1387 年,编制了全国性统一土地登记簿——鱼鳞图册,称丘领户册,推行鱼鳞图册管理制度。在全国范围内,各州县分区编造,以田地为主,分号详列面积、地形、四至、土质以及户主姓氏,登记项目齐全,一式四份,分存户部、布政司、府、县,作为征税的依据。鱼鳞图册上所绘田亩,依次排列如鱼鳞,它实质上就是地籍登记册,这是我国土地管理史的一个重要发展阶段。中国历史博物馆有鱼鳞图册藏本,是我国现存的古代地籍图。

清朝康熙与乾隆是全盛时期。康熙历卅年测量,制成《皇舆全览图》。乾隆八年,又颁布了田亩“丈量规则”,制造“铸造标准弓”,以“宽一步,长二百四十步”为一亩,统一了全国田亩丈量的标准尺寸,并绘制成《乾隆内府舆图》。“丈量规则”则是我国古代一部较为完备的测量规范。

1840 年鸦片战争后,中国沦为半殖民地半封建社会。1853 年,太平天国颁布了《天朝田亩制度》,规定将土地按田亩产量分为九等,按人口平分土地,以示绝对平均分配土地,可惜未能实施。

1914 年,民国初期,时政府下令清理田地,并设立全国经界局,特派蔡锷为督办,并编制《经界法规草案》,但不久即行裁撤。1922 年,孙中山在广州重组军政府,为推行平均地权政策,设立土地局。1928 年南京政府在内政部设立土地司(后改为地政司),管理全国土地测量事宜,在全国进行地籍测量工作,包括土地测量与登记、土地利用调查及地籍总归户(土地统计)等项工作。地籍整理以市、县为单位,下分区,区内分段,段内分宗,最后按宗编号。1930 年国民政府立法院制定和颁布了《土地法》,1934 年由内政部制定《土地测量实施规则》等法规。1942 年成立地政署,各省、市县相继成立地政局,开展地籍测量、土地登记和地价规定等。1946 年修改和颁布了新的《土地法》,1947 年地政署改为地政部,地籍处相应改为地籍司,地籍测量业务有所发展。

新中国成立后,土地收归国有。1950 年公布了《中华人民共和国土地改革法》,结合土地分配,进行了土地清丈、划界、定桩、登记和颁布土地证等工作,确定了农民个体的土地所有制,对维护土地所有者合法权益,合理征收农业税起到积极作用。农业合作化之后,实现了社会主义的土地公有制,同时,建立了大规模的国有农场和林场,并相继在全国范围内开展土壤普查等工作。为了满足国民经济建设用地的需要,中央和各级人民政府制定了各项有关土地征用、划拨、开垦的政策和法令,规定了建设征地的具体办法。局部地区也开展了一些地籍测量,但大多数属房地产地籍的范畴,远远不能满足土地管理的需要。

1958 年 9 月至 1960 年 12 月,进行中国近海海域综合调查,这是我国第一次开展大规模全国性的海洋综合调查。这次调查的范围包括了中国海的大部分区域,除了东海区台湾省附近海域和南海区大片海域未能进行调查外,渤海海区、黄海海区、东海海区、南海海区(含北部湾中越第一次合作调查区域)以及浙江和福建沿海资源的两个海区,进行了 8 个月的探索性大面积调查。调查内容包括海洋水文气象、海洋化学、海洋生物和海洋地质方面 24 项指标。此次参加调查的科技人员有 6 000 余人,调查共获得各种资料报表和原始记录 9.2 万份、图表 7 万多幅、样品和生物标本 1 万多份。1964 年出版了《全国海洋综合调查资料》共 10 册,《全国海洋综合调查图集》共 14 册。

三、改革开放后我国不动产权籍的调查与测量概览

1978 年,中国共产党第十一届三中全会胜利召开,我国实行改革开放。此后,加强了对于不动产其中特别是自然资源的调查与确权工作,相继开展了土地调查、森林资源清查、海岸带调查、草原调查以及城镇房屋普查等工作。通过不同部门组织开展的各类不动产的调查、清查、普查,获得了大量的数据,为不动产确权登记,维护不动产权益,为国家重大决策部署提供了基础依据,为促进经济社会发展发挥了重要作用。下面就几项重大不动产调查做一个简述。

(一)土地资源调查

我国《土地管理法》规定,国家要建立土地调查制度。土地调查是对土地的权属、利用类型、面积、质量和分布进行的调查。它是针对土地的自然属性(面积、位置、形状、适应性条件等)和社会属性(权属、价格、等级、其他经济关系和法律关系等)及其变化情况和趋势的调查,是为土地管理和资源配置服务的一种活动。土地调查分为土地利用现状调查和城镇、村庄地籍调查。

1. 土地利用现状调查

1)第一次调查

第一次调查即为全国土地利用现状调查(又称土地详查)。这是 1979 年全国科学大会确定的 108 项重大科技项目的第一项——农业自然资源调查和农业区划中的最重要的内容。据此,1984 年 5 月经国务院批准,在全国全面开展土地利用现状调查。这是一项摸清土地资源

家底、搞清土地权属状况、加强土地管理的重要基础工作,同时为编制国民经济计划、开发土地、发展农业和制定有关政策提供重要依据。此次调查,以县(市、区)为单位开展工作;以测绘部门提供的各种比例尺地形图、正射影像图(县辖区1∶1万、城市郊区1∶5 000)和航空像片作为调查底图,通过野外实地调绘,将境界线、行政村集体土地所有权界线、国有农林场圃及其他使用国有土地的单位权属界线调绘上图,并履行确认手续;根据国家统一规定的地类标准,将权属单位界线内各地类图斑调绘上图。在室内,通过标准图幅理论面积的层级控制,采用求积仪、聚酯薄膜方格网、数字化仪等常规方法量算面积。通过量算,查清了县、乡(镇)辖区、行政村范围内土地总面积,以及集体土地、城市、建制镇外独立国有土地面积及各地类面积。在此基础上,逐级统计和汇总出市、省以至全国的土地总面积及国有土地面积、集体土地面积,以及耕地、园地、林地、牧草地、交通用地、水利用地、城乡居民点用地、未利用地等8个一级类,水田、有林地等56个二级类土地利用类型面积及其权属、分布、利用状况等土地资源家底;提供了与工作底图同比例尺的土地利用现状图,以及以行政村为单元的土地权属图。为保证调查数据质量的一致性,对不同时期取得的成果,在全国范围内开展了以1996年10月31日为同一时点的变更调查,之后进行正式汇总。通过十余年的艰辛努力,于1997年底全面完成了全国第一次土地调查任务。为保持成果的现势性,从1996年起我国每年组织开展一次土地变更调查工作。土地详查和土地变更调查,为编制国民经济和社会发展计划、制定有关政策和科学决策等提供了重要依据。

2)第二次调查

第二次调查即第二次全国土地调查(农村部分)。2006年12月下发《国务院关于开展第二次全国土地调查的通知》(国发〔2006〕38号),2007年7月1日起,全国各地陆续开展第二次土地调查(以下简称“二调”)。“二调”(农村部分)的范围是城市、建制镇以外的土地。主要任务是查清各县(市、区)城镇以外的土地利用现状,包括耕地、园地、草地、林地、农村居民点等各类土地的分布、利用现状及权属状况;查清集体土地和水利、交通等独立使用的国有土地利用现状。逐级汇总形成市、省级土地统计数据及其成果,建立数据库。同时将基本农田标绘于“二调”所形成的土地利用现状图上。

“二调”(农村部分),以省为单位按照“省级整体控制、地市具体把握、县(市、区)细化调查、各级优势互补、分级负责实施”的形式组织实施,以县(市、区)为单位具体组织本行政区域内的调查工作。调查成果经市、省逐级验收,汇总上报。县级调查作业方法是,应用航空、航天遥感技术获取客观现势的地面影像作为调查的主要信息源,采用“先内业后外业”调查方法,准确获取每块土地的界线、地类、面积和权属等信息,逐个图斑录入图形数据、属性数据,建立集图形、影像、属性、文档为一体的土地利用数据库及信息管理系统;建立全省土地利用信息管理、更新的网络体系,实现“省—市—县”三级以及与国家级数据库互联、内外交换的信息服务和数据交换。相比第一次土地调查,第二次土地调查无论从技术手段、调查精度还是时间效率上都明显提高,航空、航天遥感等技术手段得到了充分应用。经过近三年的工作,2010年全国第二次土地调查完成并提供了各项成果,包括集体土地所有者所拥有的集体土地和水利、交通等独立使用的国有土地权属,以及耕地、园地、林地、草地、商服用地、工矿仓储用地、住宅用地、公共管理与公共服务用地、特殊用地、交通运输用地、水域及水利设施用地、其他土地等12个一级类,水田、果园等57个二级类的土地利用现状数据,土地利用现状图、以村民小组和国有土地使用者为单元的土地权属分布图,并建立起土地利用数据库。

3)第三次调查

第三次调查在名称方面随机构改革及职能变化,先称第三次全国土地调查,后称第三次全国国土调查。

2017 年 10 月发布《国务院关于开展第三次全国土地调查的通知》(国发〔2017〕48 号),在全国范围内全面启动第三次调查。2018 年 8 月 29 日发布的《国务院办公厅关于调整成立国务院第三次全国国土调查领导小组的通知》,根据机构设置、人员变动情况和工作需要,国务院决定,第三次全国土地调查调整为第三次全国国土调查。

2. 城镇、村庄地籍调查

与上述三次土地利用现状调查相向而行,全国各地结合本地实际情况,陆续开展城镇、村庄地籍调查。

城镇、村庄地籍调查是国家采用科学的方法,依照有关法定程序,通过权属调查和地籍测量,获取每一宗地的位置、权属、界线、数量、用途、等级等基本信息,为土地登记提供依据资料。地籍调查是土地登记工作中为确定土地权属、明晰产权的实质性调查,其成果资料是保护土地所有者和土地使用者合法权益、解决土地产权纠纷的重要凭证。同时,通过地籍调查还可以掌握一个地区的土地类型、数量、分布和利用状况,以及土地在国民经济各部门之间和各种经济成分之间的分配情况,从而为建立科学的土地管理体系、合理利用和保护土地、为制定土地利用规划和计划以及有关政策、实现耕地总量动态平衡、调控土地供需、规范土地市场等提供信息保障。

第一次城镇、村庄初始地籍调查,按照国家土地管理局 1987 年 9 月发布的《城镇、村庄地籍调查规程(试行)》和 1990 年版《城镇地籍调查规程》规定,进行地籍平面控制网的布设,以宗地为单元调查权属,确定宗地权利人、界址点和线、用途,履行认定手续,填写地籍调查表等有关表格,绘制宗地草图,分别采用部分解析法、图解法、解析法进行地籍勘丈。城乡接合部的城市和农村居民住宅交叉地带,也按以上要求进行地籍调查。

第二次城镇地籍调查,即第二次土地调查(城镇部分),是与 2007 年 7 月起在全国开展第二次土地调查(农村部分)同时开展的。依据《第二次全国土地调查》涉及城镇土地调查部分的要求,第二次城镇地籍调查的基本任务是,充分利用已有地籍调查成果,对城镇建成区范围内的土地开展以比例尺 1∶500 为主的权属调查和地籍测量,查清城镇内部建设用地的使用权状况,确定城镇内部每宗土地的权利人及界址、范围、界线、数量、用途等。通过汇总分析,掌握工业用地、基础设施用地、金融商业服务用地、房地产用地、开发园区等土地利用状况。通过城镇土地调查,建立包括土地权属、土地登记、土地利用、基础地理、影像等信息的城镇土地调查数据库,以及相应的信息管理系统。

第三次城镇地籍调查,已在第三次国土调查中述及,村庄地籍调查方法与城镇地籍调查方法类似,不再赘述。

本书所述不动产权籍调查与测量中,有关土地调查的内容、方法,可以说是土地利用现状调查与地籍调查的综合。

(二)森林资源调查

森林资源调查分为一、二、三类调查。

一类调查即森林资源连续清查。按照《国家森林资源连续清查技术规定》,以省(自治区、直辖市)和大林区为单位进行。改革开放以来,我国已进行了九次全国森林资源连续调查,其中 2018 年开始的第九次调查纳入第三次国土调查范畴。

二类调查又称规划设计调查。它是为满足森林经营方案、总体设计、林业区划与规划设计需要而进行的森林资源调查。由省级政府林业行政主管部门组织,以国有林场、自然保护区、森林公园等森林经营单位或县级行政区域为调查单位。

三类调查又称作业设计调查,是为满足市场而进行的调查,其成果除微观的林分数据、小斑图表外,还结合具体情况满足不同的需求,由林业行政主管部门或林业基层单位为满足自身造林、森林抚育和采伐等需要而随时组织进行。

(三)海洋资源调查

改革开放以来,我国开展了三次重点海洋资源调查。

1. 全国海岸带和海涂资源综合调查

此次调查是根据 1979 年 8 月国务院批复的国家科委、农委、总参谋部、国家海洋局、国家水产总局五部委局《关于开展全国海岸带和海涂资源综合调查的请示》要求,由国家海洋局统一组织协调指导,各沿海省级人民政府组织实施。按照全国海岸带和海涂资源综合调查规程规定,海岸带的范围是指自海岸向陆延伸 10 千米的陆地及向海至水深 15 米的浅海构成的狭长地带。

2. "中国近海海洋综合调查与评价"专项

该专项任务包括近海海洋综合调查、近海海洋综合评价、"数字海洋"信息基础框架构建三个部分。通过近海海洋综合调查与评价,获取我国近海海洋资源、环境,包括海洋物理、海洋化学、海洋地质、海岸地貌、海洋生物等学科最新的基础数据和资料,积累了丰富的多学科调查研究资料;掌握了我国海洋经济基本状况,对海洋经济发展现状、存在问题以及未来发展潜力等有了更明确的认识;初步构建"数字海洋"信息基础框架,按照国家统一的技术标准,搭建相应平台,形成一系列我国近海海洋调查的技术方法。

3. 海岛资源调查

1988 年 1 月国务院批准《关于开展全国海岛资源综合调查和开发试验的请示报告》,决定在沿海各省(自治区、直辖市)开展海岛资源综合调查工作。根据国家对海岛资源综合调查提出的任务要求,调查范围为大潮高潮面之上,面积在 500 平方米以上的海岛及其周围海域。

调查工作自 1990 年 3 月开始准备,1994 年 1 月组织专家审议并通过成果评审和验收,历时近 4 年,包括外业调查、报告撰写、图件编制和资料归档等,最终形成《省海岛资源综合调查报告》《省海岛资源综合调查地图集》。根据国家规定和《全国海岛资源综合调查简明规程》要求,海岛资源综合调查组织海洋水文、海水化学、海洋生物、环境质量、地貌与第四纪地质,以及气象、土壤、植被(包括林业)、地质、土地利用现状、社会经济、陆地脊椎动物和海岛资源评价与开发利用设想等 14 个专业课题组,进行气候、水文、地质、地貌、土壤、植被、生物、海水化学、环境质量等自然环境要素调查和生物资源、淡水资源、土地资源、矿物资源、气候资源、旅游资源等自然资源的调查,以及包括乡镇人口、旅游等的社会经济调查。

(四)房产普查

1984 年 7 月,第一次全国城镇房屋普查启动。当时,重庆市和海南省还未建立,香港澳门还未回归。此次普查的范围是除西藏自治区(暂缓普查)、台湾省(未普查)之外的 28 个省(自治区、直辖市)的 323 个市、1 951 个县旗、570 个城镇与工矿区和 1.5 亿人(城镇户口)的住房情况。根据国家统一口径、统一要求,由各普查省(自治区、直辖市)统一组织开展。调查方法是逐幢逐户地测绘、丈量和登记。通过调查,取得各种原始数据 15.5 亿个,基本查清了我国城镇房屋状况和居民居住水平。本次调查历经两年完成，其结果由当时的城乡建设环境保护部和国家统计局于 1986 年 12 月 2 日联合对外发布。

根据普查结果统计，全国城镇范围内共有房屋建筑面积 46.76 亿平方米，其中 323 个市（不含市属县）有房屋 28.33 亿平方米，占总数的 60%，城市居民的居住水平略低于县镇。这次普查范围内的住户共有 3 977 万户，住宅使用面积 15.09 亿平方米；住宅居住面积 9.56 亿平方米，户均居住面积 24.04 平方米，人均居住面积 6.36 平方米。现有的房屋中，新中国成立后新建的占总数的 91%，尤其是党的十一届三中全会以后建成的房屋达 32 亿多平方米，占总数的 68.61%。

§1-4　不动产权籍的调查与测量相关基础学科

不动产权籍的调查与测量是以不动产权籍调查为依据，以测量技术为手段，按照从控制到细部，精确测定土地和房屋等不动产的位置与大小，境界、权属界址点的坐标与面积，并绘制成图，以满足不动产管理部门以及其他国民经济建设部门的需要。不动产权籍的调查与测量是以测绘学科为主、融合多学科的一个交叉学科，属于测量学的二级学科。它所涉及的基础学科主要有以下几个学科。

一、测绘科学

测绘科学的研究对象主要是地球的形状和大小，以及地球表面（包括空中、地表、地下和海洋）上各种物体的几何形状与空间位置，通过测绘手段将地球表面用平面图、地图或剖面图表示出来，并对这些空间位置信息进行处理、存储、管理，同时解决各种类型的实际问题。不动产权籍测量是测绘技术在不动产权籍管理中应用的交叉学科。不动产权籍资料与一般的产权资料不同，其是以空间信息为支撑的，利用测量技术获得不动产权籍的空间信息，是不动产管理的基本方法和手段。因而不动产测量又不同于其他的测量，需严格按照地籍、房产等相关技术规程、规范规定的技术路线、作业方法和精度要求进行。

二、地理信息科学

地理信息科学已经从地理信息系统的技术实现，上升为一门科学。它主要研究在应用计算机技术对地理信息进行处理、存储、提取以及管理和分析过程中提出的一系列基本问题。不动产权籍调查与测量和地理信息系统相结合，建立不动产权籍管理信息系统，能够为政府和相关部门进行不动产管理提供辅助决策和管理，同时也为不动产统一登记提供信息系统支持。

三、遥感科学

遥感科学是在测绘科学、空间科学、电子科学、地球科学、计算机以及其他学科交叉渗透、相互融合的基础上发展起来的一门新兴交叉学科。它利用非接触传感器来获取有关目标的时空信息，不仅着眼于解决传统目标的几何定位，更重要的是利用外层空间传感器获取的影像和非影像信息进行语义和非语义解译，提取客观影像中各种目标对象的几何与物理特征信息。随着遥感科学与技术的发展，我国在不动产权籍调查与测量中，大量应用航天、航空遥感技术取得了巨大的成功，改变了传统的、常规的人工调查方法，减少了外业工作量，提高了调查质量和工作效率。

四、统计学

统计学是应用数学的一个分支,主要利用概率论建立数学模型,收集所观察的数据,进行量化分析、总结,作出推断和预测,为相关决策提供依据和参考。

不动产权籍调查和测量获得的权籍资料,除了为不动产权登记、维护不动产权益之外,还有一个重要功能就是为不动产资源的科学利用、规范管理提供依据。所以对这些浩如烟海的权籍资料,包括属性数据和时空数据资料进行存储、整理、分析也是不动产权籍调查和测量的重要内容。在这个大数据时代,存储、整理、分析更需要科学指导,包括统计设计、统计调查、统计整理、统计分析、统计报告的完整体系。

五、法律学

法律学,又称法学、法律科学,是以法律、法律现象及其规律性为研究内容的科学,它是研究与法相关问题的专门学问,是关于法律问题的知识和理论体系。法学是关于法律的科学。法律作为社会的强制性规范,其直接目的在于维持社会秩序与公正,法学是秩序和公正之学。

不动产权籍调查与测量,是不动产权利确认的必要程序,涉及国家、集体、单位、个人的权益,其实施需要法律支撑和法律依据。同时,不动产作为自然资源,我国又有关于各类资源包含土地、房屋、海域、草原、林业等的开发、利用、保护、治理及其管理的相关法律法规,即使以技术为特征的测绘工作也有专门的法律法规。简言之,法律法规贯穿于不动产权籍调查与测量工作的始终。所以不动产权籍调查与测量实施过程中需要严格遵循《民法典》《土地管理法》《城市房地产管理法》《测绘法》等多项法律法规,不动产权籍的调查与测量学则含有一定的法理知识和相关法条规定内容。

§1-5 不动产权籍的调查与测量基本知识

不动产权籍调查是依照国家及行业相关规程、规定,通过权属调查和权籍测量,查清不动产权利的权属、界址线、面积、用途和位置等情况,形成数据、图件、表册等调查资料,为地权、林权、海域与草地使用权等不动产权利注册登记、核发证书提供依据的一项技术性工作,也是不动产登记的法定程序和基础性工作,其资料成果经不动产登记后,具有法律效力。国际上一直存在地籍(cadastre)一词,我国在不动产统一登记实施之前,不同类型的不动产是分别调查测绘并登记的,例如以满足土地登记要求开展的地籍调查与测量工作,满足房屋登记的房产测量,等等。不动产权籍调查与测量的主要目的是核实不动产权利人的权利状况,确认不动产界线,查明不动产的面积、用途、等级等,测绘不动产权籍图,为不动产登记、核发不动产权利证书提供依据。

不动产权籍调查与测量的成果资料是保护不动产权利人合法权益、解决不动产产权纠纷的重要凭据。同时,通过不动产权籍调查,还可全面掌握一个地区的自然资源利用类型、数量、分布和利用状况,以及在国民经济各部门之间、各种经济成分之间的分配等情况,从而为建立科学的管理体系,为制定资源利用规划、计划及有关政策,合理利用和保护资源,实现耕地总量动态平衡、调控资源供需、规范不动产市场等提供信息保障。

一、不动产权籍调查与测量的内容

不动产权籍调查与测量与之前的地籍调查与测量、房产调查等相比，涵盖的对象已经发生了明显的变化，除了土地、房屋，还包括了林木、海域等其他不动产权籍调查与测量，内容也扩展了许多。

需要说明的是，本书为了内容更加精练，从第二章起后续章节阐述的不动产调查与测量范围和对象，主要针对土地和房屋，一般不涉及林木、海域等其他不动产。

如上所述，不动产权籍调查与测量的内容包括不动产权属调查和不动产测量。

(一)不动产权属调查

不动产权属调查是对不动产权属来源及其所在位置、界址、数量、用途和等级等情况调查，包括清查每个单元的权利人、权利内容、来源和用途，并在现场标定宗地(宗海)界址、位置，绘制宗地(宗海)权属草图，填写不动产权籍调查表等工作。不动产权属调查包括土地权属调查、海域权属调查、房屋等建(构)筑物权属调查和森林、林木权属调查等。通过不动产权属调查，核实不动产所有权及使用权等不动产权利的权属，确认权属界址的实地位置，并掌握不动产利用状况。

不动产权属调查是不动产权籍调查的重要环节，是不动产测量的前提和基础。不动产权属调查工作是一件为不动产登记奠定基础的工作，调查成果经不动产权利人认定，便可同不动产权籍测量的成果一并作为审核和制作不动产权属法律文书的基础。

(二)不动产测量

不动产测量是在不动产权属调查的基础上，借助测绘仪器，以科学的方法，在一定区域内测量每宗不动产的权属界线、位置、形状等，并量算其面积，绘制不动产权籍图，为不动产登记提供依据而进行的专业测绘工作。简言之，不动产测量就是用测量方法将不动产权籍调查的内容，用图、数形式反映出来的过程。不动产测量一方面要以不动产权属调查成果为基础，另一方面又对权属调查结果进行验证与补充。

不动产测量包括控制测量、界址测量、房屋等建(构)筑物测量、不动产权籍图测绘、面积量算等工作。通过不动产测量获得宗地(海)界址点的平面位置、宗地(海)形状及其面积的准确数据，为不动产登记、核发不动产权利证书奠定基础。

二、不动产权籍调查与测量的类型

(一)总调查

总调查是在一定时间内，对县级行政辖区内或特定区域内的不动产开展的全覆盖调查或更新调查。总调查主要包括准备工作、工作底图测制、不动产权属调查和不动产测绘、检查验收、成果材料整理与归档、数据库与信息系统建设等。

(二)日常调查

日常调查是因不动产单元的设立、灭失、界址调整及其不动产信息的变更而开展的调查，通常也称为变更调查。日常权籍调查，主要工作内容为准备工作、核实确认不动产的状况、不动产权属调查、不动产测绘、成果审查与入库(权籍审核确认)、成果整理与归档等。不动产单元需要开展日常调查的情形有：①不动产首次登记的；②不动产单元界址或界限发生变化的；③不动产用途、名称、地址等权属状况发生变化的。

三、不动产测量的功能和特点

(一)不动产测量的功能

不动产测量有三大功能:法律功能、社会经济功能及技术功能。测定界址及确定产权界限是保证不动产测量法律功能的手段;保持和不断更新权籍资料,为自然资源的有效配置、合理利用及税费征缴服务,使不动产测量具有社会经济功能;不动产测量所获取的不动产数据是建立不动产权籍管理信息系统的基础,也是数字城市建设不可或缺的基本信息,因而不动产测量具有技术功能。

(二)不动产测量的特点

不动产测量与基础测绘及其他专业测量有着明显不同,具体有以下特点:

(1)不动产测量是一项基础性的测绘工作,是政府行使管理职能的具有法律意义的行政性技术行为。现阶段,我国进行的不动产测量工作的根本目的是更加有效合理地利用不动产及保护不动产权利人的合法权益提供基础依据,为社会发展和国民经济计划提供基础资料。

(2)不动产测量为不动产管理提供了精确、可靠的地理参考系统,有较高的精度指标;为土地的税收和不动产保护提供精准并能被法律事实接受的数据。

(3)不动产测量是在不动产权属调查的基础上进行的。根据不同层次的权属调查资料,选择适宜的测量技术和方法。不动产测量技术和方法是对当今测绘技术和方法的应用集成,涉及了摄影测量与遥感、大地测量、空间定位等技术。

(4)不动产测量具有勘验取证的法律特征。无论是产权的初始登记,还是变更登记或他项权利登记,在对不动产权利的审查、确认、处分过程中,不动产测量所做的工作就是利用测量技术手段对权利人提出的权利申请进行现场的勘查、验证,为不动产权利的法律认定提供准确、可靠的物权证明材料。

(5)不动产测量必须按照相关法规条例的要求进行。不动产测量既要满足测量的精度要求,又必须符合不动产相关条例和技术规程的要求,测量成果应突出反映以不动产权为核心的不动产要素。

(6)不动产测量具有非常强的现势性。由于社会发展和经济活动,资源的利用和不动产权利不断发生变化,而不动产管理则需要现势性非常强的不动产权籍资料,因此必须对不动产测量成果进行日常变更和及时更新。

四、不动产测量的基本方法

不动产测量应统筹考虑基础条件、工作需求、经济可行性和技术可能性,在确保不动产权益安全的前提下,依据不动产的类型、位置和不动产单元的类型及其构成方式,按照不动产权属调查的结果,因地制宜,审慎科学地选择符合本地区实际的不动产测量方法,确保不动产单元的界址(界限)清晰、面积准确。具体的施测方法包括以下几种。

1. 平面控制网点施测

采用 GNSS(全球导航卫星系统)静态测量、GNSS RTK(实时动态)测量和导线测量等方法施测。采用水准测量、三角高程测量和 GNSS 测量等方法施测高程控制网点。

2. 界址点施测

界址点施测方法有解析法和图解法。

(1)解析法是指采用全站仪、GNSS接收机、卷尺等测量工具,通过全野外测量技术获取界址点坐标和界址点间距的方法。

(2)图解法是指采用标示界址、绘制宗地草图,说明界址点位和说明权属界线走向等方式描述实地界址点的位置,由数字摄影测量加密或在正射影像图、扫描矢量化的地籍图、房产分户图和地形图上获取界址点坐标和界址点间距的方法。图解界址点坐标不能用于放样确定实地界址点的精确位置。

3. 地籍图、海籍图和房屋等建(构)筑物施测

采用全野外数字测绘法、数字摄影测量法和数字编绘法等方法施测,用于建筑占地面积和建筑面积计算的房屋边长应实地丈量或实地测量。

4. 土地或海域面积计算

采用解析法和图解法,根据用于计算面积的坐标、边长、角度的获取方法不同,以及计算公式的不同,又可分为坐标法和几何要素法。

5. 房屋等建(构)筑物面积计算

房屋等建(构)筑物的建筑占地面积和建筑面积采用解析几何要素法计算。对于形状复杂或边长丈量困难的,则可实测房角点坐标,再采用解析坐标法计算房屋等建(构)筑物的建筑占地面积和建筑面积。

五、新技术方法的应用

传统的不动产测量一般借助全站仪、GNSS RTK技术进行特征点数据采集,往往劳动强度大、作业效率低。随着现代科学和信息技术的快速发展,测绘技术也得到了快速发展,各种新技术的不断出现,正在改变着传统的调查测绘方式。下面仅介绍与不动产测量紧密相关的一些测绘新技术和新方法,有些虽然受精度或成本限制,目前还没有得到大范围的普及应用,但代表了未来发展的一些趋势,有很大的发展空间。

(一)无人机测量技术

近几年,无人机遥感得到了快速发展。无人机最早出现在1917年,早期无人驾驶飞行器的研制和应用范围主要是在军事上,后来逐渐用于民用遥感飞行平台。20世纪80年代以来,随着计算机技术、通信技术的迅速发展,各种数字化、重量轻、体积小、探测精度高的新型传感器不断面世,无人机的性能不断提高,应用范围和应用领域迅速拓展。无人机遥感相比传统航天、航空遥感,具有成本低、快速、机动等特点。目前基于倾斜三维模型的无人机数据采集正在逐步替代传统航测数据采集,已较为广泛地应用于不动产权籍调查工作,特别是农村的不动产权籍测量中,将外业测量工作转换到内业,极大地改善了测绘人员的工作环境,降低测量成本,提高工作效率,缩短项目周期。

(二)三维激光扫描技术

三维激光扫描技术是20世纪90年代中期开始出现的一项高新技术,是继导航卫星空间定位系统之后又一项测绘技术新突破。它突破了传统的单点测量方法,具有高效率、高精度的独特优势。三维激光扫描技术能够提供扫描物体表面的三维点云数据,包括各个点的坐标(X,Y,Z)、反射率以及外观颜色等信息,基于三维点云数据,可以直观地进行相关数据采集工作。将三维激光扫描技术用于不动产权籍调查,通过三维激光移动测量系统快速完成测区房屋的三维点云数据采集,在点云的基础上进行界址点选取、宗地边界的提取等工作,不仅大大

降低了劳动强度，提高了外业数据的采集效率，还可以实现多种数据同时入库。但是也存在不足，有较高的建筑或树木遮挡的情况下，部分边界不容易判读。随着技术的不断提高，可以利用升高转台高度或者与摄影测量结合，快速获得不动产测绘所需的全部信息。

(三)三维不动产调查与建模

随着城市的发展，土地集约利用程度不断提高，土地的利用也不再局限于地表，更向着空中、地下发展，土地权利也呈现出立体的趋势。《民法典》第三百四十五条明确规定“建设用地使用权可以在土地的地表、地上或者地下分别设立”。传统的二维不动产只是对于立体权利在平面上的一种简化方法，对于一些简单的建筑可以满足，但对于一些纵向上存在交叉或者地上、地下复杂的土地权利分割或设定则存在难度。三维不动产调查与建模可以更好地表示具有复杂结构的不动产单元，适合于地表、空中、地下混合的立体化不动产产权登记。

三维不动产单元是三维不动产调查的主体对象，是一个封闭的三维形态的权利空间，它具有固定的地理空间位置和形态，由相关法律认可的权属界址面围成的封闭的独立可用的三维产权空间，它不依赖于地表，是现实建筑实体和法律规定的权属界址范围的综合体。三维不动产单元和二维不动产中宗地、房屋产权边界作用类似。三维不动产权属调查以三维不动产单元为基本单位，以界址面作为权属界限，以界址线和界址面作为权属划分的空间依据，所以需要将界址面两侧的权属状况调查清楚。除了反映不动产单元的具体坐落、空间“六至”(东、南、西、北、上、下)信息之外，还应当准确描述不动产单元的界址面构成情况、界址点的具体位置及界址线走向。

三维空间数据模型是三维不动产数据模型的重要组成部分，其目的是以满足需求的精度和合适的质量来描述管理目标的几何形状和空间位置。在三维不动产中，三维空间数据模型大致分为面模型(facial model)与体模型(volumetric model)两大类型，前者包括边界表示模型、三角网与格网模型、线框模型，后者包括结构实体几何模型、三维体元模型以及八叉树模型等。以上各种三维空间数据模型具有各自在数据表达、存储、计算等方面的特征。

总体而言，三维不动产权籍调查与登记仍面临着诸多政策、调查技术上的难点。政策和法规方面，需加强物权方面法律规定、地方实践政策研究，寻求三维权利空间冲突的协调途径；调查技术方面，需针对多类型的复杂共有权利的建筑物，其他类型不动产单元(林、海等)，借助新型测绘和计算机表达手段，进一步降低成本，以达到实用化、经济化的目的。

思考与练习题

1. 不动产包含哪些对象？与动产的区别是什么？
2. 如何理解不动产具备自然和经济两重属性？
3. 试述我国现行的不动产权利体系。
4. 不动产权籍调查的目的是什么？与地籍调查的联系和区别是什么？
5. 不动产权籍总调查的内容和对象是什么？
6. 不动产权籍日常调查的内容有哪些？
7. 不动产权属调查的内容是什么？与不动产测绘之间有什么密切关系？
8. 不动产测绘的内容有哪些？有什么功能和特点？
9. 不动产测绘采用的技术方法有哪些？未来有哪些技术发展趋势？
10. 不动产测绘与测量学有什么样的联系与区别？

第二章　不动产权属调查

权属调查是不动产权籍调查的首要环节，也是不动产测绘的前提和基础。通过不动产权属调查工作，准确记录不动产的自然状况、权属状况及其他状况等信息。调查成果经不动产权利人认定后，与权籍测量的成果一起作为不动产登记的要件，成为审核和制作不动产权属法律文书的基础资料。

§2-1　不动产权属调查确认的依据

不动产权属调查确认要从维护权益、促进安定团结的愿望出发，坚持"依法依规，实事求是，尊重历史，着眼现实"的原则，同时以"不再调查为原则，再调查为例外"的总要求，确保调查成果质量达到"一查就准"，确保调查确认的每宗地的主体无讹、客体准确、权利合法、状况真实。上述所有原则、要求，基本上都集中体现于不动产权属调查确认的依据上，一是法律依据，二是事实依据，即所谓以"事实为依据，法律为准绳"的原则开展不动产权属调查。

一、不动产权属调查确认所遵循的法律法规和政策

法律法规规定是确认不动产权属的标准。我国现阶段主要依据以下法律法规和政策确认不动产的权属：

——《中华人民共和国宪法》第九条、第十条对国家、集体所有土地进行了规定。

——《民法典》第二百四十七条至二百五十条规定了属国家所有的不动产；第二百六十条则对集体所有的不动产作出了规定。

——《土地管理法》第九条对国家、集体所有土地进行了规定；第二条、第十条、第十一条对使用国有土地、集体所有土地进行了规定。

——《农村人民公社工作条例修正草案》对集体土地作出了规定。

——《民法典》《不动产登记暂行条例》对不动产登记作出了规定。

——原国家土地管理局《确定土地所有权和使用权的若干规定》对土地所有权和使用权的确认作出了规定。

——自然资源部及地方人民政府有关确认土地权属的政策、规定。

特别是《民法典》《不动产登记暂行条例》是不动产权属确认依循的重要法律法规，在不动产权属管理、不动产登记管理中起着越发重要的作用。

二、不动产权调查确认所依循的事实证据

所谓事实证据，就是提供权利主张的证据。不动产权证据有书证、物证、证人证言、视听资料等种类，在实际工作中常用的证据主要是书证、物证。

(一)书证

这里指的是不动产权源图文资料，即不动产权属的原始证据，包括土地权属的原始凭证和房产权属的原始凭证。

土地权属的原始凭证包括以下三种。

(1)县级以上人民政府批准征用、拨用土地文件,以及在实现土地的社会主义公有制之前,有关确认农民土地所有权和城市私人土地所有权的证件,如土地改革时发给农民的"土地证"。

(2)县级以上人民政府或司法部门依法对土地权属争议、违法占地的处理决定是确认土地权属的重要证据。集体土地一般以《农村人民公社工作条例修正草案》(简称《六十条》)规定对人民公社确定范围的文件、簿册为依据,集体土地权属单位之间签订的有关权属边界协议,不违反土地法规、不侵犯他人权利的,也可作为确认土地权属的依据。

(3)《土地管理法》实施以前,县级以上人民政府主管土地部门批准建房的建筑执照或购房契据可作为确认土地权属的参考资料。没有经过县级以上人民政府批准,只是主管部门制订的用地规划和同意占地范围的文件,不能作为确认土地权属证据。

房产权属的原始凭证包括:①房屋产权证包括房屋所有权证、不动产权证等;②建设用地规划许可证;③建设工程规划许可证;④施工许可证;⑤房屋竣工验收资料;⑥房屋权利设立、变更、转移或消灭所依据的合同、公证书、判决书、裁定书、协助执行通知书等;⑦其他资料。

(二)物证

不动产权属调查时,不动产权利主张人呈现给调查人员的实际占据的不动产实地状况,包括不动产的权利类型、坐落、宗地四至、面积(宗地面积、建筑面积等)、用途及有关不动产权属的其他权利状况等。

在新中国成立前就已形成的单位不动产或城乡居民在1982年以前就已存在并使用的不动产,历史上未办过批准手续,但与相邻单位(个人)无争议。这种情况可参照当地的使用习惯,由不动产实际据占的权利主张者以文字材料加以说明,由主管部门或基层群众组织出具证明,履行手续并经县级以上人民政府批准,即可确认不动产权属。

历史形成的靠近国有储备土地的生产单位,其用地范围和地权的划分,必须依法查清实际情况后予以划定。非法占有和有争议的不动产,应经依法处理后方可确认其权属。物证对于无批准文件的不动产权属的确认尤为重要。

§2-2 不动产权属调查内容与流程

不动产权属调查主要是对土地、房产等不动产的权利人、权属来源、权属性质及权利所及的界线、位置、数量和用途等基本情况的实地调查与核实。土地权属调查的基本单元是宗地;房屋权属调查的基本单元是幢、层、套、间等可以独立使用、有固定界限的封闭空间。

以地籍调查为基础,以宗地为依托,以满足不动产登记为出发点,充分利用已有不动产权籍调查、登记以及前期审批、交易、竣工验收等成果资料,以已有集体土地所有权地籍图、城镇地籍图、村庄地籍图、地形图、影像图等图件做工作底图,通过内外作业、实地调查核实,完成不动产权属调查,提供规定的权属调查资料,为转入不动产测量打下基础。

一、不动产权属调查内容

以宗地为单位,查清宗地及其房屋、林木等定着物所组成的不动产单元状况,包括宗地信息、房屋等构(建)筑物信息、森林和林木信息等。

(一)宗地信息

查清宗地的权利人、权利类型、权利性质、土地用途、四至、面积等土地状况。

土地承包经营权宗地和农用地的其他使用权宗地，还应查清承包地块的发包方、地力等级、是否为基本农田、水域滩涂类型、养殖业方式、适宜载畜量、草原质量等内容。

(二)房屋等构(建)筑物信息

查清房屋权利人、坐落、项目名称、房屋性质、构(建)筑物类型、共有情况、用途、规划用途、幢号、户号、总套数、总层数、所在层次、建筑结构、建成年份、建筑面积、专有建筑面积、分摊建筑面积等内容。针对宗地内的建筑物共有权部分，还应分别查清其权利人、构(建)筑物名称、构(建)筑物数量或者面积、分摊土地面积等。

(三)森林和林木信息

查清森林与林木的权利人、坐落、造林年度、小地名、林斑、小斑、面积、起源、主要树种、株数、林种、共有情况等内容。

权属调查如果涉及宗海信息，则需查清宗海的权利人、项目名称、项目性质、等级、用海类型、用海方式、使用金总额、使用金标准依据、使用金缴纳情况、使用期限、共有情况、面积、构(建)筑物基本信息等内容。

二、不动产权属调查工作流程

不动产权属调查总体上按照先内业审查整理已有资料，再外业现场调查核实，最后进行成果资料内业整理、编制的工作流程进行，如图 2-1 所示。

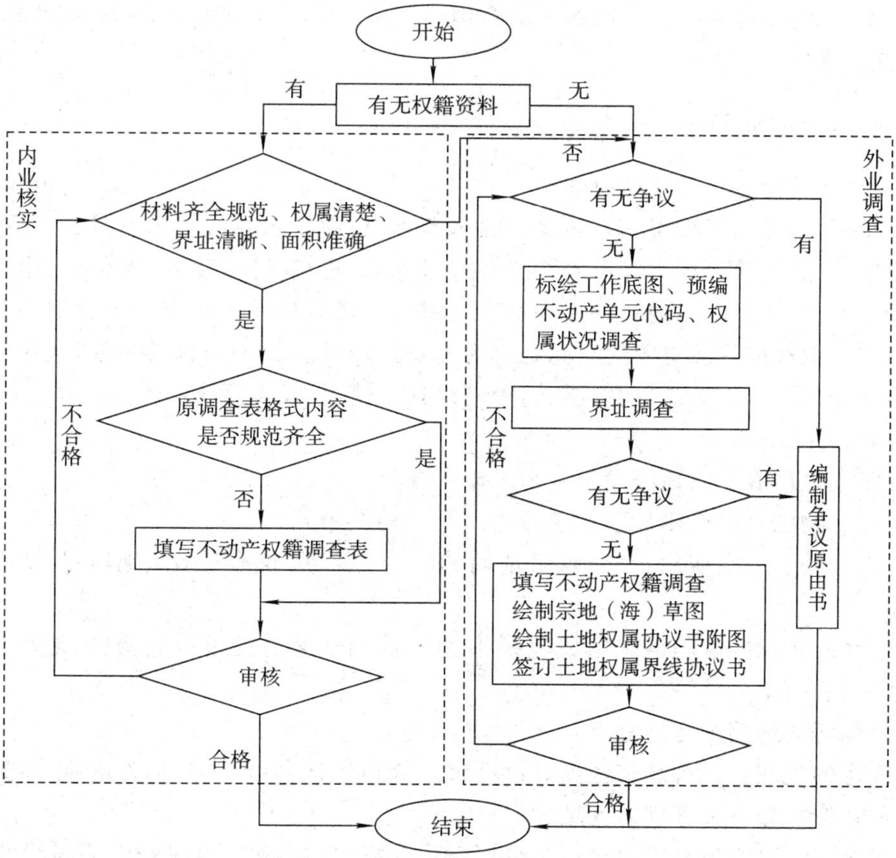

图 2-1　不动产权属调查工作流程

§2-3 不动产权属现场调查前期工作

一、调查准备

在实施权属调查前应做好各项准备工作,主要包括组织准备、材料准备、调查需要的工具及表册、工作底图编制。

(一)组织准备

成立县级以上地方人民政府调查领导小组,组建工作班子,选择作业队伍等。

(二)材料准备

根据调查的目的和内容,有选择地收集整理权籍材料、测绘图件、历史调查数据、行政区划、自然地理、社会经济、标准地名地址等相关资料。

(三)调查需要的工具及表册

主要有不动产权籍调查相关表册、仪器、软件、界址点标志等。

(四)工作底图编制

根据具体的调查任务,合理选择比例尺适宜、现势性强的已有地形图、正射影像图、不动产权籍调查图等作为工作图件,以数字图件为佳。在工作图件上,按不动产单元划分原则划分出地籍区、地籍子区、宗地界线。在地籍子区范围内,从西到东、自北向南,按不动产单元编码规则统一预编宗地代码。

二、不动产单元划分

(一)不动产单元定义及划分原则

不动产单元是不动产权属调查和登记的基本单位,即权属界线封闭且具有独立使用价值的空间,包括土地及房屋、林木等定着物。有房屋等构(建)筑物和森林、林木定着物的,以该定着物与土地权属界线封闭的空间划分为不动产单元。没有房屋等构(建)筑物和森林、林木等定着物的,以土地权属界线封闭的空间划分为不动产单元。此处所称的房屋,包括独立成幢、权属界线封闭的空间,以及区分套、层、间等可以独立使用、权属界线封闭的空间。不动产单元的设定依据为:

(1)一宗土地所有权宗地应设为一个不动产单元。

(2)无定着物的一宗使用权宗地应设为一个不动产单元。

(3)有定着物的一宗使用权宗地,宗地内的每个定着物单元与该宗地应设为一个不动产单元。

一个不动产单元的编码信息组成包括不动产单元坐落的县级行政辖区、地籍区、地籍子区、宗地号、定着物单元号等。

(二)地籍区与地籍子区划分

地籍区指的是在县级行政辖区内,以乡(镇)、街道辖区界线为基础,结合明显线形地物划分的便于不动产权籍日常管理的区域。

地籍子区指的是在地籍区内,以行政村、居委会或街坊界线为基础结合明显线性地物划分的便于不动产权籍日常管理的区域。

地籍区、地籍子区划定后，其数量和界线应保持稳定，原则上不随所依附界线或线性地物的变化而调整。地籍区和地籍子区应在县级行政区域内统一划分。

需指出的是，地籍区和地籍子区的范围和界线是为了便于不动产权籍管理而人为划定的管理界线，不作为不动产权属确认和权属纠纷调处的依据。

（三）宗地单元划分

宗地是权属调查和管理的基本单元，指土地权属界线封闭的地块或空间。按其权属性质可划分为所有权宗地和用益物权宗地。

1．所有权宗地单元划分

包括国有土地所有权宗地和集体土地所有权宗地，二者合起来要求布满整个调查区域，二者间无重叠、交叉和缝隙。对于集体土地所有权宗地，一个宗地由几个权属单位共同所有，其间难以划清权属界线的，设为共有宗。

2．用益物权宗地单元划分

包括国有土地用益物权宗地和集体土地用益物权宗地，宗地之间要求无重叠和相交。其中，国有土地用益物权宗地包括国有建设用地使用权宗地（地表、地上、地下）、土地承包经营权宗地（耕地、林地、草地）、林地使用权宗地（承包经营以外的）、农用地的使用权宗地（承包经营以外的、非林地），以及其他土地使用权宗地等。

在集体土地用益物权宗地内，划分集体建设用地使用权宗地、宅基地使用权宗地、土地承包经营权宗地（耕地、林地、草地）、林地使用权宗地（承包经营以外的）、农用地的使用权宗地（承包经营以外的、非林地），以及其他土地使用权宗地等。

通常，一宗地是一个权利人所拥有或使用的一个地块或空间。当一个地块或空间为两个以上权利人拥有或使用，而在实地又无法划分各自的界线，此类地块或空间称为共有宗或共用宗。未确定权属或权属有争议的地块可设为一宗地。公共广场、停车场、市政道路、公共绿地、市政设施用地、城市（镇、村）内部公用地、空闲地等可单独设立宗地。大型企事业单位用地内具有法人资格的独立经济核算单位用地应独立分宗。

当一个权利人拥有或使用不相连的几个地块或空间时，则每一地块或空间应分别划分宗地。当一个权利人拥有或使用的地块跨越行政辖区，且分属两个以上土地登记机关管辖时，应按行政辖区界线分别划宗。

3．定着物单元划分

定着物是固定于土地且功能完整、具有独立实用价值的房屋等建筑物、构筑物以及森林、林木等不能移动的物。定着物单元是指权属界线封闭的定着物，是定着物所有权登记的基本单位。按下列情形划分定着物单元。

1）建筑物、构筑物单元划分

（1）独立住宅或其他建筑物、构筑物（包括车库、车位、储藏室等）为同一权利人所有的，宜划分为一个单元，如别墅、工业厂房等。

（2）楼房内多层（间）房屋为同一权利人的，应按照权属界线固定封闭、功能完整且具有独立使用价值的空间划分单元，如写字楼、商场、门面房等。

（3）地下车库、商铺等具有独立使用价值的特定空间或者码头、油库、隧道、桥梁、塔状物等构筑物，宜各自独立划分单元。

（4）成套住宅（包括不单独核发不动产权证书与房屋配套的车库、车位、储藏室等）应以套为单位划分单元;当同一权利人拥有多套成套房屋,宜每套房屋各自独立划分单元。

(5)非成套住宅,按权利人所拥有的房产情况,可以间为单位划分单元;当同一权利人拥有连续多间房屋时(非成套),可一并划分为一个单元。

(6)宗地内全部建筑物、构筑物为同一权利人所有的,该宗地内全部建筑物、构筑物可一并划为一个单元,如企事业单位、农民宅基地内的房屋等。

2)森林、林木单元划分

在用益物权宗地内,定着物为森林、林木的,按下列情形划分定着物单元:

(1)成片森林、林木(或单株林木)为同一权利人所有的,宜划为一个单元。

(2)宗地内所有森林、林木归同一权利人所有的,该宗地内全部森林、林木可一并划分为一个单元。

3)其他类型的定着物单元划分

在用益物权宗地内,定着物为其他类型的,按下列情形划分定着物单元:

(1)依据定着物的类型和权属,各自划分单元。

(2)同一定着物为同一权利人所有的,只划为一个单元。

(3)集体土地所有权宗地、土地承包经营权宗地(耕地)、土地承包经营权宗地(草地)、农用地的使用权宗地(承包经营以外的、非林地)等无须划分单元。

三、不动产单元编码

按一定的规则赋予不动产单元唯一和可识别的标识码,叫不动产单元代码,也可称为不动产单元号。根据《不动产单元设定与代码编制规则》(GB/T 37346—2019),不动产单元编码有以下规定。

(一)不动产单元编码的作用

《不动产登记条例》第八条规定:“不动产以不动产单元为基本单位进行登记。不动产单元具有唯一编码。”为实现不动产单元设定和编码的标准化,需要合理划分不动产单元并赋予唯一编码,以适应不动产权籍调查与登记的需要。不动产单元编码规则由自然资源部制定。

(二)代码结构

按照每个不动产单元应具有唯一代码的基本要求,依据《不动产单元设定与代码编制规则》(GB/T 37346—2019)规定,不动产单元代码由宗地代码与定着物单元代码构成,采用七层28位层次码结构,即“县级行政区划代码+地籍区代码+地籍子区代码+宗地特征码+宗地顺序号+定着物特征代码+定着物单元号”。其中,前五层统称为宗地代码,后两层统称为定着物单元代码。具体为:

(1)宗地代码为五层19位层次码,按层次分别表示县级行政区划代码、地籍区代码、地籍子区代码、宗地特征码、宗地顺序号。其中,宗地特征码和宗地顺序号组成宗地号。

(2)定着物单元代码为二层9位层次码,分别表示定着物特征代码、定着物单元号。

不动产单元代码结构如图2-2所示。

(三)编码方法

不动产单元代码采用分层编码,具体如下:

第一层次为县级行政区划代码,码长为6位,采用《中华人民共和国行政区划代码》(GB/T 2260—2007)国家标准以及民政部门确定、发布的最新县级行政区数字代码。跨行政区的，代码可采用共同的上一级行政区划代码；跨省级行政区的，代码采用“860000”表示。

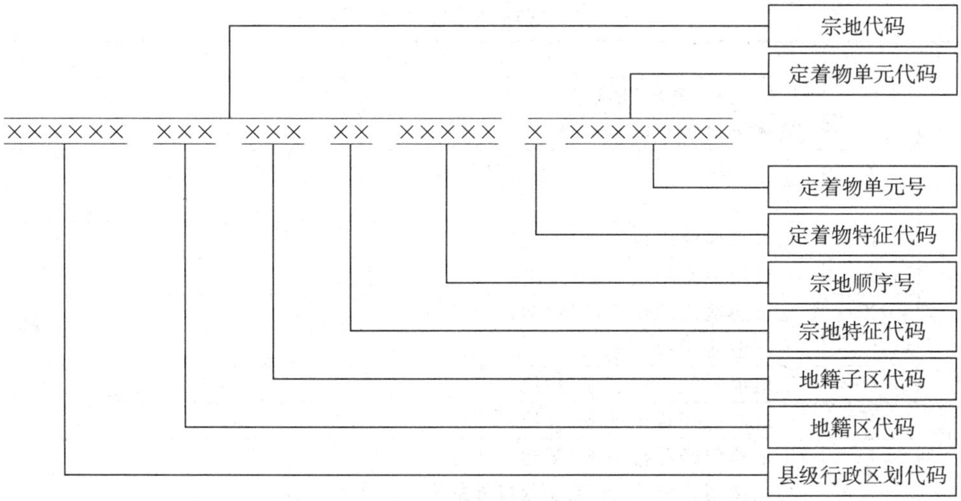

图 2-2　不动产单元代码结构

第二层次为地籍区代码，码长为 3 位，码值为 000～999。海籍调查时，地籍区代码可用“000”表示。其中，国务院批准的项目用海、用岛，地籍区代码采用“111”表示；国务院确定的重点国有林区的森林、林木和林地，地籍区代码可用“900”表示；公路、铁路等线性地物地籍区代码可用“999”表示。

第三层次为地籍子区代码，码长为 3 位，码值为 000～999。海籍调查时，地籍子区代码可用“000”表示。其中，国务院批准的项目用海、用岛，地籍子区代码采用“111”表示；国务院确定的重点国有林区的森林、林木和林地，地籍子区代码可用“900”表示；公路、铁路等线性地物地籍子区代码可用“000”表示。

第四层次为宗地特征码，码长为 2 位，代码值及含义见表 2-1。

第五层次为宗地顺序号，码长为 5 位，码值为 00001～99999，在宗地特征码后顺编。

第六层次为定着物特征代码，码长为 1 位，用 F、L、Q、W 表示。“F”表示房屋等建筑物、构筑物，“L”表示森林或林木，“Q”表示其他类型的定着物，“W”表示无定着物。

第七层次为定着物单元号，码长为 8 位，具体为：

(1)定着物为房屋等建筑物、构筑物的，定着物单元在使用权宗地(宗海)内具有唯一编号，前 4 位表示幢号，码值为 0001～9999，后 4 位表示户号，码值为 0001～9999。幢号在使用权宗地(或地籍子区)内统一编号，多幢房屋等建筑物、构筑物划分为一个定着物单元的，幢号可用“9999”表示。一幢房屋等建筑物、构筑物内划分多个定着物单元的，在该幢房屋等建筑物、构筑物内，统一编制户号。多幢或整幢房屋等建筑物、构筑物划分为一个定着物单元的，户号首次编码使用“0001”表示。

(2)定着物为森林、林木的，定着物单元在使用权宗地内应具有唯一的编号，码值为 00000001～99999999。

(3)定着物为其他类型的，定着物单元在使用权宗地内应具有唯一的编号，码值为 00000001～99999999。

(4)集体土地所有权宗地或使用权宗地(宗海)内无定着物的，定着物单元代码用

“W00000000”表示。

表 2-1 宗地(宗海)特征代码

代码		含 义
第 1 位	G	国家土地(海域)所有权
	J	集体土地所有权
	Z	土地(海域)所有权未确定或有争议
第 2 位	A	土地所有权宗地
	B	建设用地使用权宗地(地表)
	S	建设用地使用权宗地(地上)
	X	建设用地使用权宗地(地下)
	C	宅基地使用权宗地
	D	土地承包经营权宗地(耕地)
	E	土地承包经营权宗地(林地)
	F	土地承包经营权宗地(草地)
	L	林地使用权宗地(承包经营以外的)
	N	农用地的使用权宗地(承包经营以外的、非林地)
	H	海域使用权宗海
	G	无居民海岛使用权海岛
	W	使用权未确定或有争议的宗地
	Y	其他土地使用权宗地

注:“Y”可用于宗地特征扩展。

§2-4 不动产权属现场调查

不动产权属现场调查包括实地调查核实、现场指界、界标设置、勘丈界址边长、绘制不动产单元草图、填写不动产权籍调查表等。对界址线有争议等情况的,宜现场记录并拍摄照片。

一、发送指界通知

按调查工作进度,分区分片通知,并邮寄或送达指界通知。通知不动产权利人携带有关证件,按时到场接受调查和指界。指界通知书示例如图 2-3 所示。

二、实地调查核实

调查人员在实地调查前应对不动产单元的权属情况在室内进行预核后,携带调查工作图、权源资料和勘丈工具到实地进行现场调查核实。主要核实不动产单元的权利人名称、法人代表或户主、性质、主管部门,不动产坐落,土地权属性质和权源证件,土地使用状况,他项权利等内容。

三、现场指界

由本宗地不动产权利人或其委托人和相邻宗地不动产权利人或其委托人到现场共同指界。一般由法人代表或户主出席,也可委托代理人指界。指界人应现场出示身份证明、委托书等,证明其资格。经界址调查后认定的宗地权属界址点,须按规定埋设界址标志。

编号：

指界通知书（存根）

土地坐落：________________________________

指界时间：　　年　　月　　日　　午　　　　时

集合地点：________________________________

通知日期：　　年　　月　　日　　　　经办人：

指界通知书

______________：

兹定于__________________________年　　月　　日　　时对坐落在　　区（县）　　　　的宗地权属界线进行调查，需你（□本人/□单位法定代表人或负责人/□农民集体推举的指界人）或代理人到现场指界。请指界人携带有效证件到现场共同确认权属界线。未按时参加出席指界的，按违约缺席指界规定处理。

集合地点：________________________________

盖章：

年　　月　　日

编号：

指界通知书回执

签收人姓名：　　　　　　单位（个人）签章：

年　　月　　日

图 2-3　指界通知书示例

法定代表人（或负责人）身份证明书、指界委托书等如图 2-4、图 2-5 所示。

法定代表人（或负责人）身份证明书

______________女士/先生，在我单位任____________职务，系我单位（□法定代表人/□负责人），特此证明。

单位全称：（盖章）

年　　月　　日

附：单位地址：

法定代表人（或负责人）住址：

法定代表人（或负责人）身份证号码/护照号码：

联系电话：

图 2-4　法定代表人（或负责人）身份证明书

指 界 委 托 书

经(□研究/□推选),兹委托＿＿＿＿＿＿＿＿(□女士/□先生)(□居民身份证号码/□护照号码＿＿＿＿＿＿＿＿)全权办理我(□本人/□单位/□农民集体)坐落在＿＿＿＿＿＿＿＿(□区/□县/□旗/□盟)＿＿＿＿＿＿＿＿(□街道/□乡/□镇)(□国有土地使用权/□集体土地所有权/□集体建设用地使用权/□宅基地使用权)宗地现场指界事宜。

委托单位(人)签章:

法定代理人(或负责人)签章: 联系电话:

委托代理人签章: 联系电话:

委 托 日 期: 年 月 日

有 效 期: (天)

图 2-5 指界委托书

(一)界址认定原则及技术要求

界址调查是权属调查的重点,应依据有关确定不动产权属的法规和文件要求进行。

界址点是指一宗地权属界线的转折点,也即拐点。它是确定宗地权属界线的重要标志。界址点确定了,则一宗地的位置、形状、权属界线和面积也就确定了。在进行宗地权属调查时,界址点应由宗地相邻双方指界人在现场共同认定。确认的界址点上要设置界标,进行编号,并精确测定其位置,以便于准确地恢复被破坏的权属界址。

界址线是指宗地的权属界线,即由界址点连线构成的折线或曲线。权属调查时,沿明显界标物(如围墙、墙壁等)的界址线,应精准标明其位置,如界标物的中心、外侧或内侧等。

(二)土地所有权界址认定

1. 集体土地所有权界址认定

1)村民小组集体土地权属界址认定

本村民小组与相邻村民小组的代表(一般为村民小组长或村民选出的代表),在实地指认双方共同的界址点、线,并依据确定的界址点、线与地形的关系,填写地籍调查表。双方代表在地籍调查表中本宗及邻宗地指界人处签字盖章,绘制权属界线宗地草图,并对重要界址点、线做文字说明。

2)村集体土地权属界址认定

村法人代表或委托代理人与相邻土地权属单位的法人代表或委托代理人,在实地指认双方共同的界址点、线,并依据确定的界址点、线与地形的关系填写地籍调查表。双方代表在地籍调查表上签字盖章,绘制权属界线宗地草图,并对重要界址点、线做文字说明。已进行过权属调查的,可以参照原有权属界线调查成果。

村筹资在原组集体土地上修建、管理的道路、河、渠、水工建筑等,按村集体确权。

3)乡镇集体土地权属界址认定

乡镇集体所有土地,一般是由乡镇企事业单位使用的,所以乡镇集体土地所有权是通过集体土地使用权体现的,有批文的按批文确界,无批文但符合《确定土地所有权和使用权的若干规定》有关条款的按实际使用状况调查。

乡镇筹资在原村集体土地上修建、管理的路、河、渠、水工建筑等以乡镇集体土地确权。

乡镇集体所有土地权属调查,由乡镇集体资产管理部门派代表出席指界,或者由乡镇政府指定的部门代表出席指界，指界代表人必须由乡镇政府出具委托书，指界确认后填写地籍调查表，并在调查表上签字盖章。

2. 国有土地权属界址认定

国有土地与集体土地之间的权属界线，由城镇、村庄外独立工矿、部队、学校等企事业单位国有土地使用者提供权源材料，权源材料不齐全的，按《确定土地所有权和使用权的若干规定》有关条款执行或按实际使用状况或权属双方协商确认界址。无法确权的当作特殊情况即时上报作为个别处理。

国有铁路、公路、水域等权属界线，由管理单位提供权源材料，按材料定界，如权源材料不齐，原则上按实际使用或双方协商的结果确定国有土地与集体土地之间的界线。当铁路、公路、水域穿过乡镇行政区域的，以村为单位划分铁路、公路、水域的权属宗地。

国有农、林、牧、渔场权属界线，已有权源材料的按权源材料确定土地权属界线，权源材料不齐全的，但符合有关规定的按实际使用状况或权属双方协商结果确认界址。

县(区)、乡镇等以上的行政界线按民政部门的资料为准，一般不能改变，若必须要改动的，需有民政部门的有关人员参加，由民政部门更改。

(三)土地用益物权界址认定

土地用益物权界址的认定按下述要求进行：

(1)沿街(路)用地界址线以实际使用的合法围墙或房墙外侧为界(有墩子的围墙或房墙以墙墩外侧连线为界)。弄(巷)、通道两侧的建筑物用地原则上按现有界标物为准。

(2)在建工程可暂不调查，待工程竣工后再调查。

(3)已出售的商品房，一般以实际建筑占地分摊(含自行车房等)面积，确定购房者的土地使用权。未建成或建成后未出售的房屋，按征地面积确权给房屋开发公司，待房屋出售后再办理土地使用权变更登记手续。

(4)城镇居民住房用地，均以墙身外侧为界，若左右有合墙的，以合墙产权归属确定用地界线，如双方有协议的按协议确权，有合法围墙的，以围墙外侧为界确定使用权。

(5)农村宅基地原则上以实际使用范围确权，或按县级人民政府规定的范围确认。超过标准的面积在申报表备注栏说明，宅基地面积不能用建筑占地面积代替。

(6)相邻两宗地之间的小夹巷，宽度在一米以内且非公用通道，一般应以双方各半确权；相邻两宗地之间没有明确归属的小块空隙地，不影响公共交通的，可通过相互协商，确定其使用权。

(7)多户合用的院落、过道、生活间、客堂等用地，过去没有明确归属的，一般按户以建筑面积的比例分摊，或协议分摊。

(8)临时无房屋产权证的建筑占地，不影响市政规划、建设、交通的，经规划部门同意，由土地管理部门根据占用时间确定其临时使用权。

(9)土地使用权证明文件上四至界线与实际用地界线一致，但实际面积与批准面积不一致的，按实际四至界线确定使用权。

(10)对于历史用地，没有任何权属文件的，经审核，一般按使用现状确定界址。

(11)宗地界址有争议的，调查人员应在现场调解处理。现场调解不了的，在调查记事栏上写明双方争议的原因，标出有争议的地段，并制作土地权属争议原由书，呈报相关部门裁决处理。

(12)一宗地有两个以上土地使用者时，查清各自的使用部分和共同使用部分界线。

(13)对于农村地区土地使用权，如农用土地使用权，按照以上方法认定界址存在困难时，可参考土地所有权界址认定方法。

四、界址点设置

按照土地权属来源材料中的界线,结合现场指界的结果,依托利于保存的构(建)筑物,由调查员、权利人或实际使用人或代理人,在实地共同确认界址类型、界址点具体位置、选定并埋设界址点标志,并标注在工作底图上。技术要求如下。

(一)界址点线设置原则

(1)设置的界址点应能准确表达界址线的形状和走向。

(2)由相邻两个界址点构成的界线,其依附的界标物属性宜具有唯一性。

(3)便于用明确的语言描述两个界址点之间界线的空间位置和属性。

(4)在图件(地籍图、地形图、影像图等)上可以方便地标识界址点。

(5) 宗地土地权利人或实际使用人和相邻宗地土地权利人或实际使用人的共同认可。

(二)界址点设置要求

一般情况下界址点设置要求如下:

(1)对于多边形宗地,其界线的空间转折处宜设置界址点。

(2)两条界址线的交叉处应设置界址点。

(3)一条界址线上,既有曲线又有直线时,直线与曲线的空间衔接处宜设置界址点。

(4)对建设用地使用权宗地和宅基地使用权宗地的界址线的曲线部分,宜根据界址线的形状和长度合理设置若干界址点,由此所引起的面积误差应在允许范围内。

(5)在一条界址线上,同时存在沟、渠、路、河流、田坎等线状地物时,当其长度超过图上1.0 mm 时,其不同线状地物的变换处应设置界址点。

(6)对于较长的界址线,如果界线两边的沟、渠、路、河流、田坎、地类界、图斑界线与其交叉,当相邻交叉之间的长度超过图上 1.0 mm 时,其交叉处可设置界址点。

五、界标埋设

现场指界完成后在所有的界址点上都应设置界标。界址点不仅是土地权属范围在实地的标定,也是边长勘丈与界址点坐标测量的依据。

界址标志的类型有混凝土界标、石灰界标、带铝帽的钢钉界标、带塑料套的钢棍界标以及喷漆界标等五种。实地设置何种界标由调查人员及界址线双方的权利人根据现场环境协商确定。设置界标有困难时(如界址点在水中),应在地籍调查表或土地权属界线协议书中,采用标注界址点位和说明权属界线走向等方式描述界址点位置。

六、界址边长勘丈

完成界址点设置和埋设界标后,进行界址边边长、界址点与邻近永久地物点的相关距离和图形条件距离的丈量,记录在调查表上,用概略比例尺现场绘制不动产单元草图。具体要求如下:

(1)所有的界址边均应实地丈量其边长。

(2)解析法测量的界址点,每个界址点至少丈量一条其与邻近地物点的相关距离;采用其他方法测量的界址点,每个点至少丈量两条其与邻近地物点的相关距离。

(3)确实无法丈量界址边长、界址点与邻近地物点的相关距离和条件距离时(如界址点在水中等特殊情况),应在界址标示表中加以说明。

(4)采用钢尺丈量界址边长时，应控制在两个尺段内。超两个尺段时，解析法测量的界址点，可用坐标反算界址边长，并在界址标示表中说明。

七、不动产单元草图绘制

(一)宗地草图的绘制

宗地草图是现场记录宗地位置、界址点、界址线、相邻宗地关系以及主要地物的草图，是地籍调查表的重要组成部分，是处理土地权属纠纷、恢复界址点线的重要原始资料，必须现场绘制。宗地草图可以利用正射影像图、地形图、土地利用现状图、地籍图等作为工作底图，依据实地丈量的界址边长、界址点与邻近地物的相关距离或条件距离等要素绘制。

宗地草图的纸张大小常采用 32 开、16 开或 8 开，宗地过大可分幅绘制，草图比例尺选用 1∶100、1∶500 等分母为百整数倍数的概略比例尺。

宗地草图的基本内容：①本宗地号、坐落地址等；②相邻宗地号、坐落地址等；③界址点、界址点号及界址线，宗地内的主要地物、地形等；④界址边长、界址点与邻近明显地物的相关距离或条件距离；⑤权利人；⑥相邻宗地号；⑦丈量者、丈量日期、检查者、检查日期、概略比例尺、指北针等。宗地草图样式见图 2-6。

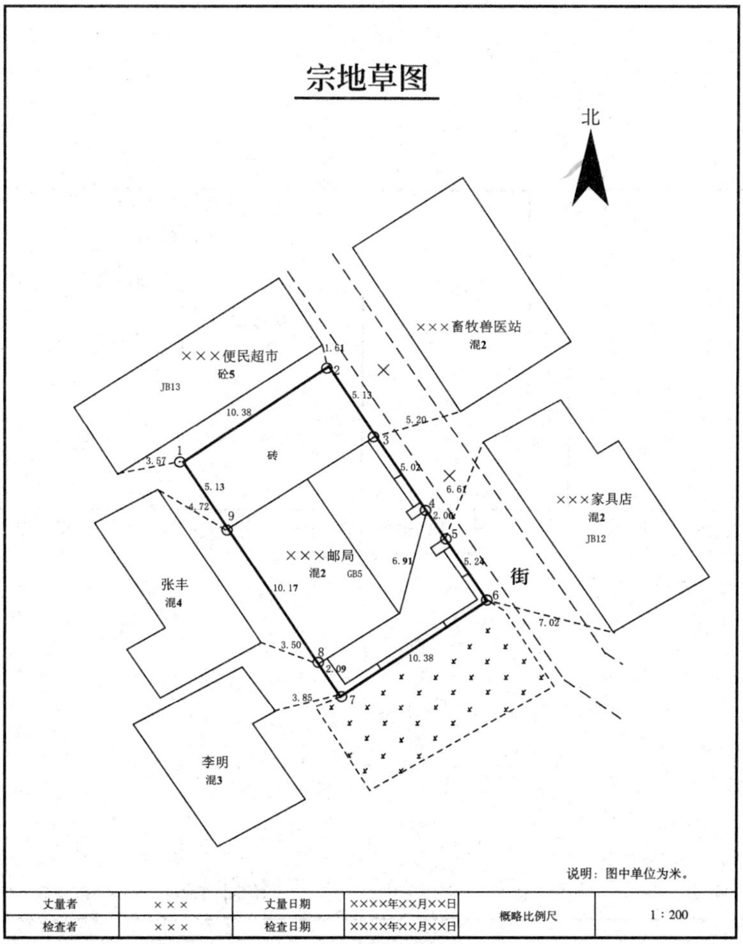

图 2-6　宗地草图示例

(二)房产分户图的绘制

房产分户图以一户产权人拥有的一套房屋为单位制作，图 2-7 是表示房屋权属范围的细部图。分户图的技术要求如下：

房产分户图

单位：m，m²

宗地代码	XXXXXXXXXXXXGB00076	结构	混合	专有建筑面积	61.10
幢号	F0001	总层数	06	分摊建筑面积	7.56
户号	0017	所在层次	5	建筑面积	68.66
坐落	××××街××号××花园1栋1单元502室				

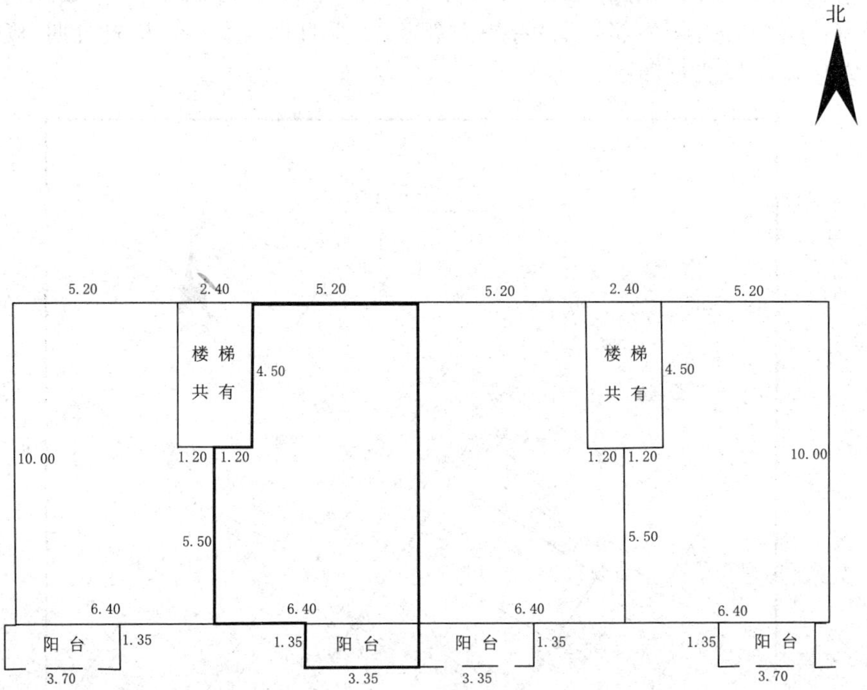

不动产登记机构

绘制日期：××××年××月××日

1：200

图 2-7　房产分户图示例

(1)分户图的方位应使房屋的主要边线与图框边线平行,按房屋的方向横放或竖放,并在适当位置加绘指北方向符号。

(2)分户图的幅面可选用32开、16开等尺寸。

(3)分户图比例尺一般为1∶200,当房屋过大或过小时,比例尺可适当放大或缩小。

(4)房屋边长应实际丈量,注记取至0.01 m,注在图上相应位置。

(5)分户图应表示的主要内容有房屋权界线、四面墙体的归属和楼梯、走道等部位以及门牌号、所在层次、户号、室号、房屋建筑面积和房屋边长等。

(6)文字注记要求包括,套内建筑面积和共有分摊面积,标注在分户图框内;本户所在的不动产单元号、幢号、结构、层数、层次标注在分户图框内;楼梯、走道等共有部位,需在范围内加简注。

八、不动产权籍调查表填写

(一)不动产权籍调查表的组成

不动产权籍调查表由封面(图2-8)、地籍调查表(图2-9)、土地承包经营权或农用地其他使用权调查表、集体土地所有权宗地分类面积调查表、房屋调查表(图2-10)、构(建)筑物调查表、林权调查表、海籍调查表及填表说明组成。本书主要针对地籍调查表、房屋调查表进行阐述。

不动产权籍调查表

宗地/宗海代码:

调查单位(机构):

调查时间:　　　　年　　月　　日

图2-8　不动产权籍调查表封面

<table>
<tr><td colspan="8">宗地基本信息表</td></tr>
<tr><td rowspan="5">权利人</td><td>所有权</td><td colspan="6"></td></tr>
<tr><td rowspan="4">使用权</td><td rowspan="4" colspan="2"></td><td colspan="2">权利人类型</td><td colspan="2"></td></tr>
<tr><td colspan="2">证件种类</td><td colspan="2"></td></tr>
<tr><td colspan="2">证件号</td><td colspan="2"></td></tr>
<tr><td colspan="2">通信地址</td><td colspan="2"></td></tr>
<tr><td colspan="2">权利类型</td><td></td><td>权利性质</td><td colspan="2"></td><td>土地权属来源证明材料</td><td></td></tr>
<tr><td colspan="2">坐落</td><td colspan="6"></td></tr>
<tr><td colspan="2" rowspan="2">法定代表人
或负责人姓名</td><td rowspan="2"></td><td>证件种类</td><td colspan="2"></td><td rowspan="2">电话</td><td rowspan="2"></td></tr>
<tr><td>证件号</td><td colspan="2"></td></tr>
<tr><td colspan="2" rowspan="2">代理人姓名</td><td rowspan="2"></td><td>证件种类</td><td colspan="2"></td><td rowspan="2">电话</td><td rowspan="2"></td></tr>
<tr><td>证件号</td><td colspan="2"></td></tr>
<tr><td colspan="2">权利设定方式</td><td colspan="6"></td></tr>
<tr><td colspan="2">国民经济行业
分类代码</td><td colspan="6"></td></tr>
<tr><td colspan="2">预编宗地代码</td><td colspan="2"></td><td>宗地代码</td><td colspan="3"></td></tr>
<tr><td colspan="2">不动产单元号</td><td colspan="6"></td></tr>
<tr><td colspan="2" rowspan="2">所在图幅号</td><td>比例尺</td><td colspan="5"></td></tr>
<tr><td>图幅号</td><td colspan="5"></td></tr>
<tr><td colspan="2" rowspan="4">宗地四至</td><td colspan="6">北：</td></tr>
<tr><td colspan="6">东：</td></tr>
<tr><td colspan="6">南：</td></tr>
<tr><td colspan="6">西：</td></tr>
<tr><td colspan="2">等级</td><td colspan="2"></td><td colspan="2">价格(元)</td><td colspan="2"></td></tr>
<tr><td colspan="2" rowspan="2">批准用途</td><td colspan="2"></td><td rowspan="2">实际用途</td><td colspan="3"></td></tr>
<tr><td>地类编码</td><td></td><td colspan="2">地类编码</td><td></td></tr>
<tr><td colspan="2" rowspan="2">批准面积(m²)</td><td rowspan="2"></td><td rowspan="2">宗地面积
(m²)</td><td rowspan="2"></td><td colspan="2">建筑占地
总面积(m²)</td><td></td></tr>
<tr><td colspan="2">建筑总面积(m²)</td><td></td></tr>
<tr><td colspan="2">土地使用期限</td><td colspan="6"></td></tr>
<tr><td colspan="2">共有/共用权利人情况</td><td colspan="6"></td></tr>
<tr><td colspan="2">说明</td><td colspan="6"></td></tr>
</table>

(a)宗地基本信息

图 2-9　地籍调查表

界址标示表																		
界址点号	界标种类					界址间距(m)	界址线类别								界址线位置			说明
	钢钉	水泥桩	喷涂				界址线	道路	沟渠	围墙	围栏	田埂			内	中	外	

（表格行数可调整，可附页）

界址签章表						
界址线			邻宗地		本宗地	日期
起点号	中间点号	终点号	相邻宗地权利人（宗地代码）	指界人姓名（签章）	指界人姓名（签章）	

（表格行数可调整，可附页）

(b)界址标示表

图 2-9(续)　地籍调查表

<table>
<tr><td colspan="2">宗地草图</td></tr>
<tr><td colspan="2"></td></tr>
<tr><td colspan="2">界址说明表</td></tr>
<tr><td>界址点位说明</td><td></td></tr>
<tr><td>主要权属界线
走向说明</td><td></td></tr>
<tr><td colspan="2">调查审核表</td></tr>
<tr><td>权属调查记事</td><td>调查员：　　日期：　　年　月　日</td></tr>
<tr><td>地籍测量记事</td><td>测量人：　　日期：　　年　月　日</td></tr>
<tr><td>地籍调查结果
审核意见</td><td>审核人：　　日期：　　年　月　日</td></tr>
</table>

(c)宗地草图

图 2-9(续)　地籍调查表

<table>
<tr><td colspan="17">市区名称或代码　　地籍区　　地籍子区　　宗地号　　定着物(房屋)代码</td></tr>
<tr><td>不动产单元号</td><td colspan="16"></td></tr>
<tr><td>房地坐落</td><td colspan="10"></td><td>邮政编码</td><td colspan="5"></td></tr>
<tr><td rowspan="2">房屋
所有权人</td><td colspan="7" rowspan="2"></td><td colspan="2">证件种类</td><td colspan="7"></td></tr>
<tr><td colspan="2">证件号</td><td colspan="7"></td></tr>
<tr><td>电话</td><td colspan="5"></td><td colspan="2">住址</td><td colspan="2"></td><td rowspan="4">共有情况</td><td colspan="6" rowspan="4"></td></tr>
<tr><td>权利人类型</td><td colspan="5"></td><td colspan="2">项目名称</td><td colspan="2"></td></tr>
<tr><td>房屋性质</td><td colspan="5"></td><td colspan="2">产别</td><td colspan="2"></td></tr>
<tr><td>用途</td><td colspan="5"></td><td colspan="2">规划用途</td><td colspan="2"></td></tr>
<tr><td rowspan="7">房屋状况</td><td rowspan="2">幢号</td><td rowspan="2">户号</td><td rowspan="2">总套数</td><td rowspan="2">总层数</td><td rowspan="2">所在层</td><td rowspan="2">房屋结构</td><td rowspan="2">竣工时间</td><td rowspan="2">占地面积(m²)</td><td rowspan="2">建筑面积(m²)</td><td rowspan="2">专有建筑面积(m²)</td><td rowspan="2">分摊建筑面积(m²)</td><td rowspan="2">产权来源</td><td colspan="4">墙体归属</td></tr>
<tr><td>东</td><td>南</td><td>西</td><td>北</td></tr>
<tr><td></td><td></td><td></td><td></td><td></td><td></td><td></td><td></td><td></td><td></td><td></td><td></td><td></td><td></td><td></td><td></td></tr>
<tr><td></td><td></td><td></td><td></td><td></td><td></td><td></td><td></td><td></td><td></td><td></td><td></td><td></td><td></td><td></td><td></td></tr>
<tr><td></td><td></td><td></td><td></td><td></td><td></td><td></td><td></td><td></td><td></td><td></td><td></td><td></td><td></td><td></td><td></td></tr>
<tr><td></td><td></td><td></td><td></td><td></td><td></td><td></td><td></td><td></td><td></td><td></td><td></td><td></td><td></td><td></td><td></td></tr>
<tr><td></td><td></td><td></td><td></td><td></td><td></td><td></td><td></td><td></td><td></td><td></td><td></td><td></td><td></td><td></td><td></td></tr>
<tr><td rowspan="2">房屋权界线
示意图</td><td colspan="9" rowspan="2"></td><td>附加说明</td><td colspan="6" rowspan="2"></td></tr>
<tr><td>调查意见</td></tr>
</table>

调查员：　　　　日期：　　年　月　日

图 2-10　房屋调查表

(二)填写基本要求

不动产权籍调查表填写的基本要求是以宗地为基础,按不动产单元为单位填写,不同的不动产单元,填写不同的调查表。如集体土地所有权宗地,需填写地籍调查表和集体土地所有权宗地分类面积调查表;建设用地使用权宗地和宅基地使用权宗地,需填写地籍调查表;如果其上存在房屋,则需填写房屋调查表;如其上存在构(建)筑物,则需填写构(建)筑物调查表。

不动产权籍调查表必须做到图表内容与实地一致,表达准确无误,字迹清晰整洁。

(三)内容填写

1. 封面的填写

(1)宗地/宗海代码:根据本书前述章节的编码要求填写。

(2)调查单位(机构):填写负责承担本单元调查任务的单位(机构)全称。

(3)调查时间:按照"××××年××月××日"的形式记载调查的日期。

2. 地籍调查表的填写

1)宗地基本信息表

(1)权利人:国家所有权填写国家;集体所有权填写××农民集体。使用权属于自然人,填写身份证件上的姓名;属于法人或其他组织的填写身份证件上的法定名称。权利人类型填写个人、企业、事业单位、国家机关、其他。证件种类写权利人身份证件的种类。境内自然人一般为居民身份证、户口簿、军官证等。法人或其他组织一般为组织机构代码证、营业执照、事业单位法人证书、社会团体法人登记证书等。港澳台同胞为港澳居民来往内地通行证或港澳同胞回乡证、台湾居民来往大陆通行证、居民居住证或其他有效身份、旅行证件。外籍人为护照和中国政府主管机关签发的居留证件。

(2)权利类型:填写具体的权利类型,包括集体土地所有权、国家土地所有权、国有建设用地使用权、宅基地使用权、集体建设用地使用权、土地承包经营权等法律规定的权利。其中,土地承包经营权包括耕地、林地、草地、水域滩涂等承包经营权。

(3)权利性质:国有土地填写划拨、出让、作价出资(入股)、国有土地租赁、授权经营、家庭承包、其他方式承包等;集体土地填写家庭承包、其他方式承包、批准拨用、入股、联营等。土地所有权不填写。

(4)法定代表人或负责人信息:法人单位的填写法定代表人姓名、身份证号码和联系电话;非法人单位的填写负责人相关信息。个人用地的不填。

(5)权利设定方式:填写地上、地表、地下。集体土地所有权无须填写。

(6)国民经济行业分类代码:根据《国民经济行业分类》(GB/T 4754—2017)(2019年修订)中划分的大类标准,填写类别名称及编码。没有的不填。

(7)预编宗地代码:填写在外业调查工作开始前,根据基础资料预编的宗地代码。

(8)宗地代码:根据§2-3的相关要求填写。

(9)不动产单元号:根据§2-3的要求填写。若宗地上有定着物,不填写此栏。

(10)比例尺和所在图幅号。按下列方法填写:

比例尺:填写1∶500、1∶1 000、1∶2 000、1∶5 000、1∶1万或1∶5万。

图幅号:填写宗地所在对应比例尺地籍图的图幅号。涉及破宗时,填写宗地各部分地块所在地籍图的图幅号。

(11)宗地四至:填写相邻宗地的土地使用权人、所有权人名称。与道路、河流等线状地物相邻的应填写地物名称；与空地、荒山、荒滩等未确定使用权的国有土地相邻的，应准确描述相应地物、地貌的名称，不得空项。

(12)批准用途和实际用途：填写土地权属来源材料或用地批准文件中经政府批准的土地用途，用汉字表示。地类编码参照§2-5填写至二级类，用阿拉伯数字表示。

(13)批准面积：填写经政府批准的宗地面积，不包括代征地、代管地的面积。

(14)宗地面积、建筑占地总面积、建筑总面积：由测绘单位测量完成后提供调查人员填写，小数点后保留两位。

宗地内若有地下建筑物，地上建筑物与地下建筑物应分别填写建筑物总面积。用"/"作为分隔符号。如"1 000.00/300.00"，其中，"1 000.00"表示宗地地上建筑物总面积，"300.00"表示地下建筑物总面积。

(15)土地使用期限：填写批准文件或者合同等确定的起止日期。多用途、多种使用期限的，可以分用途填写使用期限。未明确期限的可不填。

(16)共有/共用权利人情况：应全称填写共有/共用权利人的名称、权利人类型、证件种类、证件号、通信地址以及共有/共用情况。权利人过多时填写共有/共用宗地面积分摊表。无共有/共用情况的则不填。

(17)说明：可填写土地权属来源证明材料的情况说明；原土地权利人、土地坐落、宗地代码及变更主要原因等内容；集体土地所有权宗地被线状国有或其他农民集体土地分割的情况；实际用途涉及多种地类时，须列举其他地类的信息等。

2)界址标示表

(1)界址点号：从宗地某界址点开始按顺时针编列。例如：1、2、…、23、1。

(2)界标种类：根据实际埋设的界标种类在相应位置画"√"。

(3)界址间距：填写实地丈量数据，小数点后保留两位有效数字。

(4)界址线类别：根据界线实际依附的地物和地貌在相应位置画"√"。

(5)界址线位置：界址线标的物自有、他有、共有的分别在"外"处画"√"、在"内"处画"√"、在"中"处画"√"；相邻各方自有的，在"外"处画"√"，并在"说明"栏中注明"各自有墙"或"双墙"。

3)界址签章表

(1)界址线起点号、中间点号、终点号：例如某条界址线的界址点包括1、2、3、4、5、24、25、6；起点号填1、终点号填6，中间点号填2、3、4、5、24、25。

(2)相邻宗地权利人(宗地代码)：填写相邻宗地权利人名称(姓名)及相邻宗地的宗地代码。与道路、河流等线状地物以及与空地、荒山、荒滩等未确定使用权的国有土地相邻的，参考"宗地四至"填写。

(3)指界人姓名(签章)：指界人签字、盖章或按手印。集体土地所有权调查时，应加盖集体土地所有权人印章。与未确定使用权的国有土地相邻时，相邻宗地"指界人姓名(签章)"栏可不填写。

(4)日期：填写外业调查指界日期。

4)界址说明表

如果界址标示无法说明清楚全部或部分界址点线的情况，则需要填写此表对界址进行补充说明，填写要求如下：

(1)界址点位说明。利用工作底图和宗地草图，主要说明所依附标的物的类型及其位置

(内、中、外)及其与周围明显地物地貌的关系。如2号点位于两沟渠中心线的交点上,5号界址点位于××山顶最高处,8号界址点位于农村道路与××公路交叉点中心等。

(2)主要权属界线走向说明,说明权属界线的具体走向。以两个相邻界址点为一节,叙述界线所依附的标的物的状况及其与周围宗地和地物地貌的关系。例如"1—2,由1沿××公路中央走向至2;4—5,由4沿山脊线至5"等。

5)调查审核表

(1)权属调查记事:界线有争议时,要记录争议原由(含双方各自认定的界址),尽可能提出处理意见;指界手续履行等情况;界址设置、边长丈量等技术方法、手段;说明确实无法丈量界址边长、界址点与邻近地物的相关距离和条件距离的原因。

(2)地籍测量记事:测量前界标检查情况;根据需要记录测量界址点及其他要素的技术方法、仪器;遇到的问题及处理的方法;提出遗留问题的处理意见。

(3)调查结果审核意见:审核人对地籍调查结果进行全面审核。如无问题,即填写"合格";如果发现调查结果有问题,应填写"不合格",指明错误所在并提出处理意见。审核人签字或盖章确认。

6)共有/共用宗地面积分摊表

(1)定着物单元数:表示同一宗地内所有的定着物单元数。

(2)定着物代码:根据§2-3的相关要求填写,只填写定着物代码。

(3)土地所有权/使用权面积:土地权利人在一宗地内所有/使用的土地面积。

(4)独有/独用土地面积:土地权利人在一宗地内独自所有/使用的土地面积。

(5)分摊土地面积:各土地权利人在共有/共用面积内分摊到的土地面积。

(6)共有/共用宗地的所有权/使用权面积为独有/独用土地面积与分摊土地面积之和。共用一宗地,应做到不缺不漏,且所有不动产单元的所有权/使用权面积总和应等于该宗地面积。宗地内同一权利人有多个单元的,可合并填写。

(7)备注:针对特殊情况,填写按份共有或共同共有。按份共有的,还要填写共有的份额。

3. 房屋调查表的填写

房屋调查表填写基本信息调查表:

(1)市区名称或代码:填写房屋所在市区的名称或代码。

(2)地籍区、地籍子区、宗地号、定着物(房屋)代码、不动产单元号:根据§2-3的相关要求填写。

(3)房地坐落:填写有关部门依法确定的房地坐落,一般包括街道名称、门牌号、幢号、楼层号、房号等。

(4)房屋所有权人:权利人为自然人,填写身份证件上的姓名;权利人为法人、其他组织的,填写身份证件上的法定名称。

(5)证件种类:与地籍调查表中权利人身份证件种类相同。

(6)电话、住址:填写房屋所有权人的电话号码和现住地的详细地址。

(7)权利人类型:填写个人、企业、事业单位、国家机关、其他。

(8)项目名称:按幢填写项目名称。

(9)房屋性质:填写商品房、房改房、经济适用住房、廉租住房、共有产权住房、自建房等。

(10)产别:根据产权占有不同而划分的类别。按两级分类,具体分类标准见表2-2。

表 2-2　房屋产别分类

一级分类		二级分类		含　义
编号	分类	编号	分类	
10	国有房产			指归国家所有的房产。包括由政府接管、国家经租、收购、新建以及由国有单位用自筹资金建设或购买的房产。国有房产分为直管产、自管产、军产三种
		11	直管房产	指由政府接管、国家经租、收购、新建、扩建的房产(房屋所有权已正式划拨给单位的除外),大多数由政府房地产管理部门直接管理、出租、维修,少部分免租拨借给单位使用
		12	自管房产	指国家划拨给全民所有制单位所有以及全民所有制单位自筹资金购建的房产
		13	军队房产	指中国人民解放军部队所有的房产。包括由国家划拨的房产、利用军费开支或军队自筹资金购建的房产
20	集体所有房产			指城市集体所有制单位所有的房产。即集体所有制单位投资建造、购买的房产
30	私有(自有)房产			指私人所有的房产,包括中国大陆公民、港澳台同胞、海外侨胞、在华外国侨民、外国人所投资建造、购买的房产,以及中国公民投资的私营企业(私营独资企业、私营合伙企业和私营有限责任公司)所投资建造、购买的房屋
		31	部分产权	指按照房改政策,职工个人以标准价购买的住房,拥有部分产权
40	联营企业房产			指不同的所有制性质的单位之间共同组成新的法人型经济实体所投资建造、购买的房产
50	股份制企业房产			指股份制企业所投资建造或购买的房产
60	港、澳、台投资房产			指港、澳、台地区投资者以合资、合作或独资在祖国大陆举办的企业所投资建造或购买的房产
70	涉外房产			指外商投资企业、外国政府、社会团体、国际性机构所投资建造或购买的房产
80	其他房产			指凡不属于以上各类别的房屋,都归在这一类,包括因所有权人不明,由政府房地产管理部门、全民所有制单位、军队代为管理的房屋以及宗教、寺庙等房屋

(11)用途:指房屋的实际用途。一幢房屋有两种以上用途,应分别注明。具体分类见表 2-3。

(12)规划用途:填写建设工程规划许可文件及其所附图件上确定的房屋用途。

(13)共有情况:填写单独所有、按份共有或共同共有。按份共有的,要填写共有的份额。

(14)房屋状况:按幢分别填写幢号、户号、总套数、所在层、总层数、房屋结构、户型、竣工时间、使用面积、建筑面积,东西南北的墙体归属及产权来源等信息。

幢号、户号:按照§2-3 的要求填写。

总层数:总层数为房屋地上层数与地下层数之和。假层、附层(夹层)、插层、阁楼(暗楼)、装饰性塔楼,以及突出屋面的楼梯间、水箱间不计层数。

所在层:是指本权属单元的房屋在该幢楼房中的第几层。地下层以负数表示。

表 2-3 房屋用途分类标准

一级分类		二级分类		内容
编号	名称	编号	名称	
10	住宅	11	成套住宅	指由若干卧室、起居室、厨房、卫生间、室内走道或客厅等组成的供一户使用的房屋
		12	非套住宅	指人们生活居住的但不成套的房屋
		13	集体宿舍	指机关、学校、企事业单位的单身职工、学生居住的房屋。集体宿舍是住宅的一部分
20	工业交通仓储	21	工业	指独立设置的各类工厂、车间、手工作坊、发电厂等从事生产活动的房屋
		22	公用设施	指自来水、泵站、污水处理、变电、燃气、供热、垃圾处理、环卫、公厕、殡葬、消防等市政公用设施的房屋
		23	铁路	指铁路系统从事铁路运输的房屋
		24	民航	指民航系统从事民航运输的房屋
		25	航运	指航运系统从事水路运输的房屋
		26	公交运输	指公路运输、公共交通系统从事客、货运输、装卸、搬运的房屋
		27	仓储	指用于储备、中转、外贸、供应等各种仓库、油库用房
30	商业金融信息	31	商业服务	指各类商店、门市部、饮食店、粮油店、菜场、理发店、照相馆、浴室、旅社、招待所等从事商业和为居民生活服务所用的房屋
		32	经营	指各种开发、装饰、中介公司等从事各类经营业务活动所用房屋
		33	旅游	指宾馆、饭店、乐园、俱乐部、旅行社等主要从事旅游服务所用的房屋
		34	金融保险	指银行、储蓄所信用社、信托公司、证券公司、保险公司等从事金融服务所用的房屋
		35	邮政电信	指各种邮政、电信部门、信息产业部门,从事邮政与信息工作所用的房屋
40	教育医疗卫生科研	41	教育	指大专院校、中等专业学校、中学、小学、幼儿园、托儿所、职业学校、业余学校、干校、党校、进修院校、工读学校、电视大学等从事教育所用的房屋
		42	医疗卫生	指各类医院、门诊部、卫生所(站)、检(防)疫站、保健院(站)、疗养院、医学化验、药品检验等医疗卫生机构从事医疗、保健、防疫、检验所用房屋
		43	科研	指各类从事自然科学、社会科学等研究设计、开发所用的房屋
50	文化娱乐体育	51	文化	指文化馆、图书馆、展览馆、博物馆、纪念馆等从事文化活动所用的房屋
		52	新闻	指广播电视台、电台、出版社、报社、杂志社、通讯社、记者站等从事新闻出版所用的房屋
		53	娱乐	指影剧院、游乐场、俱乐部、剧团等从事文娱演出所用的房屋
		54	园林绿化	是指公园、动物园、植物园、陵园、苗圃、花圃、花园、风景名胜、防护林等所用的房屋
		55	体育	指体育场、馆、游泳池、射击场、跳伞塔等从事体育所用的房屋
60	办公	61	办公	指党、政机关、群众团体、行政事业单位等行政、事业单位等所用的房屋
70	军事	71	军事	指中国人民解放军军事机关、营房、阵地、基地、机场、码头、工厂、学校等所用的房屋
80	其他	81	涉外	指外国使、领馆、驻华办事处等涉外所用的房屋
		82	宗教	指寺庙、教堂等从事宗教活动所用的房屋
		83	监狱	指监狱、看守所、劳改场(所)等所用的房屋

房屋结构：分为钢结构、钢和钢筋混凝土结构、钢筋混凝土结构、混合结构、砖木结构、其他结构等六类。

竣工时间：房屋竣工时间是指房屋实际竣工年份。拆除翻建的，应以翻建竣工年份为准。一幢房屋有两种以上竣工时间，应分别注明。

占地面积：特指房屋地表底层外围水平投影面积，包括地表底层的阳台、柱廊、门廊、室外楼梯等水平投影面积。

建筑面积：房屋外墙（柱）勒脚以上各层的外围水平投影面积，包括阳台、挑廊、地下室、室外楼梯等，具备上盖，结构牢固，层高 2.20 m 以上（含 2.20 m）的永久建筑。

专有建筑面积：填写区分所有的建筑物权利人专有部分建筑面积。

分摊建筑面积：填写区分所有的建筑物权利人分摊的共有部分建筑面积。

产权来源：产权人取得房屋产权的时间和方式，如继承、分析、买受、受赠、交换、自建、翻建、征用、收购、调拨、价拨、拨用等。产权来源有两种以上的应全部注明。

墙体归属：是房屋四面墙体所有权的归属，分别注明自有墙、共有墙和借墙等三类。

（15）房屋权界线示意图：以权属单元为单位绘制的略图，表示房屋及其相关位置、权界线、共有共用房屋权界线，以及与邻户相连墙体的归属，并注记房屋边长。对有争议的权界线应标注部位。房屋权界线是指房屋权属范围的界线，包括共有共用房屋的权界线，以产权人的指界与邻户认证来确定，有争议的权界线，作相应记录。

（16）附加说明：在调查中对产权不清或有争议的，以及设有典当权、抵押权等他项权利的，应作出记录。

§2-5　土地利用分类体系

土地利用分类是区分土地利用空间地域组成单元的过程。这种空间地域单元是土地利用的地域组合单位，表现为人类对土地利用、改造的方式和成果，反映土地的利用形式和用途（功能）。开展国土调查、不动产权籍调查、国土空间用途管制等工作必须有统一的土地利用分类体系，才能确保各项工作的统一性。

一、土地分类方法

土地分类是指在研究、分析各类土地的特点以及它们之间的相同性和差异性的基础上划分土地类别。土地分类的目的是如实反映土地的利用现状，分析在土地利用方面存在的问题，为科学管地提供依据。

土地具有自然属性和经济属性，人们对土地的利用目的和要求各有区别，因而也形成了不同的土地分类系统。

（一）自然分类

主要依据土地自然属性的异同对土地进行分类。一般以地貌、土壤、植被等土地构成要素为具体标志进行分类。其目的是揭示土地类型的差异和演替规律，最大限度地挖掘土地生产力。

（二）评价分类

主要依据土地评价指标的差异对土地进行分类。一般按土地生产力水平、土地质量、土地生产潜力、土地适宜性等为具体标志进行分类，也称为土地的经济特性分类。其目的是为开展土地条件调查和适宜性调查服务，实现土地资源的最佳配置。

(三)利用分类

主要依据土地的自然特性、社会经济特性、管理特性以及其他因素对土地进行综合分类。土地利用分类是土地综合分类的主要形式,一般按土地利用现状的土地覆盖特征、土地利用方式、土地用途、土地经营特点、土地利用效果等为具体标志进行分类。其目的是了解土地利用现状,反映国家各项管理措施的执行情况和效果,为国家和地区宏观管理和调控服务。

土地利用分类是土地资源管理中应用最广、覆盖全面的基础分类。我国国土幅员辽阔,各地土壤、植被等自然特性迥异,土地的利用方式、经营特点及用途等差异较大,因而采用土地利用分类,利于掌握全国的土地利用现状,加强土地管理,合理利用宝贵的土地资源。

二、第一次土地利用分类体系

土地利用分类是在自然、经济和技术条件的综合影响下,经过人类的劳动所形成的产物,在一定的空间分布上服从社会经济条件,因此,它们在地域分布上不一定连成片,而且其种类、数量、分布是随着社会经济技术条件的进步而变化的。

我国的土地利用分类体系有一个不断发展、完善的过程。1984 年发布的《土地利用现状调查技术规程(试行)》规定了土地利用现状分类及含义,土地利用现状调查和集体土地所有权调查应用的是土地利用现状调查的土地分类体系。1989 年 9 月发布的《城镇地籍调查规程(试行)》规定了《城镇土地分类及含义》,城镇地籍调查及村庄地籍调查应用的是城镇土地分类体系。随着社会主义市场经济的发展,为实行全国城乡土地统一管理的需要,更进一步明确农用地、建设用地和未利用地的范围,对前述土地分类体系进行适当调整和衔接,原国土资源部于 2001 年 8 月 21 日下发了《关于印发试行〈全国土地分类(试行)〉的通知》,首次制定了城乡统一的全国土地分类体系,并于 2002 年 1 月 1 日起在全国试行。该体系采用三级分类,一级类 3 个,二级类 15 个,三级类 71 个。

三、第二次土地利用分类体系

2007 年,为保证第二次全国土地调查的顺利开展,在之前发布的几次分类标准基础上制定了《土地利用现状分类》(GB/T 21010—2007),由中华人民共和国质量监督检验检疫总局和中国国家标准化管理委员会联合发布,成为土地利用现状分类统一的国家标准。

《土地利用现状分类》2007 版采用二级分类体系,一级类 12 个、二级类 57 个。采用 3 位编码编制,一级类 2 位,二级类 1 位。其中一级类按用途和方式、经营特点、其他等方面的利用差异进行分类;二级类主要依据自然属性、覆盖特征、用途和经营目的等方面的差别对一级类细化。

2007 版土地分类体系综合了"土地利用现状分类(1984)"、"城镇土地分类(1989)"、《土地分类(试行)》(2001)等土地分类体系,较全面地涵盖城镇与农村土地的类型和利用特点。

四、第三次土地利用分类体系

为实施全国土地和城乡地政统一管理,科学划分土地利用类型,明确土地利用各类型含义,满足宏观调控、生态文明建设以及国土资源管理的需要,2017 年 11 月,新的国家标准《土地利用现状分类》(GB/T 21010—2017)颁布实施,统一全国土地调查、统计分类标准。

2017 版土地分类的基本框架采用二级分类体系,一级类 12 个,二级类 73 个。土地利用现状分类采用数字编码,一、二级均采用两位阿拉伯数字编码,从左到右依次代表一、二级。其中为保持分类的继承性和数据的可追溯性,12 个一级类依旧不变,同时考虑到对生态文明建设的基础支撑，以及国土资源的管理需求，兼顾农、林、住建等部门相关需要，将部分二级类进行了细化和归并，调整和完善了部分一级类，增加了与湿地类的衔接。分类的编码和含义详见表 2-4。

表 2-4　土地利用现状分类(2017)和编码

一级类		二级类		含　义
编码	名称	编码	名称	
01	耕地			指种植农作物的土地。包括熟地，新开发、复垦、整理地，休闲地(含轮歇地、休耕地)；以种植农作物(含蔬菜)为主，间有零星果树、桑树或其他树木的土地；平均每年能保证收获一季的已垦滩地和海涂。耕地中包括南方宽度小于 1.0 m，北方宽度小于 2.0 m 固定的沟、渠、路和地坎(埂)；临时种植药材、草皮、花卉、苗木等的耕地，临时种植果树、茶树和林木且耕作层未破坏的耕地，以及其他临时改变用途的耕地
		0101	水田	指用于种植水稻、莲藕等水生农作物的耕地。包括实行水生、旱生农作物轮种的耕地
		0102	水浇地	指有水源保证和灌溉设施，在一般年景能正常灌溉，种植旱生农作物(含蔬菜)的耕地。包括种植蔬菜的非工厂化的大棚用地
		0103	旱地	指无灌溉设施，主要靠天然降水种植旱生农作物的耕地。包括没有灌溉设施，仅靠引洪淤灌的耕地
02	园地			指种植以采集果、叶、根、茎、汁等为主的集约经营的多年生木本和草本作物，覆盖度大于 50%或每亩株数大于合理株数 70%的土地。包括用于育苗的土地
		0201	果园	指种植果树的园地
		0202	茶园	指种植茶树的园地
		0203	橡胶园	指种植橡胶树的园地
		0204	其他园地	指种植桑树、可可、咖啡、油棕、胡椒、药材等其他多年生作物的园地
03	林地			指生长乔木、竹类、灌木的土地，以及沿海生长红树林的土地。包括迹地，不包括城镇、村庄范围内的绿化林木用地、铁路、公路征地范围内的林木，以及河流、沟渠的护堤林
		0301	乔木林地	指乔木郁闭度不小于 0.2 的林地，不包括森林沼泽
		0302	竹林地	指生长竹类植物，郁闭度不小于 0.2 的林地
		0303	红树林地	指沿海生长红树植物的林地
		0304	森林沼泽	以乔木森林植物为优势群落的淡水沼泽
		0305	灌木林地	指灌木覆盖度不小于 40%的林地，不包括灌丛沼泽
		0306	灌丛沼泽	以灌丛植物为优势群落的淡水沼泽
		0307	其他林地	包括疏林地(树木郁闭度大于等于 0.1 并小于 0.2 的林地)、未成林地、迹地、苗圃等林地
04	草地			指生长草本植物为主的土地
		0401	天然牧草地	指以天然草本植物为主，用于放牧或割草的草地。包括实施禁牧措施的草地，不包括沼泽草地
		0402	沼泽草地	指以天然草本植物为主的沼泽化的低地草甸、高寒草甸
		0403	人工牧草地	指人工种植牧草的草地
		0404	其他草地	指树木郁闭度小于 0.1，表层为土质，不用于放牧的草地

续表

一级类		二级类		含　义
编码	名称	编码	名称	
05	商服用地			指主要用于商业、服务业的土地
		0501	零售商业用地	以零售功能为主的商铺、商场、超市、市场和加油、加气、充换电站等的用地
		0502	批发市场用地	以批发功能为主的市场用地
		0503	餐饮用地	饭店、餐厅、酒吧等的用地
		0504	旅馆用地	宾馆、旅馆、招待所、服务型公寓、度假村等用地
		0505	商务金融用地	指商务服务用地,以及经营性的办公场所用地。包括写字楼、商业性办公场所、金融活动场所和企业厂区外独立的办公场所;信息网络服务、信息技术服务、电子商务服务、广告传媒等用地
		0506	娱乐用地	指剧院、音乐厅、电影院、歌舞厅、网吧、影视城、仿古城以及绿地率小于65%的大型游乐等设施用地
		0507	其他商服用地	指零售、批发市场、餐饮、旅馆、商务金融、娱乐用地以外的其他商业、服务业用地。包括洗车场、洗染店、照相馆、理发美容店、洗浴场所、赛马场、高尔夫球场、废旧物资回收站、机动车、电子产品和日用产品修理网点、物流营业网点,以及居住小区及小区级以下的配套的服务设施等用地
06	工矿仓储用地			指主要用于工业生产、物资存放场所的土地
		0601	工业用地	指工业生产、产品加工制造、机械和设备修理以及直接为工业生产等服务的附属设施用地
		0602	采矿用地	指采矿、采石、采砂(沙)场,砖瓦窑等地面生产用地,排土(石)及尾矿堆放地
		0603	盐田	指用于生产盐的土地,包括晒盐场所、盐池及附属设施用地
		0604	仓储用地	指用于物资储备、中转的场所用地。包括物流仓储设施、配送中心、转运中心等
07	住宅用地			指主要用于人们生活居住的房基地及其附属设施的土地
		0701	城镇住宅用地	指城镇用于生活居住的各类房屋用地及其附属设施用地,不含配套的商业服务设施等用地
		0702	农村宅基地	指农村用于生活居住的宅基地
08	公共管理与公共服务用地			指用于机关团体、新闻出版、科教文卫、公用设施等的土地
		0801	机关团体用地	指用于党政机关、社会团体、群众自治组织等的用地
		0802	新闻出版用地	指用于广播电台、电视台、电影厂、报社、杂志社、通讯社、出版社等的用地
		0803	教育用地	指用于各类教育用地。包括高等院校、中等专业学校、中学、小学、幼儿园及其附属设施用地,聋、哑、盲人学校及工读学校用地,以及为学校配建的独立地段的学生生活用地
		0804	科研用地	指独立的科研、勘察、研发、设计、检验检测、技术推广、环境评估与监测、科普等科研事业单位及其附属设施用地
		0805	医疗卫生用地	指医疗、保健、卫生、防疫、康复和急救设施等用地。包括综合医院、专科医院、社区卫生服务中心等用地;卫生防疫站、专科防治所、检验中心和动物检疫站等用地;对环境有特殊要求的传染病、精神病等专科医院用地;急救中心、血库等用地

续表

一级类		二级类		含　义
编码	名称	编码	名称	
08	公共管理与公共服务用地	0806	社会福利用地	指为社会提供福利和慈善服务的设施及其附属设施用地。包括福利院、养老院、孤儿院等用地
		0807	文化设施用地	指图书、展览等公共文化活动设施用地。包括公共图书馆、博物馆、档案馆、科技馆、纪念馆、美术馆和展览馆等设施用地；综合文化活动中心、文化馆、青少年宫、儿童活动中心、老年活动中心等设施用地
		0808	体育用地	指体育场馆和体育训练基地等用地。包括室内外体育运动场地，如体育场馆、游泳场馆、各类球场及其附属的业余体校等用地，溜冰场、跳伞场、摩托车场、射击场，以及水上运动的陆域部分等用地，以及为体育运动专设的训练基地用地，不包括学校等机构专用的体育设施用地
		0809	公用设施用地	指用于城乡基础设施的用地。包括供水、排水、污水处理、供电、供热、供气、邮政、电信、消防、环卫、公用设施维修等用地
		0810	公园与绿地	指城镇、村庄范围内的公园、动物园、植物园、街心花园、广场和用于休憩、美化环境及防护的绿化用地
09	特殊用地			指用于军事设施、涉外、宗教、监教、殡葬、风景名胜等的土地
		0901	军事设施用地	指直接用于军事目的的设施用地
		0902	使领馆用地	指用于外国政府及国际组织驻华使领馆、办事处等的用地
		0903	监教场所用地	指用于监狱、看守所、劳改场、戒毒所等的建筑用地
		0904	宗教用地	指专门用于宗教活动的庙宇、寺院、道观、教堂等宗教自用地
		0905	殡葬用地	指陵园、墓地、殡葬场所用地
		0906	风景名胜设施用地	指风景名胜景点。包括名胜古迹、旅游景点、革命遗址、自然保护区、森林公园、地质公园、湿地公园等的管理机构，以及旅游服务设施的建筑用地。景区内的其他用地按现状归入相应地类
10	交通运输用地			指用于运输通行的地面线路、场站等的土地。包括民用机场、汽车客货运场站、港口、码头、地面运输管道和各种道路，以及轨道交通用地
		1001	铁路用地	指用于铁道线路及场站的用地。包括征地范围内的路堤、路堑、道沟、桥梁、林木等用地
		1002	轨道交通用地	指用于轻轨、现代有轨电车、单轨等轨道交通用地，以及场站的用地
		1003	公路用地	指用于国道、省道、县道和乡道的用地。包括征地范围内的路堤、路堑、道沟、桥梁、汽车停靠站、林木，以及直接为其服务的附属用地
		1004	城镇村道路用地	指城镇、村庄范围内公用道路及行道树用地。包括快速路、主干路、次干路、支路、专用人行道和非机动车道，以及其交叉口等
		1005	交通服务场站用地	指城镇、村庄范围内交通服务设施用地。包括公交枢纽及其附属设施用地、公路长途客运站、公共交通场站、公共停车场（含设有充电桩的停车场）、停车楼、教练场等用地，不包括交通指挥中心、交通队用地
		1006	农村道路	在农村范围内，南方宽度大于等于 1.0 m 且小于等于 8.0 m，北方宽度大于等于 2.0 m 且小于等于 8.0 m，用于村间、田间交通运输，并在国家公路网络体系之外，以服务于农村农业生产为主要用途的道路（含机耕道）
		1007	机场用地	指用于民用机场、军民合用机场的用地

续表

一级类		二级类		含　义
编码	名称	编码	名称	
10	交通运输用地	1008	港口码头用地	指用于人工修建的客运、货运、捕捞及工程、工作船舶停靠的场所及其附属建筑物的用地,不包括常水位以下部分
		1009	管道运输用地	指用于运输煤炭、矿石、石油、天然气等管道及其相应附属设施的地上部分用地
11	水域及水利设施用地			指陆地水域,滩涂、沟渠、沼泽、水工建筑物等用地。不包括滞洪区和已垦滩涂中的耕地、园地、林地、城镇、村庄、道路等用地
		1101	河流水面	指天然形成或人工开挖河流常水位岸线之间的水面,不包括被堤坝拦截后形成的水库区段水面
		1102	湖泊水面	指天然形成的积水区常水位岸线所围成的水面
		1103	水库水面	指人工拦截汇集而成的总设计库容大于等于10万立方米的水库正常蓄水位岸线所围成的水面
		1104	坑塘水面	指人工开挖或天然形成的蓄水量小于10万立方米的坑塘常水位岸线所围成的水面
		1105	沿海滩涂	指沿海大潮高潮位与低潮位之间的潮浸地带。包括海岛的沿海滩涂,不包括已利用的滩涂
		1106	内陆滩涂	指河流、湖泊常水位和至洪水位间的滩地;时令湖、河洪水位以下的滩地;水库、坑塘的正常蓄水位与洪水位间的滩地。包括海岛的内陆滩地,不包括已利用的滩地
		1107	沟渠	指人工修建,南方宽度不小于1.0 m、北方宽度不小于2.0 m用于引、排、灌的渠道。包括渠槽、渠堤、护路林及小型泵站
		1108	沼泽地	指经常积水或渍水,一般生长湿生植物的土地。包括草本沼泽、苔藓沼泽、内陆盐沼等,不包括森林沼泽、灌丛沼泽和沼泽草地
		1109	水工建筑用地	指人工修建的闸、坝、堤路林、水电厂房、扬水站等常水位岸线以上的建(构)筑物用地
		1110	冰川及永久积雪	指表层被冰雪常年覆盖的土地
12	其他土地			指上述地类以外的其他类型的土地
		1201	空闲地	指城镇、村庄、工矿范围内尚未使用的土地。包括尚未确定用途的土地
		1202	设施农用地	指直接用于经营性畜禽养殖生产设施及附属设施用地;直接用于作物栽培或水产养殖等农产品生产的设施及附属设施用地;直接用于设施农业项目辅助生产的设施用地;晾晒场、粮食果品烘干设施、粮食和农资临时存放场所、大型农机具临时存放场所等规模化粮食生产所必需的配套设施用地
		1203	田坎	指梯田及梯状坡地耕地中,主要用于拦蓄水和护坡,南方宽度不小于1.0 m、北方宽度不小于2.0 m的地坎
		1204	盐碱地	指表层盐碱聚集,生长天然耐盐植物的土地
		1205	沙地	指表层为沙覆盖、基本无植被的土地。不包括滩涂中的沙地
		1206	裸土地	指表层为土质,基本无植被覆盖的土地
		1207	裸岩石砾地	指表层为岩石或石砾,其覆盖面积不小于70%的土地

为了凸显国家对生态文明建设的重视,明确保护生态用地的要求,保证调查成果更好地满

足将来自然资源管理需要，自然资源部在《土地利用现状分类》2017 版的基础上，发布了《第三次全国国土调查工作分类》(以下简称《工作分类》)。

《工作分类》在 2017 版土地分类基础上的变动主要有：

(1)在原来 12 个一级类的基础上增加了湿地一级类，编码为 00；二级类变化为 55 个。

(2)关于商服、工矿仓储、住宅、公共管理和公共服务、特殊用地等建设用地的调整。其中一级类商服用地 05、特殊用地 09 不细分；部分二级类进行了归并，如原教育用地 0803、科研用地 0804、医疗卫生用地 0805、社会福利用地 0806、文化设施用地 0807、体育用地 0808 归并为科教文卫用地 08H2；部分二级类进一步细化了三级类，如公园与绿地 0810 细化了广场用地 0810A。

(3)关于可调整地类调整。在第二次全国土地调查中，因农业结构调整原因，将耕地改为园地、林地、草地和坑塘水面，且耕作层未被破坏的土地认定为可调整地类，对应的编码后加 K，第三次全国国土调查中不变，如可调整果园 0201K、可调整茶园 0202K、可调整养殖坑塘 1104K 等。

(4)关于城镇村及工矿用地调整。一级类中商服用地 05、工矿仓储用地 06、住宅用地 07、公共管理和公共服务用地 08、特殊用地 09 和二级类中城镇村道路用地 1004、交通服务场站用地 1005、空闲地 1201，以及城镇村庄范围内的其他各类用地进行相应归并。如城市 201("二调"中的地类编码)含城市独立工矿仓储用地 201A，村庄 203 含村庄独立工矿仓储用地 203A，特殊用地 205 等。调查时，可以先确定《工作分类》地类，再归并城镇村地类；也可先确定城镇村范围，再细分《工作分类》地类。

具体情况请参阅《第三次全国国土调查工作分类》。

思考与练习题

1. 不动产权属确认的依据是什么?
2. 不动产权属调查包括哪些内容?
3. 不动产权属调查需要做哪些前期工作?
4. 不动产单元是怎样划分的? 如何对不动产单元进行编码?
5. 不动产现场调查需要做哪些工作?
6. 界址实地确认的方法有哪些?
7. 什么是宗地草图? 有什么作用? 包括哪些内容?
8. 房产分户图的绘制有哪些技术要求?
9. 地籍调查表和房屋调查表填写的要求是什么?
10. 试述我国现行土地利用分类体系。

第三章　不动产权籍控制测量

不动产权籍控制测量就是在不动产调查区内开展具有全局意义的控制测量工作，以确保后续界址点测量和权籍图测绘的精度要求。本章将以《地籍调查规程》(TD/T 1001—2012)为指导，结合当前我国不动产调查技术发展与项目实践，分别介绍平面坐标系统与高程基准，以及不动产首级控制测量、不动产图根控制测量的技术方法与要求，同时介绍导航卫星系统实时动态(RTK)测量技术的最新进展以及在各级控制测量中的应用前景。

§3-1　概　述

一、控制测量基本要求

不动产控制测量是不动产调查中一项极为重要的基础工作，在不动产测量中起着控制全局和限制测量误差积累的作用。因此，不动产控制测量应该遵循“从整体到局部，由高级到低级”的工作原则有序开展，必须做到“精心设计、分级布设、严密实施”的基本要求。

不动产控制测量包括首级控制测量和图根控制测量。前者为测区提供首级控制点，在整个调查中发挥支柱性、框架性的作用；后者是首级控制网的进一步发展加密，是直接为测图服务的加密控制点，在权籍测量中起到承上启下的作用。两者构成了测区控制网两个不同的层次，既能保证测区控制精度，又能满足调查区设站点的密度需要。首级控制点包括国家各等级平面控制点和高程控制点，点位类型可以是卫星定位点、导线点、水准点、三角点。

不动产控制测量的基准框架，要求采用国家统一的坐标系统与高程基准。目前，我国平面坐标系统统一采用“2000 国家大地坐标系”；高程系统采用“1985 国家高程基准”。条件不具备或长度变形超限的地区可采用地方坐标系统或任意坐标系，但应适时建立与 2000 国家大地坐标系和 1985 国家高程基准的转换关系，最终测量成果须转换到 2000 国家大地坐标系和 1985 国家高程基准。

不动产控制测量技术规范，整体上要求在新的规程出来之前，按照原国土资源部发布的《地籍调查规程》(TD/T 1001—2012)的相关要求执行。在导航卫星定位测量方面，主要执行《卫星定位城市测量技术标准》(CJJ/T 73—2019)、《全球定位系统实时动态测量(RTK)技术规范》(CH/T 2009—2010)；在高程测量方面，主要执行《国家三、四等水准测量规范》(GB/T 12898—2009)、《区域似大地水准面精化基本技术规定》(GB/T 23709—2009)等。

由于人类活动对土地的影响历史悠久，土地及其定着物的调查和测量要求较高，尤其是不动产范围内的城镇土地、农村居民地、独立工矿等建设用地及其建筑物、构筑物等测量精度要求更高，相应的控制测量技术、方法和精度指标相比其他(海域)范围内的土地要求更严格。

二、控制测量等级

按照《地籍调查规程》(TD/T 1001—2012)的规定：地籍首级平面控制网点的等级分为三、

四等或D、E级和一、二级，图根控制点的等级可分为一级图根和二级图根；高程控制网点的等级分为四等水准、等外水准和图根高程。

高程控制点的点位宜与平面控制网的点位重合，特殊情况除外。一般情况下，对于三、四等或D、E级平面控制网点须提供四等水准高程；一、二级平面控制点须提供等外水准高程；图根控制点须提供图根坐标和图根高程。

在满足《地籍调查规程》(TD/T 1001—2012)规定的平面控制网基本精度和密度要求的情况下，应尽可能利用调查区已有的控制点，允许越级布设加密控制网。

三、控制测量方法

根据控制网"由整体到局部，从高级到低级"的原则以及不动产测量自身的特点，目前首级平面控制测量普遍采用导航卫星定位测量、导线测量的方法，尤其是卫星信号接收优良的广大区域，导航卫星定位技术已成为建立平面控制网的首选技术手段。早期的三角测量因其技术的局限性已极少采用，本章不再介绍。高程控制测量一般采用水准测量或电磁波测距三角高程测量以及导航卫星测定高程拟合测量的方法。

随着全球导航卫星系统(GNSS)多基站网络差分定位技术的发展，建立省、市级区域的连续运行基准站(continuously operating reference station，CORS)系统已成为新的发展方向。CORS系统能够全天候连续不断地运行，可以全面取代常规大地测量控制网。用户只需一台导航卫星信号接收机即可进行多种精度级别的实时定位或事后定位，而且还可以纳入国家新型大地测量动态框架体系和城市新一代动态基准站网体系。因此，不少地区正在陆续地建立自己的连续运行基准站系统，由此出现的网络RTK技术(CORS+RTK)正发挥着越来越重要的作用。

具体来说，控制测量所采用的方法主要有：

(1)首级控制网。平面控制网普遍采用卫星定位静态测量方法，一般按D、E级或一、二级控制网要求进行测量，小范围区域或卫星信号接收受阻地区也可采用光电测距导线的方法实施测量；高程控制网主要采用四等或等外水准测量的方法。

(2)图根控制点。平面测量主要采用RTK技术方法，也可采用光电测距图根导线的方法；高程测量可采用光电测距三角高程的方法，在卫星信号良好的地方，则普遍采用RTK方式进行施测。在具有CORS系统的地区，采用CORS+RTK方式进行施测。

§3-2　平面坐标系统与高程基准

不动产单元的位置表达在统一坐标系统中，是其在地理空间上确定性和唯一性的体现，是不动产信息数字化的前提条件，是交通、水利、气象等行业对高精度测绘地理信息服务的基本需求，也是国家进行不动产统一登记的必然要求。

不动产测量应采用统一的平面坐标系统和高程基准。我国从2018年7月1日起要求平面坐标系统统一采用"2000国家大地坐标系"。之前采用的其他坐标系统，须尽快完成向"2000国家大地坐标系"的转换工作；因工作需要仍采用独立平面坐标系的地方，须适时建立与"2000国家大地坐标系"的联系。高程系统统一采用"1985国家高程基准"。

一、平面坐标系统

我国大地测量中采用的某种坐标系统,其定义是通过若干组基准数据来描述和体现的。这些基准的取向和取值不同,就会出现不同的坐标系统。我国采用过的坐标系统有1954北京坐标系、1980西安坐标系、新1954北京坐标系,以及最新的2000国家大地坐标系等。

(一)1954北京坐标系

新中国成立初期,鉴于当时的历史条件,我国采用了克拉索夫斯基椭球参数,并以苏联普尔科沃天文台的坐标为起算数据,进行连测和计算,建立了1954北京坐标系(简称54坐标系)。这一坐标系可以认为是苏联1942坐标系的延伸,但又不完全属于该坐标系。因为高程异常是以苏联1955大地水准面重新平差结果为依据,按我国天文水准路线传算过来的;大地点高程是以1956年青岛验潮站求出的黄海平均海水面为基准的。

54坐标系建立以来,我国依据这个坐标系建成了全国天文大地网,完成了大量的测绘任务。随着测绘新理论、新技术的不断发展,人们发现该坐标系存在一些问题,如椭球参数有较大误差,椭球定向不明确,而且该坐标系统的大地点坐标是通过局部平差得到的,全国所有大地控制点的坐标值不能连成统一整体,因而不可避免地出现一些矛盾和不够合理的地方。这种情况对于发展我国空间技术和大规模经济建设是很不利的。

(二)1980西安坐标系

为了适应我国测量事业发展的需要,1978年我国决定建立新的大地坐标系,并对全国天文大地网进行整体平差。这一坐标系命名为1980西安坐标系(简称80坐标系)。其含义可以描述如下:

(1)大地原点位于我国陕西省泾阳县永乐镇,西安市区中心以北60 km处,又称西安原点。

(2)采用国际大地测量和地球物理联合会1975年推荐的地球椭球基本参数。

(3)椭球定位后,椭球短轴平行于由地球质心指向我国确定的地极原点JYD 1968.0方向;起始大地子午面平行于格林尼治平均天文台的子午面;椭球面与似大地水准面在我国地域内最为密合。

(4)大地高程基准采用1956黄海高程系。

80坐标系的建立符合经典参心大地坐标系的建立原理。椭球参数的个数合理、数值准确,椭球面与大地水准面获得了较好密合,全国范围的平均差值由54坐标系的29 m减少至10 m左右,全国多数地区在15 m以内,解决了54坐标系存在的一系列问题。

(三)新1954北京坐标系

80坐标系建立后,各大地点的坐标与原1954北京坐标系的坐标出现了较大差异。为了顾及历史现状,易于操作,新1954北京坐标系(简称新54坐标系)由此产生。

新54坐标系是在80坐标系的基础上,通过将80坐标系的三个定位参数平移至克拉索夫斯基椭球中心,长半轴与扁率仍采用克拉索夫斯基椭球几何参数,而定位与80年坐标系相同(即大地原点相同),定向也与80坐标系椭球相同。因此,新54坐标系的精度和80坐标系精度相同,而坐标值与54坐标系的坐标值接近。

新54坐标系仅仅是当时作为临时过渡出现,其存在周期和使用范围均不大。

(四)2000 国家大地坐标系

上述 54 坐标系和 80 坐标系，均以适合我国的参考椭球体与某点重合的大地体相切的点作为大地原点，这类坐标系称为参心坐标系。20 世纪 80 年代以来，国际上通行以地球质量中心为坐标系原点，这类坐标系称为地心坐标系，它可以更好地阐明地球上各种地理和物理现象，特别是空间物体的运动。

随着社会经济的发展，我国也提出了直接采用地心坐标系的需求。2008 年 3 月，由原国土资源部正式上报国务院《关于中国采用 2000 国家大地坐标系的请示》，并于 2008 年 4 月获得国务院批准。自 2008 年 7 月 1 日起，我国全面启用地心坐标系，即 2000 国家大地坐标系(China Geodetic Coordinate System 2000，CGCS2000)，简称 2000 坐标系。

2000 坐标系的原点为包括海洋和大气的整个地球的质量中心；坐标系的 Z 轴由原点指向历元 2000.0 的地球参考极的方向，X 轴由原点指向格林尼治参考子午线与地球赤道面(历元 2000.0)的交点，Y 轴与 Z 轴、X 轴构成右手正交坐标系。采用广义相对论意义下的尺度。2000 国家大地坐标系采用的地球椭球参数的数值为

长半轴：$a = 6\,378\,137$ m

扁率：$f = 1/298.257\,222\,101$

地心引力常数：$GM = 3.986\,004\,418 \times 10^{14}\ \mathrm{m^3/s^2}$

自转角速度：$\omega = 7.292\,115 \times 10^{-5}$ rad/s

2000 坐标系是一个以全球参考基准框架为背景的、全国统一的、协调一致的三维坐标系统。与 80 坐标系相比，2000 坐标系提供的高精度定位更加有利于现代空间技术和信息技术的应用和普及，大大地改善了工作方式和提高了工作效率，也便于其精度和可靠性的维护。

需要指出的是，WGS-84(1984 世界大地测量系统)坐标系也是一个地心坐标系。与我国 2000 坐标系相比，两者的定义基本上是一致的，即坐标系原点、尺度、定向及定向演变的定义是相同的；两者的参考椭球也基本接近，除在 f 上有微小的差异外，其他椭球常数 a、GM、ω 是相同的。但两者的坐标在采用不同的参考框架和历元计算时是有差值的，两者仍属于不同的坐标系统。

二、坐标系统的相互转换

2000 坐标系是我国自主建立，适应现代空间技术发展趋势的地心坐标系，自 2008 年 7 月 1 日启用以来，就面临着 54 坐标系和 80 坐标系向 2000 坐标系转换的问题。按照原国土资源部的要求，原则上所有数据均须转换到 2000 坐标系下。54 坐标系下的数据先转换成 80 坐标系，再向 2000 坐标系转换。由于 80 坐标系已使用多年，54 坐标系向 80 坐标系的转换已基本完成，转换的技术方法早已由相关部门发布，这里不再赘述。

(一)转换模型选择

80 坐标系和 2000 坐标系的起算点位置不同，参考椭球参数也不同，因而两者之间的坐标转换涉及空间的定位、旋转以及尺度问题，也就是要解决两者之间的转换参数问题。根据转换区域的大小和所取精度的高低，可选择不同的数据转换模型，求解不同的转换参数。

一般全国及省级范围的坐标转换选择三维七参数转换模型。三维七参数模型顾及了不同大地高对坐标转换的影响。在确保转换精度的情况下，大地坐标转换时也可采用二维七参数

模型,可以明显减少计算量,提高转换效率。省级以下的坐标转换可选择三维四参数模型或平面四参数模型。对于相对独立的平面坐标系统与 2000 国家大地坐标系的联系可采用平面四参数模型或多项式回归模型。下面介绍几种常见的坐标转换模型。

1. 三维七参数转换模型

$$\begin{bmatrix}\Delta L\\ \Delta B\\ \Delta H\end{bmatrix}=\begin{bmatrix}-\frac{\sin L}{(N+H)\cos B}\rho'' & \frac{\cos L}{(N+H)\cos B}\rho'' & 0\\ -\frac{\sin B\cos L}{(M+H)}\rho'' & -\frac{\sin B\sin L}{(M+H)}\rho'' & \frac{\cos B}{(M+H)}\rho''\\ \cos B\cos L & \sin B\sin L & \sin B\end{bmatrix}\begin{bmatrix}\Delta X\\ \Delta Y\\ \Delta Z\end{bmatrix}+$$

$$\begin{bmatrix}\frac{N(1-e^2)+H}{N+H}\tan B\cos L & \frac{N(1-e^2)+H}{N+H}\tan B\sin L & -1\\ -\frac{(N+H)-Ne^2\sin^2 B}{M+H}\sin L & \frac{(N+H)-Ne^2\sin^2 B}{M+H}\cos L & 0\\ -Ne^2\sin B\cos B\sin L & Ne^2\sin B\cos B\cos L & 0\end{bmatrix}\begin{bmatrix}\varepsilon_x\\ \varepsilon_y\\ \varepsilon_z\end{bmatrix}+$$

$$\begin{bmatrix}0\\ -\frac{N}{M}e^2\sin B\cos B\rho''\\ (N+H)-Ne^2\sin^{2B}\end{bmatrix}m+$$

$$\begin{bmatrix}0 & 0\\ \frac{N}{Ma}e^2\sin B\cos B\rho'' & \frac{(2-e^2\sin^2 B)}{1-f}\sin B\cos B\rho''\\ -\frac{N}{a}(1-e^2\sin^2 B) & \frac{M}{1-a}(1-e^2\sin^2 B)\sin^2 B\end{bmatrix}\begin{bmatrix}\Delta a\\ \Delta f\end{bmatrix} \tag{3-1}$$

式中,ΔX、ΔY、ΔZ 为待求的平移参数,单位为米;ε_x、ε_y、ε_z 为待求的旋转参数,单位为弧度;m 为待求的尺度参数(无量纲);ΔB、ΔL、ΔH 分别是同一点位在 80 坐标系和 2000 坐标系下的大地纬度差、大地经度差、大地高差,前两者单位为弧度,大地高差单位为米;Δa、Δf 为 IAG-75 椭球与 2000 坐标系椭球长半轴差(单位为米)、扁率差(无量纲)(差值均为后者减前者);B、L 为 80 坐标系中的大地坐标,单位为弧度;H 是大地高,单位为米;a、b、f、e、e' 分别为 IAG-75 椭球的长半轴、短半轴、扁率、第一偏心率、第二偏心率,分别为

$$\left.\begin{array}{l}f=(a-b)/a\\ b=a\sqrt{1-e^2}\\ e=\sqrt{a^2-b^2}/a \quad e^2=2f-f^2 \quad e'=\sqrt{a^2-b^2}/b\end{array}\right\} \tag{3-2}$$

M、N 分别为 IAG-75 椭球子午圈、卯酉圈曲率半径,有

$$\left.\begin{array}{l}M=a(1-e^2)/W^3\\ W=\sqrt{1-e^2\sin^2 B}\\ c=a^2/b\\ V=\sqrt{1+e'^2\cos^2 B}\\ N=a/W=c/V\end{array}\right\} \tag{3-3}$$

ρ'' 为 1 弧度对应的角秒数,$\rho''=206\,265$。

2. 二维七参数转换模型

$$\begin{bmatrix}\Delta L\\ \Delta B\end{bmatrix}=\begin{bmatrix}-\dfrac{\sin L}{N\cos B}\rho'' & \dfrac{\cos L}{N\cos B}\rho'' & 0\\ -\dfrac{\sin B\cos L}{M}\rho'' & -\dfrac{\sin B\sin L}{M}\rho'' & \dfrac{\cos B}{M}\rho''\end{bmatrix}\begin{bmatrix}\Delta X\\ \Delta Y\\ \Delta Z\end{bmatrix}+$$

$$\begin{bmatrix}\tan B\cos L & \tan B\sin L & -1\\ -\sin L & \cos L & 0\end{bmatrix}\begin{bmatrix}\varepsilon_x\\ \varepsilon_y\\ \varepsilon_z\end{bmatrix}+\begin{bmatrix}0\\ -\dfrac{N}{M}e^2\sin B\cos B\rho''\end{bmatrix}m+$$

$$\begin{bmatrix}0 & 0\\ \dfrac{N}{Ma}e^2\sin B\cos B\rho'' & \dfrac{(2-e^2\sin^2 B)}{1-f}\sin B\cos B\rho''\end{bmatrix}\begin{bmatrix}\Delta a\\ \Delta f\end{bmatrix} \tag{3-4}$$

式中，ΔB、ΔL 为同一点位在两个坐标系下的纬度差、经度差，单位为弧度；Δa、Δf 为椭球长半轴差（单位为米）、扁率差（无量纲）；ΔX、ΔY、ΔZ 为平移参数，单位为米；ε_x、ε_y、ε_z 为旋转参数，单位为弧度；m 为尺度参数（无量纲）。

3. 平面四参数转换模型

该模型属于两维坐标转换，对于三维坐标，需将坐标通过高斯投影变换得到平面坐标再计算转换参数。

平面直角坐标转换模型为

$$\begin{bmatrix}x_2\\ y_2\end{bmatrix}=\begin{bmatrix}x_0\\ y_0\end{bmatrix}+(1+m)\begin{bmatrix}\cos\alpha & -\sin\alpha\\ \sin\alpha & \cos\alpha\end{bmatrix}\begin{bmatrix}x_1\\ y_1\end{bmatrix} \tag{3-5}$$

式中，x_0、y_0 为平移参数；α 为旋转参数；m 为尺度参数；x_2、y_2 为 2000 国家大地坐标系下的平面直角坐标；x_1、y_1 为原坐标系下平面直角坐标，坐标单位为米。

4. 综合法坐标转换

所谓综合法就是利用布尔莎(Bursa)七参数转换模型，在相似变换的基础上，再对空间直角坐标的残差进行多项式拟合。由于系统误差得到削弱，统一后的坐标系框架点坐标具有较好的一致性，从而提高坐标转换精度。

首先，选择 80 坐标系和 2000 坐标系下坐标均已知的点（下称重合点），用布尔莎七参数模型进行坐标转换

$$\begin{bmatrix}X_T\\ Y_T\\ Z_T\end{bmatrix}=\begin{bmatrix}\Delta X\\ \Delta Y\\ \Delta Z\end{bmatrix}+\begin{bmatrix}0 & -Z_S & Y_S\\ Z_S & 0 & -X_S\\ -Y_S & X_S & 0\end{bmatrix}\begin{bmatrix}\varepsilon_X\\ \varepsilon_Y\\ \varepsilon_Z\end{bmatrix}+m\begin{bmatrix}X_S\\ Y_S\\ Z_S\end{bmatrix}+\begin{bmatrix}X_S\\ Y_S\\ Z_S\end{bmatrix} \tag{3-6}$$

式中，3 个平移参数 $[\Delta X\quad \Delta Y\quad \Delta Z]^T$，3 个旋转参数 $[\varepsilon_X\quad \varepsilon_Y\quad \varepsilon_Z]^T$ 和 1 个尺度参数 m。

对相似变换后的重合点残差 V_X、V_Y、V_Z 采用多项式拟合

$$V_X \text{ 或 } V_Y \text{ 或 } V_Z=\sum_{i=0}^{K}\sum_{j=0}^{i}a_{ij}B_S^{i-j}L_S^{j} \tag{3-7}$$

式中，B、L 单位为弧度；K 为拟合阶数；a_{ij} 为系数，通过最小二乘求解。

（二）重合点选取

坐标重合点可采用在两个坐标系下均有坐标成果的点，但最终重合点还需根据所确定的转换参数，计算重合点坐标残差，根据其残差值的大小来确定。若残差大于 3 倍中误差则剔

除,重新计算坐标转换参数,直到满足精度要求为止。用于计算转换参数的重合点数量与转换区域的大小有关,但不得少于5个,且重合点应均匀分布于待转换区域。

(三)模型参数计算

用确定的若干个重合点坐标,根据所选取的坐标转换模型利用最小二乘法计算模型参数。

根据计算的坐标转换参数计算重合点坐标残差,残差大于3倍中误差的重合点,须剔除该点并重新计算坐标转换参数,直到所有参与计算的重合点坐标残差满足精度要求,则最终确定重合点和转换参数。

(四)精度评估与检核

若收集到的重合点较多,则在用上述模型进行坐标转换时可选择部分重合点作为外部检核点,不参与转换参数计算,用转换参数计算这些点的转换坐标与已知坐标比较进行外部检核。应选定6个以上且均匀分布的重合点对坐标转换精度进行检核。依据计算坐标转换模型参数的重合点的残差中误差评估坐标转换精度。

对于 n 个点,坐标转换精度估计公式如下

$$V(\text{残差}) = \text{重合点转换坐标} - \text{重合点已知坐标}$$

空间直角坐标 X 残差中误差为

$$M_X = \pm\sqrt{\frac{[VV]_X}{n-1}} \tag{3-8}$$

空间直角坐标 Y 残差中误差为

$$M_Y = \pm\sqrt{\frac{[VV]_Y}{n-1}} \tag{3-9}$$

空间直角坐标 Z 残差中误差为

$$M_Z = \pm\sqrt{\frac{[VV]_Z}{n-1}} \tag{3-10}$$

点位中误差为

$$M_p = \sqrt{M_X^2 + M_Y^2 + M_Z^2} \tag{3-11}$$

平面坐标 x 残差中误差为

$$M_x = \pm\sqrt{\frac{[VV]_x}{n-1}} \tag{3-12}$$

平面坐标 y 残差中误差为

$$M_y = \pm\sqrt{\frac{[VV]_y}{n-1}} \tag{3-13}$$

大地高 H 残差中误差为

$$M_H = \pm\sqrt{\frac{[VV]_H}{n-1}} \tag{3-14}$$

平面点位中误差为

$$M_p = \sqrt{M_x^2 + M_y^2} \tag{3-15}$$

三、同一坐标系不同投影带之间的坐标换算

为了限制高斯投影长度变形,将椭球面按一定经度的子午线划分成不同的投影带;或者为

了抵偿长度变形，选择某一经度的子午线作为测区的中央子午线。中央子午线的经度不同，使得椭球面上统一的大地坐标系，变成了各自独立的平面直角坐标系。

为了解决不同投影带之间测量成果的转换和联系，需要将一个投影带的平面直角坐标换算成另外一个投影带的平面直角坐标。

（一）坐标换带的基本类型

不同投影带的坐标换算，常常应用于下列情况：①6°带坐标换算成相邻6°带坐标；②6°带坐标换算成3°带坐标；③3°带坐标换算成相邻3°带坐标；④6°带或3°带坐标换算成任意投影带内的坐标。

我们知道，3°带的中央子午线中，有半数与6°带的中央子午线重合，另外半数与6°带的分带子午线重合。所以，由6°带到3°带的换算可分为两种情况。①3°带与6°带的中央子午线重合。如图3-1所示，3°带第41带与6°带第21带的中央子午线重合。既然中央子午线一致，坐标系统也就一致。所以，图3-1中P_1点在6°带第21带的坐标，也就是该点在3°带第41带的坐标。在这种情况下，6°带与3°带之间，不存在换算计算问题。②3°带中央子午线与6°带分带子午线重合。如图3-1所示，若已知P_2点在6°带第21带的坐标，求它在3°带第42带的坐标。由于这两个投影带的中央子午线不同，坐标系统不一致，必须进行换带计算。不过P_2点在6°带第21带的坐标与它在3°带第41带的坐标相同，所以6°带到3°带的坐标换算，也可以看作是3°带到3°带的邻带坐标换算。

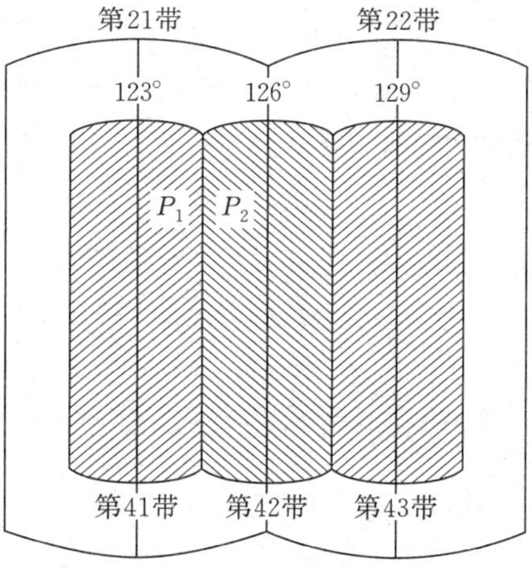

图3-1　坐标换带关系

理解上述基本概念，对于正确解决换带计算问题，是十分重要的。

（二）坐标换带的计算方法

坐标换带计算以前常常是借助数表来完成，例如“高斯-克吕格坐标换带表”就是其中的一种。目前广泛采用了高斯投影坐标正、反算的方法，它适用于任何情况下的换带计算工作。这种方法的计算程序是：首先，将某投影带的已知平面坐标（X_1，Y_1）按高斯投影坐标反算公式求得其大地坐标（B，L）；然后，根据纬度B和对于所选定的中央子午线的经差l，按高斯投影坐标正算公式求其在选定的投影带内的平面坐标（X_2，Y_2）。

高斯投影的正、反算公式如下。

1. 高斯投影正算公式

$$\left.\begin{aligned} x &= X + Nt\cos^2 B\frac{l^2}{\rho^2}\left[0.5+\frac{1}{24}(5-t^2+9\eta^2+4\eta^4)\cos^2 B\frac{l^2}{\rho^2}+\frac{1}{720}(61-58t^2+t^4)\cos^4 B\frac{l^4}{\rho^4}\right] \\ y &= N\cos B\frac{l}{\rho}\left[1+\frac{1}{6}(1-t^2+\eta^2)\cos^2 B\frac{l^2}{\rho^2}+\frac{1}{120}(5-18t^2+t^4+14\eta^2-58\eta^2 t^2)N\cos^4 B\frac{l^4}{\rho^4}\right] \end{aligned}\right\} \quad (3\text{-}16)$$

设有子午线上两点P_1和P_2，P_1在赤道上，P_2的纬度为B，P_1、P_2间的子午线弧长X计算公式为

$$X = a(1-e^2)(A'\operatorname{arc}B - B'\sin 2B + C'\sin 4B - D'\sin 6B + E'\sin 8B - F'\sin 10B + G'\sin 12B) \tag{3-17}$$

式中

$$A' = 1 + \frac{3}{4}e^2 + \frac{45}{64}e^4 + \frac{175}{256}e^6 + \frac{11\,025}{16\,384}e^8 + \frac{43\,659}{65\,536}e^{10} + \frac{693\,693}{1\,048\,576}e^{12}$$

$$B' = \frac{3}{8}e^2 + \frac{15}{32}e^4 + \frac{525}{1\,024}e^6 + \frac{2\,205}{4\,096}e^8 + \frac{72\,765}{131\,072}e^{10} + \frac{297\,297}{524\,288}e^{12}$$

$$C' = \frac{15}{256}e^4 + \frac{105}{1\,024}e^6 + \frac{2\,205}{16\,384}e^8 + \frac{10\,395}{65\,536}e^{10} + \frac{1\,486\,485}{8\,388\,608}e^{12}$$

$$D' = \frac{35}{3\,072}e^6 + \frac{105}{4\,096}e^8 + \frac{10\,395}{262\,144}e^{10} + \frac{55\,055}{1\,048\,576}e^{12}$$

$$E' = \frac{315}{131\,072}e^8 + \frac{3\,465}{524\,288}e^{10} + \frac{99\,099}{8\,388\,608}e^{12}$$

$$F' = \frac{693}{1\,310\,720}e^{10} + \frac{9\,009}{5\,242\,880}e^{12}$$

$$G' = \frac{1\,001}{8\,388\,608}e^{12}$$

2. 高斯投影反算公式

$$\left.\begin{aligned}
B &= B_f - \frac{\rho t_f}{2M_f}y\left(\frac{y}{N_f}\right)\left[1 - \frac{1}{12}(5+3t_f^2+\eta_f^2-9\eta_f^2t_f^2)\left(\frac{y}{N_f}\right)^2 + \frac{1}{360}(61+90t_f^2+45t_f^4)\left(\frac{y}{N_f}\right)^4\right] \\
l &= \frac{\rho}{\cos B_f}\left(\frac{y}{N_f}\right)\left[1 - \frac{1}{6}(1+2t_f^2+\eta_f^2)\left(\frac{y}{N_f}\right)^2 + \frac{1}{120}(5+28t_f^2+24t_f^4+6\eta_f^2+8\eta_f^2t_f^2)\left(\frac{y}{N_f}\right)^4\right]
\end{aligned}\right\} \tag{3-18}$$

式中，η_f、t_f 分别为按 B_f 值计算的相应量，B_f 的计算如下

$$\left.\begin{aligned}
B_0 &= \frac{X}{a(1-e^2)A'} \\
B_{i+1} &= B_i + \frac{X-F(B_i)}{F'(B_i)}
\end{aligned}\right\} \tag{3-19}$$

直到 $B_{i-1} - B_i$ 小于某一个指定数值，即可停止迭代。其中

$$\begin{aligned}F(B) = a(1-e^2)[&A'\operatorname{arc}B - B'\sin 2B + C'\sin 4B - D'\sin 6B + \\ &E'\sin 8B - F'\sin 10B + G'\sin 12B]\end{aligned} \tag{3-20}$$

$$\begin{aligned}F'(B) = a(1-e^2)[&A' - 2B'\cos 2B + 4C'\cos 4B - 6D'\cos 6B + \\ &8E'\cos 8B - 10F'\cos 10B + 12G'\cos 12B]\end{aligned} \tag{3-21}$$

例如，某点 A 在新 54 坐标系 6°带的平面坐标为 $x_1 = 3\,589\,644.287$ m，$y_1 = 20\,679\,136.439$ m。求 A 点在 3°带的平面直角坐标 (x_2, y_2)。

(1)确定 A 点所在投影带的中央子午线经度。由横坐标的规定值可以直观判定，A 点位于 6°带第 20 带，其中央子午线的经度 $L_0 = 117°$，横坐标的自然值为 $y_1 = 679\,136.439 - 500\,000 = +179\,136.439$ m。该坐标等同于 6°带第 39 带的平面坐标。

(2)将已知的 6°带平面直角坐标反算为大地坐标。为此，可以用高斯投影坐标反算公式(3-18)进行计算，其结果为 $B = 32°24'57.652\,2''$，$L = 118°54'15.220\,6''$。

由大地经度 L 可以判断，A 点位于 3°带第 40 带，中央子午线为 $L_0=120°$。

(3)根据高斯投影坐标正算公式(3-16)，由已知的纬度 B 和经差 l 计算 A 点在 3°带第 40 带的平面直角坐标，得 $x_2=358\ 857.591$ m，$y_2=40\ 396\ 922.874$ m。其中横坐标 y_2 为通用值。

(三)相对独立的平面坐标系转换方法

相对独立的坐标系统是为了满足城市建设或工程测量的需要，以选择的中央子午线或平均高程投影面为基础建立的地方坐标系。一般为地方平面直角坐标系，有独立的起算点，控制区域面积相对较小。目前，我国部分城市控制网和工程控制网属于相对独立的平面坐标系，因而也存在着相对独立坐标系向 2000 坐标系转换的问题。

实际转换时可参照 80 坐标系到 2000 坐标系的转换步骤和方法。

选取相对独立的平面坐标系与 2000 坐标系的重合点的原则如下：择优选取地方控制网的起算点及高精度控制点、周围国家高精度的控制点，大中城市至少选取 5 个重合点(例如城市外围 4 个、城市中心 1 个)；小城市在城市外围至少选取 4 个重合点，重合点要分布均匀，包围城市区域，并在城市内部选定至少 6 个均匀分布的重合点对坐标转换精度进行检核。

建立相对独立的平面坐标系与 2000 坐标系联系时，坐标转换模型要同时适用于地方控制点转换和城市数字地图的转换。一般采用平面四参数转换模型，重合点较多时可采用多元逐步回归模型。当相对独立的平面坐标系控制点和数字地图均为三维地心坐标时，采用布尔莎七参数转换模型。坐标转换中误差绝对值应小于 0.05 m。

四、高程基准

高程基准是国家统一高程控制网中推算所有水准高程的起算依据，它包括一个水准基面和一个永久性水准原点。水准基面理论上采用大地水准面，它是一个延伸到全球的静止海水面，也是一个地球重力等位面，实际上确定水准基面则是取验潮站长期观测结果计算来的平均海水面。

我国以青岛港验潮站的长期观测资料推算出的黄海平均海水面作为水准基面，即零高程面。水准原点建立在青岛验潮站附近。用精密水准测量测定水准原点相对于黄海平均海面的高差，即水准原点的高程，由此确定为全国高程控制网的起算高程。新中国成立后先后使用的高程基准有 1956 黄海高程系和 1985 国家高程基准等。

(一)1956 黄海高程系

1956 年，我国根据基本验潮站应具备的条件，认为青岛验潮站位置适中，地处我国海岸线的中部，而且青岛验潮站所在港口是有代表性的规律性半日潮港，又避开了江河入海口，外海海面开阔，无密集岛屿和浅滩，海底平坦，水深在 10 m 以上等有利条件，因此，在 1957 年确定青岛验潮站为我国基本验潮站。

以该站 1950 年至 1956 年 7 年间的潮汐资料推求的黄海平均海水面作为我国的高程基准面。以此高程基准面作为我国统一起算面的高程系统，称 1956 黄海高程系(简称 56 高程系)。从这个平均海水面起，推算出青岛水准原点的高程为 72.289 m。

须注意的是，水准原点并不是水准零点，水准零点是平均海水面。

1956 黄海高程系的建立，对统一全国高程有极其重要的历史意义，并对国防和经济建设、科学研究等方面都起了重要的作用。

（二）1985 国家高程基准

56 高程系为我国第一个国家高程系统，结束了过去高程系统繁杂的局面。但由于计算这个基面所依据的青岛验潮站的系列资料时间较短（1950—1956 年）等原因，国家测绘主管部门决定重新计算黄海平均海水面。于是以青岛验潮站 1952—1979 年的潮汐观测资料为计算依据。由于潮汐存在波长为 19 年的周期变化，所以高程基准应采用 19 年的观测数据进行计算。由此推算出水准原点的高程，即为 1985 国家高程基准（简称 85 高程系）。

56 高程系和 85 高程系的水准原点是相同的，所不同的是该原点距海平面的距离，因所采用验潮资料的时间长短不同，而导致的 56 高程系计算的平均海水面到水准原点的垂直距离与 85 高程系计算的平均海水面到水准原点的垂直距离略有不同。在 85 高程系中，青岛水准原点的垂直距离为 72.260 m，即水准原点的高程为 72.260 m。

1985 国家高程基准于 1987 年 5 月开始启用。

五、高程基准换算

历史上，我国在不同时期的各个地区，曾分别使用过不同的高程系成果，除 56 高程系、85 高程系外，还有废黄河高程系、大沽高程系、吴淞高程系、坎门高程系、珠江高程系、广州高程系等。

为了方便换算，现以 1985 国家高程基准为零，其他高程系零点应加上表 3-1 所示的“零点差”。

表 3-1 各种高程系统之间的零点关系

高程系	1985 国家高程基准	1956 黄海高程系	废黄河高程系	大沽高程系	吴淞高程系	坎门高程系	珠江高程系	广州高程系
零点差/m	0	−0.029	−0.092	−1.952	−1.856	0.231	0.557	−4.443

§3-3 不动产首级控制测量

不动产首级控制测量是在不动产调查区域进行的一项测绘基础工作，主要目的是获取较高精度的控制点三维坐标，为下一步测图控制（图根测量）提供起算数据，内容包括平面控制测量和高程控制测量。

首级平面控制测量包括三、四等或 D、E 级控制测量和一、二级控制测量。根据当今的测绘科技发展状况，前者普遍采用全球导航卫星系统（GNSS）测量方法，后者则视测区情况采用 GNSS 测量、导线测量或两者结合的方法。高程控制测量可采用四等和等外水准测量。

一、平面控制测量

（一）布设原则和主要技术指标

（1）应遵循“从整体到局部、从高级到低级、分级布网”的原则。

（2）首级控制网，其控制点应埋设固定标志，标志规格及埋设要求按相关的规程要求执行，以便长久保存或作为进一步加密时使用。

（3）四等网或 E 级以下网最弱点相对于起算点的点位中误差绝对值不得超过 5 cm。

(4)各等级首级平面控制网主要技术要求应符合表3-2、表3-3规定。

表3-2　GNSS测量的主要技术要求

等级	平均距离/km	基线向量的弦长精度		最弱边相对中误差限值
		a /mm	b /10^{-6}	
三等	5	≤10	≤5	1/80 000
四等	2	≤10	≤10	1/45 000
一级	1	≤10	≤10	1/20 000
二级	<1	≤10	≤20	1/10 000

注：当边长小于200 m时，以边长中误差优于±20 mm来衡量。

表3-3　导线测量主要技术要求

等级	附合导线总长/km	平均边长/km	每边测距中误差/mm	测角中误差/(″)	方位角闭合差/(″)	导线全长相对闭合差限值
一级	3.6	0.3	±15	±5.0	$\pm 10\sqrt{n}$	1/14 000
二级	2.4	0.2	±15	±8.0	$\pm 16\sqrt{n}$	1/10 000

注：n为测站数。当导线布设为结点网形时，结点与结点或结点与高级点的附合导线长度应不超过表中附合导线总长的0.7倍。

(二)布点和密度要求

首级平面控制点需要长久保存，便于控制网加密以及图根控制，因此控制点埋设有一定的技术要求。一般规定有：

(1)测区范围覆盖到乡(镇)政府所在地的，则乡(镇)政府所在地应至少有两个首级控制网点，且应相互通视。

(2)选点、埋石、标石类型、点名和点号等参照《城市测量规范》(CJJ/T 8—2011)执行。

(3)埋设平面控制点的密度一般为每平方千米不少于10个点(二级以上各等级控制点总和)。

(三)坐标系统与投影选择

按照国土调查的最新要求，平面控制网的坐标系统统一采用2000国家大地坐标系，因工作需要采用的其他坐标系统成果，应与2000国家大地坐标系联测并建立转换关系。

投影选择要求如下：

(1)对1∶1万或1∶5 000图件或数据应选择高斯-克吕格投影统一3°带的平面直角坐标系统。

(2)1∶5万图件或数据应选择高斯-克吕格投影统一6°带的平面直角坐标系统；中央子午线按照地图投影分带的标准方法选定。

(3)对1∶500、1∶1 000、1∶2 000图件或数据，当长度变形值不大于2.5 cm/km时，应选择高斯-克吕格投影3°带的平面直角坐标系统。当长度变形值大于2.5 cm/km时，根据以下情况依次选择：①有抵偿高程面的高斯-克吕格投影统一3°带平面直角坐标系统；②高斯-克吕格投影任意带平面直角坐标系统；③有抵偿高程面的任意带平面直角坐标系统。

(四)三、四等或D、E级平面控制测量

目前在不动产测量领域，首选GNSS静态测量方式来进行三、四等或D、E级控制测量。一般其工作流程可分为技术设计、选点与埋石、外业数据采集、成果检核与平差计算等阶段，现对其做简单介绍。

1. 技术设计

控制网的技术设计是一项基础性的工作。这项工作应根据网的用途和用户的要求来进行。其主要内容应包括精度指标的确定和网的图形设计等。

1)精度设计

精度指标的确定取决于网的用途,设计时应根据实际需要和可以实现的设备条件,恰当地选定控制网的精度等级。精度指标通常以网中基线向量的弦长中误差 σ 来表示,其形式为

$$\sigma=\sqrt{a^{2}+(bD)^{2}} \tag{3-22}$$

式中,a 为固定误差,b 为比例误差,D 为相邻点之间的距离(单位为 km)。控制网中最小距离不宜少于平均距离的 1/2,最大距离不宜超过平均距离的 2 倍。

控制网按相邻点间平均距离和精度分为三、四等或 D、E 级,可分级布设,也可越级布设或布设同级全面网。

2)网形设计

控制网的网形设计就是根据用户要求和测区现场状况进行布设,确定具体的布网观测方案,其核心是如何高质量、低成本地完成既定的测量任务。采用 GNSS 测量布网时,已经淡化了“分级布网、逐级控制”的布设原则,对点位图形结构没有苛刻限制,对点位之间的通视也没有严格要求,因而控制网的布设十分灵活方便,主要根据测区实际需要和现场状况进行布设。

控制网应由一个或若干个独立观测环构成,以增加检核条件,提高网的可靠性。当然也可采用附合路线形式布设。各个同步观测环之间可以按点连式、边连式、网连式以及混连式等基本构网方法,有机地连接成一个整体。各等级控制网的闭合环或附合路线中的边数应符合表 3-4 的规定。

表 3-4　闭合环或附合路线中的边数规定

等　级	三等	四等	一级	二级
闭合环或附合路线的边数/条	≤8	≤10	≤10	≤10

由于 GNSS 测量采用的是 WGS-84 坐标系,因此为了求定控制点在地面坐标系中的坐标,控制网应与附近的国家高等控制点联测,对于大范围控制网,联测点数不应少于 3 个点;对于小范围控制网,可联测 2～3 个点。为了求定控制点的正常高,还应进行水准测量的高程联测,对于平原地区,高程联测点不宜少于 5 个点,并应均匀分布;对于丘陵地区或山地,高程联测点不宜少于 10 个点。

虽然控制网不要求相邻点之间互相通视,但考虑到利用常规测量方法加密时的需要,每点应有不少于 1 个通视方向。布设控制网时,应尽量采用旧点标石。

2. 选点与埋石

控制网的测站之间可以不通视,网形结构灵活,故选点工作比常规测量简便,并且不需建立高觇标。但控制点位有其自身的特点,选点时要满足以下要求:①点位要选在交通方便、易于安置接收设备的地方,且视野开阔,以便与常规地面控制网的联测和加密;②应避开对电磁波接收有强烈吸收、反射等干扰影响的金属和其他障碍物体,如高压线、电台、电视台、高层建筑(在建筑物顶部可设点)、大范围水面等。

选定好点位之后,应按照要求埋设标石,以便保存。首级平面控制点应视控制网的等级和测区土质条件,埋设相应的不同规格的标石,它是首级控制点的永久性标志。标石的类型有一

般混凝土标石、岩石标石及屋顶标石。造标和埋石结束后，应做点之记，并办理测量标志委托保管手续。

应当指出，全球导航卫星系统测量控制网的技术设计应体现优化设计的理念，即在限定精度、可靠性和费用等指标下，获取最为合理的设计方案。

3. 数据采集

控制网的数据采集主要是利用接收机接收卫星信号。由于 GNSS 测量广泛采用相对定位方法，因而控制网的数据采集必须使用两台或两台以上的接收机进行同步观测。其主要工作包括天线安置、数据采集和手簿记录等。

1)基本技术要求

各等级测量数据采集的基本技术要求如表 3-5 所示。

表 3-5 各等级测量数据采集的基本技术要求

项目	等级观测方法	三等、D 级	四等、E 级	一级	二级
卫星高度角/(°)		≥15	≥15	≥15	≥15
有效观测卫星数	静态	≥4	≥4	≥4	≥4
	快速静态	≥5	≥5	≥5	≥5
平均重复设站数		≥2	≥1.5	≥1.5	≥1.5
时段长度/min	静态	≥60	≥45	≥45	≥45
	快速静态	≥20	≥10	≥10	≥10
数据采样间隔/s		10～60	10～60	10～60	10～60
位置精度衰减因子(PDOP)或几何精度衰减因子(GDOP)		<6	<6	<6	<6

注：当采用双频接收机进行快速静态观测时，时段长度可缩短为 10 min。

2)数据采集过程

(1)准备工作。作业组在观测前，应事先编制导航卫星可见性预报表和作业调度表。预报表不应超过 20 天。

每天出发前必须检查电池容量电是否充足，仪器及其附件是否齐全。检查接收机内存或 PC 卡容量是否够用。

(2)安置天线。天线安置过程实际上是一个对中整平的过程。作业人员到达测站后，先使接收机处于静止状态后，再安置天线。天线对中误差绝对值不得大于 3 mm，天线应严格置平。天线定向标志指向正北，定向误差绝对值在 5°以内。

对于有觇标的点位安置天线时，应先将标石中心投影到基板上，再进行对中安置。如果是高精度的观测(三等以上级别)，还需要将觇标的顶部拆除，以防止对信号的干扰；也可以采取偏心观测方式，选择偏心点和方位点安置天线，此时应按常规解析法精密测定偏心元素。

天线安置后，应在观测时段前后各量取一次天线高，其较差不超过 3 mm。

(3)接收机操作。接收机操作是数据采集过程中最重要的一项工作，其主要任务是捕获 GNSS 卫星信号，并对其进行跟踪、处理和量测，以获取所需要的定位信息和观测数据。

随着 GNSS 技术的不断发展，接收机操作的自动化程度越来越高，不同类型的接收机，其操作过程大体相近。如有些型号的接收机，数据采集时既可使用操作终端，也可不用操作终端，只需一线连接，即可启动接收机进行数据采集。使用操作终端时，作业人员应输入测站有关信息,如点名、点号、天线高等,接收机则自动进行观测数据的采集,并自动记录在存储介质上。使用无终端操作时,测站信息无法输入,必须进行手簿记录。

每天观测结束后,应及时将数据转存至计算机上,确保观测数据不丢失。

各观测组应严格按调度表规定时间作业,以保证同步观测同一组卫星。

(4)测站记录。在数据采集过程中,所有原始观测数据和资料均需妥善记录、保管。其中,原始观测数据均由接收设备自动记录在存储介质上。各时段观测结束后,即可通过数据传输至计算机进行数据处理。测站有关信息资料,如点名、天线高、天气等,由操作人员在现场记录到测量手簿上,不得涂改、转抄,并且严禁事后补记或追记,以保证测站记录的准确性。

4. 数据处理

数据处理主要包括基线解算和平差计算。对于D级或三等(含)以下的控制网来说,其基线解算可利用随接收机配备的商用软件来进行,平差计算软件应经有关部门的鉴定并由业务部门批准方能使用。

1)GNSS测量基线向量的解算

要进行GNSS测量成果的质量检核,必须先进行基线向量的解算。基线向量的解算一般采用双差相位观测值,对于边长超过30 km的基线,解算时也可采用三差相位观测值。

基线解算中所需的起算点坐标,应按以下优先顺序采用:国家A级、B级网控制点或其他高等级GNSS测量控制点的已有WGS-84坐标成果;国家或城市较高等级控制点转换到WGS-84后的坐标值;不少于观测30 min的单点定位结果的平差值提供的WGS-84坐标。

采用多台接收机同步观测的同一时段中,可采用单基线模式解算,也可以只选择独立基线按多基线处理模式统一解算。

同一级别GNSS测量控制网,根据基线长度不同,可采用不同的数学处理模型。8 km内的基线须采用双差固定解;30 km以内的基线,可在双差固定解和双差浮点解中选最优结果。

对于所有同步观测时间短于30 min的快速定位基线,必须采用合格的双差固定解作为基线解算的最终结果。

2)基线解算的质量检核

基线解算的质量检核是确保外业观测成果,实现预期定位精度的重要环节。基线解算的质量检核包括同步边观测数据的检核、同步环闭合差、独立环(异步环)闭合差,以及复测基线较差的计算等。

(1)同步边观测数据的检核。同一时段观测值基线处理中,三、四等数据采用率都不宜低于80%。同步边各时段平差值的中误差与相对中误差应符合表3-2的规定。

(2)同步环闭合差的计算。采用单基线处理模式时,对于采用同一种数学模型的基线解,其同步时段中任一三边同步环的坐标分量相对闭合差和全长相对闭合差不宜超过表3-6的规定。

表3-6 三、四等网同步坐标分量及环线全长相对闭合差限差

限差类型	等级	
	三等、D级	四等、E级
同步坐标分量相对闭合差/10^{-6}	3.0	6.0
环线全长相对闭合差/10^{-6}	5.0	10.0

对于采用不同数学模型的基线解,其同步时段中任一三边同步环的坐标分量闭合差和全长闭合差按独立环闭合差要求检核。同步时段中的多边形闭合环可不重复检核。

(3)独立环闭合差的计算。无论采用单基线模式或多基线模式解算基线，都应在整个GNSS测量控制网中选取一组完全的独立基线构成独立环，各独立环坐标分量闭合差（W_X，W_Y，W_Z）和全长闭合差（W）应符合式(3-23)规定，即

$$\left.\begin{aligned}|W_X| &\leqslant 2\sqrt{n}\sigma_0\\ |W_Y| &\leqslant 2\sqrt{n}\sigma_0\\ |W_Z| &\leqslant 2\sqrt{n}\sigma_0\\ |W| &\leqslant 2\sqrt{3n}\sigma_0\end{aligned}\right\}\tag{3-23}$$

式中，n 为独立环中的边数；σ_0 为按平均边长计算的相应等级基线向量弦长中误差的绝对值。

(4)复测基线较差的计算。重复观测基线的边长较差（d_S）不得超过式(3-24)规定，即

$$|d_S| \leqslant 2\sqrt{2}\sigma \tag{3-24}$$

式中，σ 为相应等级基线向量弦长中误差的绝对值。

3)基线的补测与重测

无论何种原因造成一个控制点不能与两条合格独立基线相联结，则应在该点上应补测或重测不少于一条独立基线。可以舍弃在复测基线边长较差、同步环闭合差检验中超限的基线，但必须保证舍去基线后的独立环所含基线数，不得超过前述的规定。否则，应重测该基线或者有关的同步环。

4)无约束平差

在对基线质量检核符合要求后，以所有独立基线组成闭合图形，以三维基线向量及其相应方差、协方差矩阵作为观测值，以一个点 WGS-84 坐标系三维坐标为起算数据，进行三维无约束平差。三维无约束平差应提供各控制点在 WGS-84 坐标系下的三维坐标、各基线向量三维坐标差观测值的改正数、基线边长以及点位和边长的精度信息。

无约束平差中基线向量的改正数绝对值应满足式(3-25)规定，即

$$\left.\begin{aligned}|V_{\Delta X}| &\leqslant 3\sigma\\ |V_{\Delta Y}| &\leqslant 3\sigma\\ |V_{\Delta Z}| &\leqslant 3\sigma\end{aligned}\right\}\tag{3-25}$$

否则，认为该基线或附近存在粗差基线，应采用软件提供的方法或人工方法剔除粗差基线，直至符合式(3-25)的规定。

5)约束平差

在无约束平差确定的有效观测值基础上，在国家坐标系或城市坐标系下进行三维约束平差或二维约束平差。约束点的已知坐标、已知距离、已知方位可以作为强制约束的固定值，也可以作为加权观测值。

平差结果输出应有：在国家或城市独立坐标系中的三维或二维坐标；基线向量改正数、基线边长、方位；转换参数；坐标、边长、方位和转换参数的精度信息。

约束平差中，基线向量的改正数与剔除粗差后的无约束平差结果的同名基线相应改正数较差应符合式(3-26)规定，即

$$\left.\begin{aligned}|\mathrm{d}v_{\Delta x}| &\leqslant 2\sigma\\ |\mathrm{d}v_{\Delta y}| &\leqslant 2\sigma\\ |\mathrm{d}v_{\Delta z}| &\leqslant 2\sigma\end{aligned}\right\}\tag{3-26}$$

否则,认为作为约束的已知坐标、已知距离、已知方位与控制网不兼容,应采用软件提供的或人为的方法剔除某些误差较大的约束值(改为待定点),直至符合式(3-26)的规定。

(五)一、二级平面控制测量

一、二级平面控制测量既可以选择 GNSS 测量手段(一般选择快速静态作业方式),也可以选择常规的导线测量手段。

1. 一、二级 GNSS 测量

由于 GNSS 测量快速解算整周模糊度(fast ambiguty resolution approach,FARA)技术的成功应用,GNSS 测量快速静态作业模式得到了迅速发展,尤其是在进行短基线定位时,只需设站观测几分钟到几十分钟便可解算出整周模糊度,使得作业效率大为提高,采用双频接收机观测时效果更好。目前在加密控制测量中得到了广泛应用。

1)作业方法

快速静态作业时,一般在测区中部选择一个基准站,并安置一台接收机连续跟踪所有可见卫星;另一台接收机依次到各点流动设站,每个流动站上双频机观测 5～10 min,单频机观测 15 min 左右。接收机在流动过程中可以关闭电源。

2)布网特点

为了充分发挥快速静态定位作业速度快、效率高的特点,它的布网要求与静态布网有较大差别。另外,由于快速静态观测时间短,受各种条件环境的限制,难以避免可能存在某些系统误差和粗差,因而布网时要尽可能构成闭合图形检核条件。

当采用两台接收机作业时,其基本作业图形可以选择多边形环状网,如图 3-2 所示,两台接收机同步作业,交替迁站,构成首尾相接的多边形独立闭合环。也可选择单基准星状网,如图 3-3 所示,一台接收机固定不动,连续接收卫星信号,另一台接收机观测几分钟至几十分钟,快速流动迁站,构成辐射状独立基线,为增加检核,一般采取往返重复设站,以构成复测基线。

当采用三台接收机作业时,其基本作业图形同样可以选择单基准星状网,如图 3-3 所示,此时一台接收机固定不动,连续接收卫星信号,另两台接收机流动作业。这一图形的作业效率可比两台接收机的同一图形提高一倍。还可选择双基准菱状网,如图 3-4 所示。两台接收机固定不动,另一台接收机依次在流动点上观测。由于两基准站上是连续长时间观测,所以得到的同步环也可看成是准异步环,而构成一定的检核。

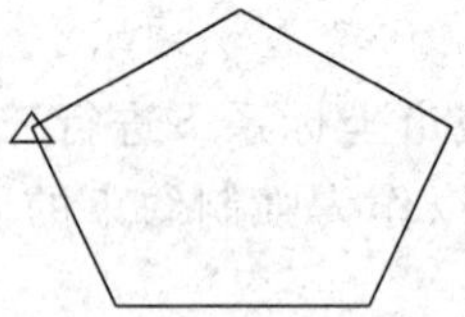
图 3-2 多边形环状网

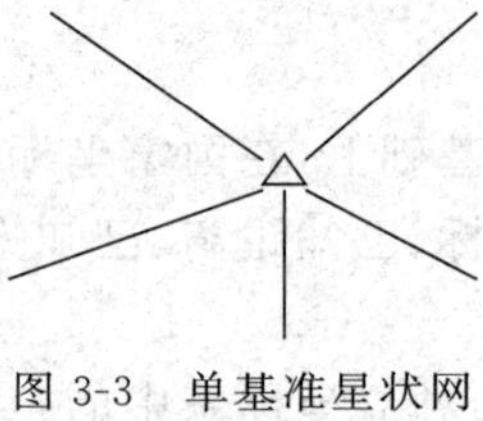
图 3-3 单基准星状网

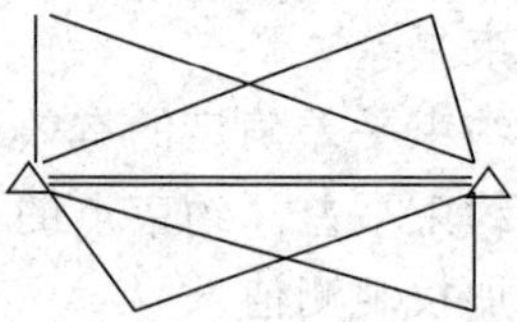
图 3-4 双基准菱状网

对于一、二级 GNSS 测量控制网,《卫星定位城市测量技术标准》(CJJ/T 73—2019)规定,构成的异步环边数均不得超过 10 条边。

3)数据处理

快速静态测量,同样采用严密平差方法进行所有基线向量的平差解算以及网平差计算。其中,涉及的验算项目同步环闭合差、异步环闭合差、复测基线较差的各项限差如表 3-7 所示,并应符合式(3-23)和式(3-24)规定。

表 3-7　一、二级网同步坐标分量和环线全长相对闭合差限差

限差类型	等　级	
	一级	二级
同步坐标分量相对闭合差/10^{-6}	9.0	9.0
环线全长相对闭合差/10^{-6}	15.0	15.0

4)定位精度

流动站相对于基准站的基线中误差可达±(5 mm+$10^{-6}D$),D 为基线长度,单位为 km。

2. 一、二级导线测量

在城镇地区,由于房屋密集、街道不太开阔,在地面进行 GNSS 测量往往具有一定的难度,而导线测量以其布设灵活、实施方便、适用范围广等特点仍然备受欢迎,成为比较现实的一种加密控制测量手段。

根据高级控制点的数量,导线测量可以选择单一附合导线形式或导线网形式。其主要工作是进行水平角观测和边长观测,采用全站仪施测导线时,可同时完成上述两种观测。

1)布设要求

一、二级导线布设时,其技术要求参见表 3-3,还应满足以下要求:

(1)尽量布设成直伸形状,点位分布力求均匀,相邻边长不宜超过 1∶3。

(2)当附合路线长度短于规定长度的 1/3 时,导线全长的绝对闭合差绝对值不应大于 13 cm;如果点位中误差要求为±10 cm 时,则不应大于 26 cm。

(3)当导线平均边长较短时,应控制导线边数。当导线长度小于表 3-3 规定长度的 1/3 时,导线全长的绝对闭合差绝对值不应大于 13 cm;当附合导线的边数超过 12 时,应适当提高测角精度。

(4)导线边沿线的地形应适合于电磁波测距,导线边两端点上测量的气象数据对整条测线要有较好的代表性。

(5)导线边沿线的地形应适合于测角,特别要注意避免旁折光而引起的系统误差影响。在山区,特别是在沿山谷布设导线时,导线点不应在谷底,而要选在稍高且远离山坡的地点上。

2)水平角观测

对于一、二级导线,应选用经检校后的 DJ2 型光学经纬仪或电子经纬仪,以规定的测回数和观测要求进行水平角(方向)测量。当只有两个方向时,可只测左角。当多于两个方向时,按方向观测法进行观测。

为了减少对中误差对测角的影响,导线测量时宜采用三联脚架法。

一、二级导线测量水平角观测技术要求如表 3-8 所示。

表 3-8　导线测量水平角观测技术要求

等级	仪器型号	测回数	坐标方位角闭合差/(″)	测角中误差/(″)
一级	DJ2	2	$\pm 10\sqrt{n}$	±5.0
	DJ6	4		
二级	DJ2	1	$\pm 16\sqrt{n}$	±8.0
	DJ6	3		

注:n 为测站数。

凡测站限差超限的成果均应进行重测。重测数按需重测的基本方向测回数计算。因对错

度盘、测错方向以及不完整的测回,均不计入重测数。当重测数超过总基本方向测回数 1/3 时,该测站成果应全部重测。总基本方向测回数 $N=(n-1)\times m$,其中,n 为方向数,m 为规定的测回数。

平面控制网的点位以标石中心为准。在进行观测水平方向(角度)时,要求测站上的仪器中心与标石中心应在同一铅垂线上,同时还要求照准点目标中心与标石中心也应在同一铅垂线上,即所谓"三心"一致。只有这样,测站上所观测的方向观测值才是两控制点标石中心连线的方向观测值。但由于各种原因影响,尤其是涉及觇标观测时往往难以达到上述"三心"一致。这样就有可能导致仪器中心偏离测站标石中心,称为测站点偏心;照准目标中心偏离标石中心,称为照准点偏心。因此,要对方向观测值进行归心改正(计算归心改正数),为此必须测定归心元素。测定归心元素的方法有图解法和直接法。

3)边长观测

一、二级导线主要使用相应精度的光电测距仪或全站仪进行边长观测。光电测距仪和全站仪的精度等级一般依出厂的标称精度,按每千米测距中误差 m_D 的大小划分为两级,即

Ⅰ级:$|m_D|\leqslant 5$ mm

Ⅱ级:5 mm$<|m_D|\leqslant 10$ mm

其中,$m_D=\pm(a+bD)$(标称精度公式)。a 为测距仪标称精度中的固定误差(单位为 mm),b 为测距仪标称精度中的比例误差系数(单位为 mm/km),D 为测距边长(单位为 km)。

(1)技术规定。

光电测距有关技术规定如表 3-9 所示。

表 3-9 光电测距技术规定

等级	测距仪等级	测回数	一测回读数较差/mm	各测回间较差/mm	往返或不同时间段较差
一、二级	Ⅰ级,Ⅱ级	2	10	15	$\sqrt{2}(a+bD)$

注:在首级平面控制网光电测距中,电照准 1 次,读 4 次数称为一测回。

(2)气象数据的测定。

在利用光电测距仪或全站仪进行距离测量时,应同时由气压计和温度计测定气压和气温等气象数据,以便进行距离的气象改正。测定气象数据的主要规定如表 3-10 所示。

表 3-10 测定气象数据的主要规定

等级	最小读数		测定时间间隔	气象数据的取用
	温度/(℃)	气压/mmHg		
一、二级	0.5	1.0	每边测定一次	观测一端的数据

注:我国现行法定的气压单位为 Pa(帕),1 mmHg=133.3 Pa。

(3)测距边两端高差的测定。

由于光电测距测定的边长值是斜距,为了进行倾斜改正,需要测定测距边两端仪器中心至反光镜中心间的高差。一般可采用对向三角高程测量测定高差,但其高差值不得超过 $8S/T\times10^3$(S 单位为 m),其中,S 为边长,T 为测距相对中误差的分母值。同时,对向三角高程测量往返高差之较差 δ_h 也应不大于 $0.1S\times10^{-3}$(S 单位为 m)。

如采用水准测量测定高差时,则高差值不受限制。

当采用观测垂直角的方法进行斜距倾斜改正时,应顾及球气差的联合影响。

4)导线测量验算

一、二级导线测量验算的目的在于对观测成果进行全面的质量检核,确保外业观测成果的质量,为后续平差计算做好准备。

一、二级导线测量验算的项目主要包括以下内容。

(1)附(闭)合导线坐标方位角闭合差 f_β 计算

$$\left.\begin{aligned}&\text{附合导线}:f_\beta=\alpha_1+\sum_1^n\beta_{i(\text{左})}-n\times180^\circ-\alpha_2\\&\text{闭合导线}:f_\beta=\sum_1^{n'}\beta_{i(\text{内})}-(n'-2)\times180^\circ\end{aligned}\right\}\tag{3-27}$$

式中,n 为附合导线转折角个数;n' 为闭合导线内角个数;α_1、α_2 为附合导线两端已知坐标方位角。

(2)导线测角中误差 m_β 计算

$$m''_\beta=\pm\sqrt{\frac{1}{N}\left[\frac{f_\beta f_\beta}{n}\right]}\tag{3-28}$$

式中,f_β 为附合或闭合环形导线的坐标方位角闭合差;n 为计算 f_β 时的相应测站数目;N 为 f_β 的个数。

一般按附合导线或闭合环形导线的坐标方位角闭合差来计算 m_β,其值应满足表 3-8 的规定。

(3)导线坐标条件闭合差 f_x、f_y 计算。

当导线闭合或附合于高级控制点时,其坐标条件闭合差 f_x、f_y 见式(3-29) 和式(3-30)。

闭合导线为

$$\left.\begin{aligned}f_x&=\sum(S\cos\alpha)\\f_y&=\sum(S\sin\alpha)\end{aligned}\right\}\tag{3-29}$$

附合导线为

$$\left.\begin{aligned}f_x&=x_1+\sum(S\cos\alpha)-x_2\\f_y&=y_1+\sum(S\sin\alpha)-y_2\end{aligned}\right\}\tag{3-30}$$

式(3-29)和式(3-30)中,x_1、y_1、x_2、y_2 为已知高级点坐标值;S 为边长;α 为各边方位角。

进一步可以计算出导线的全长闭合差 f_S,则

$$\left.\begin{aligned}f_S&=\sqrt{f_x^2+f_y^2}\\f_S/\sum S&<1/T\end{aligned}\right\}\tag{3-31}$$

式中,$\sum S$ 为导线总长;$1/T$ 为该等级导线规定的全长相对闭合差。

5)导线平差计算

一、二级导线一般采用严密平差方法进行平差计算。平差后进行精度评定,其中包括单位权中误差、最弱相邻点点位中误差、最弱边的边长及方位角中误差等。

导线平差时,应合理地对边、角(方向)观测值定权,使边角权合理匹配。否则,会出现平差结果不太合理,甚至会造成控制网的变形和精度损失。由于上述观测值具有不同的量纲,因

此,如何在同一平差问题中对两种观测量确定一组合理的权,使之匹配合理,是平差中十分重要的问题。目前最常用的定权方法是高斯法,即 $p_\beta = C/m_\beta^2$,$p_s = C/m_s^2$。其中,C 为任意常数,m_β 为测角中误差,m_s 为测边中误差。

利用计算机进行平差计算时,应选择经过鉴定、功能齐全的平差软件。对数据的输入应进行仔细核对,计算的打印成果应进行校验。打印的平差成果应包括起始数据、方位角、边长、坐标、方向改正数、点位中误差、边长相对中误差及方向中误差、点位相对中误差。

二、高程控制测量

随着"数字城市"工程建设的逐步推进,建立三维不动产的要求越来越迫切。尤其在城市当中,地铁、人防、地下建筑等地下工程的规模越来越大,对于不动产三维边界的界定变得尤为重要。为使不动产成果更好地满足多部门利用需求,建立不动产高程控制网十分必要。

按照《地籍调查规程》(TD/T 1001—2012)要求,首级高程控制网点可采用水准测量、三角高程测量等方法施测。原则上,只测设四等或等外水准点的高程。在首级高程控制网中,最弱点的高程中误差绝对值相对于起算点不应大于 2 cm。高程控制测量成果采用 1985 国家高程基准。

(一)四等水准测量

四等水准测量的主要技术要求应遵照国家和城市相应等级水准测量规范的规定执行。这些技术要求包括所用仪器、测站观测与计算规定、测段往返不符值、附合线路或环线长度,每千米高差中数的偶然中误差 m_Δ 及全中误差 m_W 等。

我们知道,用水准测量测定高差的精度受到水准测量中偶然误差(水准尺读数误差、水准管居中误差、补偿摆的置平误差等)和系统误差(仪器误差、系统性折光误差等)的影响。高差中误差 m_h 的表达式为

$$m_h^2 = \varepsilon^2 L + \delta^2 L^2 \tag{3-32}$$

式中,ε 为单位长度的偶然中误差;δ 为单位长度的系统误差;L 为两水准点间距离(单位为 km)。在城市水准测量中,水准点的间距较短,且为方便计,水准测量两点间高差的精度为

$$m_h = M\sqrt{L} \tag{3-33}$$

式中,M 为每千米的高差中误差(单位为 mm)。设以每千米的高差中误差 M 为单位权中误差,则水准路线的权为

$$P = 1/L \tag{3-34}$$

在各等水准测量中,两水准点之间的高差需要进行往返观测并取其平均值作为观测值。如果水准点间距离较长,则应分测段进行往返观测。因此各等水准测量的精度用每千米的往返测高差中数的中误差来衡量,并根据式(3-33)规定各等水准测量的往返测高差的容许值以及闭合或附合线路的容许闭合差。

往返测高差之差及线路闭合差属于真误差,根据若干条测段的往返差值或若干线路的闭合差,可按式(3-35)求得单位权中误差为

$$m_0 = \sqrt{\frac{[p\varepsilon\varepsilon]}{n}} \tag{3-35}$$

式中,ε 为观测值真误差;p 为观测值的权;n 为观测值个数。

根据实测资料的统计分析,在水准测量中,大部分的偶然误差能反映在短距离(如一个测段)的往返测的差值中;在长距离(例如闭合环线或附合线路)中,系统误差在闭合差中可能有

所反映。因此，用式(3-35)根据测段间往返测高差之差Δ可以求得水准测量的每千米高差中数的偶然中误差m_Δ；根据环线或附合路线的闭合差W，可以求得水准测量每千米高差中误差的全中误差(即偶然误差与系统误差的联合影响)m_W。

设以1 km的单程水准测量的权为1，第i测段的长度为R_i(单位为km)，则单程观测的权为$\frac{1}{R_i}$，往返测差值的权为$\frac{1}{2R_i}$，则式(3-35)中

$$[p\varepsilon\varepsilon]=\frac{1}{2}\left[\frac{\Delta\Delta}{R}\right] \tag{3-36}$$

设有n个测段，则每千米单程观测的高差偶然中误差为

$$\sqrt{\frac{[p\varepsilon\varepsilon]}{n}}=\sqrt{\frac{1}{2n}\left[\frac{\Delta\Delta}{R}\right]} \tag{3-37}$$

因此，每千米往返测高差中数的偶然中误差应为

$$m_\Delta=\sqrt{\frac{1}{4n}\left[\frac{\Delta\Delta}{R}\right]} \tag{3-38}$$

设第i个闭合环线或附合线路的长度为F_i(单位为km)，而闭合差W_i是包含偶然误差与系统误差的真误差。此时式(3-36)中

$$[p\varepsilon\varepsilon]=\left[\frac{\omega\omega}{F}\right]$$

设有N个环线或符合线路，则每千米高差中数的全中误差为

$$m_W=\sqrt{\frac{1}{N}\left[\frac{\omega\omega}{F}\right]} \tag{3-39}$$

对于四等水准来说，其主要技术指标要求如表3-11所示。

表3-11　四等水准测量主要技术指标　单位：mm

等级	每千米高差中数中误差		测段、区段、路线的往返测高差不符值	测段、路线的左右路线高差不符值	附合路线或环线闭合差		检测已测段高差之差
	偶然中误差 m_Δ	全中误差 m_W			平原、丘陵	山区	
四等	≤5	≤10	$\pm 20\sqrt{L_S}$	$\pm 14\sqrt{L_S}$	$\pm 20\sqrt{L}$	$\pm 25\sqrt{L}$	$\pm 30\sqrt{L_i}$

注：1. L_S为测段、区段或路线长度(单位为km)，L为附合路线或环线长度(单位为km)，L_i为检测测段长度(单位为km)。
2. 山区：指路线中最大高差大于400 m的地区。

(二)等外水准测量

等外水准测量适用于平坦地区，在不动产首级控制测量中主要对应于平面控制测量的一、二级点，一般不单独布设新的等外水准点位。其水准路线应起闭于国家等级水准点。等外水准测量采用单程观测法，支线水准应采用往返观测或单程双测的方法施测。

等外水准测量的观测限差不应超过表3-12的规定。

表3-12　等外水准测量的观测限差

同一标尺读数之差/mm	两读数高差之差/mm	一站之前后视距差/m	前后视距差总和/m	视线最低高度/m
4	6	20	100	0.2

等外水准测量的施测精度应按表 3-13 的规定。

表 3-13 等外水准测量的施测精度

地形类别	路线全长/km			附合路线或闭合路线高差闭合差/mm	仪器至标尺距离/m
	附合	单结点	支线		
平地、丘陵地	12	9	3	$<30\sqrt{L}$	<100
山地	20	15	6	$<45\sqrt{L}$	<100

注:当平地、丘陵地采用 1 m 以上基本等高距测图时,路线总长可适当放长;L 为附合路线或闭合路线总长,单位为 km。

四等和等外水准测量施测的技术要求还包括所用仪器设备、选点埋石、测站观测、记录和计算、测站和线路检核、路线长度等,国家和城市相应等级水准测量规范上均已详细规定,在进行这些等级水准测量时按相应的规定执行即可,这里不再展开阐述。

(三)三角高程测量

随着全站仪的普遍应用,无论是测距精度还是竖直角测量精度都有较大的提高。根据仪器精度和经过技术设计,三角高程测量可以代替三、四等水准测量,而在跨越河流、湖泊及障碍物传递高程时可代替二等水准测量。

三角高程测量可布设成附合或闭合的高程线路,使其能测定有觇标的或位于楼顶、山顶等高处的控制点高程。无论采用对向观测法或隔点设站法施测,都应对线路边长长度和垂直角大小作出限制。

用三角高程测量测定两点间高差计算公式为

$$h_{AB}=S_{AB}\sin\alpha_{AB}+\left(\frac{1-K}{2R}\right)D_{AB}^{2}+i_{A}-l_{B} \tag{3-40}$$

式中,h_{AB} 为高差;S_{AB} 为 A、B 两点间斜距;α_{AB} 为视线的竖直角;R 为起点 A 水准面的曲率半径;K 为大气折光系数;D_{AB} 为平距;i_{A} 为仪器高度(须用专用量杆,非一般小钢尺);l_{B} 为棱镜高。

对式(3-40)求微分,并转为中误差公式为

$$m_{h_{AB}}^{2}=\sin^{2}\alpha_{AB}\cdot m_{\alpha}^{2}+\left(\frac{D_{AB}}{\rho}\right)^{2}m_{\alpha}^{2}+\left(\frac{D_{AB}}{2R}\right)^{2}m_{h}^{2}+m_{i}^{2}+m_{l}^{2} \tag{3-41}$$

式中,$\rho=206\ 265$。

由于 α_{AB} 角一般较小,因此测距误差对测定高差的影响是微小的。如果采用专用对中杆量取仪器高和棱镜高,其误差可优于±1 mm。竖直角与大气垂直折光系数误差两项为主要误差来源,它们分别与距离及距离平方成正比。因此,要保证一定的高差测定精度,除保证竖直角观测精度外,还应限制边长和采取措施削弱大气折光变化的影响。

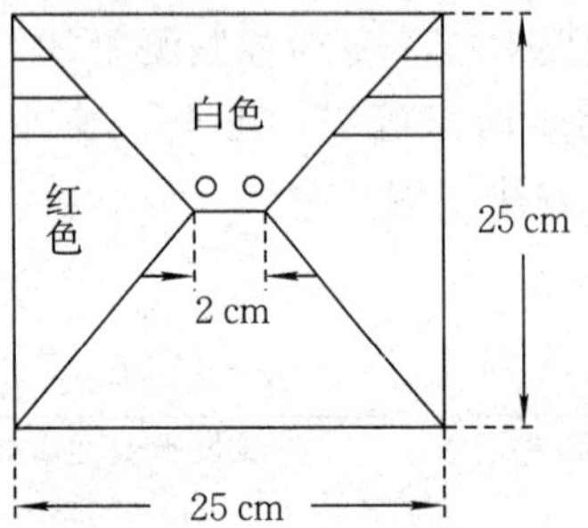

图 3-5 觇牌示意

为了保证垂直角观测精度,当边长大于 500 m 时,可参考采用如图 3-5 所示的觇牌,觇牌上部的两个孔可使觇牌定在棱镜的螺钉上。觇牌由白色有机玻璃制成。觇牌中心应与棱镜中心位置一致。

为了削弱大气垂直折光影响,常采用一些提高精度的方案与措施,如常用的对向观测法和隔点设站法(中间法)等。以对向观测法为例,它对竖直观测的测回数、指标差较差、测回间较差、对向观测高差较差等均应作出设计。表 3-14 给出了三角高程测量的观测限差值。

表 3-14　三角高程测量观测限差

等级	边长测定			竖直角观测		高差			
	测回读数间较差/mm	测回间较差/mm	往返测较差/mm	指标差较差/(″)	测回间较差/(″)	每千米高差中数中误差/mm	对向高差较差/mm	单程双测较差/mm	附(闭)合路线闭合差/mm
三等	±5	±7	$\pm 2(a+bD)$	±8	±8	±6	±35	±8	±12
四等	±10	±15	$\pm 2(a+bD)$	±8	±8	±10	±45	—	±20
图根	±20	±30	—	±15	±15	±20	±70	—	±40

注：边长往返测较差必须将斜距化为平距；$(a+bD)$ 为测距仪标称精度；D 为测站间平距，单位为 km。

测区大气竖直折光系数 K 值计算式为

$$K=1+\frac{R}{D_{AB}^{2}}[(S_{AB}\sin\alpha_{AB}+S_{BA}\sin\alpha_{BA})+(i_A-l_B)+(i_B-l_A)] \tag{3-42}$$

则对向观测高差 h_{AB} 为

$$h_{AB}=\frac{1}{2}\left[D_{AB}\tan\alpha_{AB}-D_{AB}\tan\alpha_{BA}+(i_A-l_B)-(i_B-l_A)-\frac{k_{AB}-k_{BA}}{2R}D_{AB}^{2}\right] \tag{3-43}$$

对向观测时，利用各边对向高差的差值按式(3-38)计算每千米高差中数偶然中误差 m_Δ，利用各闭合环高差闭合差值式(3-39)计算每千米高差中数全中误差 m_W。权与距离平方成反比，即 $P=1/D^2$。若边长仅数百米时，才可将高差的权看作与边长成反比。

假设用 DJ2 全站仪观测竖直角 α 为 4 个测回，可估计 $m_\alpha=\pm 2''$，设 $m_K=\pm 0.05$，则此两项引起两点间每千米高差中误差如表 3-15 所示。

表 3-15　两点间每千米高差中误差

D/m	300	500	700	1 000	1 500	2 000
m_h /mm	±5.35	±7.00	±8.14	±10.46	±11.34	±12.48

由表 3-15 可以看出，在测角精度，且为单向观测时，三角高程测量要达到四等水准测量的精度（$|m_W|\leqslant 10$ mm），则平距不应超过 1 km；要达到三等水准测量的精度（$|m_W|\leqslant 6$ mm），则平距不应超过 400 m。如果是对向观测高差，则平距还可放长至 1.4 倍。目前不少全站仪的测角精度已达±1.0″或±1.5″，甚至更高，若选择适当观测条件，达到更高的精度也是可能的。但在实际作业中，应适当留有余地。

应当指出，当用全站仪布设一、二级导线时，在水平角观测和距离测量的同时，能以较高的精度观测垂直角和量取仪器高、觇牌高，因此可以在建立平面控制网的同时，建立达到三、四等水准测量精度的高程控制网。这些具有精确高程的平面控制点又可作为高程控制点，这样的控制网称为平高同测网，它是今后低等级不动产控制测量的发展方向。

(四)GNSS 拟合高程

基线向量网经过三维无约束平差，确定了观测点间的大地高高差。综合利用 GNSS 定位资料和水准测量资料可以确定高程异常和正常高高程。

1. 由 GNSS 测量和水准测量共同确定高程异常

GNSS 定位测得某点的大地高 H 是以 WGS-84 椭球的椭球面作为基准面。而我国现在采用的正常高系统 H_γ，是以似大地水准面作为基准面。两个基准面之间的差异就是高程异

常 ξ，其间关系为

$$H = H_{\gamma} + \xi \tag{3-44}$$

由 GNSS 相对定位所确定的三维基线向量中可获得大地高高差 ΔH，如果两点间又通过水准测量测得正常高高差 ΔH_{γ}，则可确定两点 i、j 间高程异常之差

$$\Delta\xi_{ij} = \Delta H_{ij} - \Delta H_{\gamma_{ij}} \tag{3-45}$$

如果以 ξ_0 表示参考点的高程异常，根据上述高程异常之差可以确定任一点 k 的高程异常，其一般形式为

$$\xi_k = \xi_0 + \sum_{i=0}^{k-1} \Delta\xi_{i(i+1)} \tag{3-46}$$

于是，按式(3-44)即可确定任一点的正常高高程。

不过，为描述似大地水准面的细微变化，仅有少量的 GNSS 观测点是不够的。它需要相当密度且布设均匀的观测点，同时必须有精密水准测量资料相配合，目前来看尚有一定困难。但是可以预料，随着 GNSS 定位技术的发展，布设足够密度和精度的 GNSS 观测点不难实现。所以通过 GNSS 定位来确定似大地水准面的准确位置，是一种较好的方法。

2. 用曲面拟合法拟合似大地水准面

假设测区内已有部分 GNSS 观测点具有精密水准高程，则可按式(3-44)或式(3-45)计算出这些点的高程异常。为叙述方便，以下将这些已知高程异常的点称为已知点。若测区内已知点的数量足够且分布均匀，则可通过数学模型来近似拟合出测区的似大地水准面形状，进而推算出测区内其他 GNSS 观测点的高程异常和正常高高程。下面介绍利用多项式曲面拟合法确定测区高程异常的方法。

设基线向量网经三维无约束平差后，获得的已知点大地高程为 H_i，正常高为 H_{γ_i}，则这些已知点的高程异常为

$$\xi_i = H_i - H_{\gamma_i} \quad (i = 1, 2, \cdots, m) \tag{3-47}$$

取参考点为“重心点”$P_0(x_0, y_0)$，则二次曲面函数高程异常曲面拟合的模型可以写为

$$\xi_i = \alpha_0 + \alpha_1\Delta x_i + \alpha_2\Delta y_i + \alpha_3\Delta x_i^2 + \alpha_4\Delta y_i^2 + \alpha_5\Delta x_i\Delta y_i - \varepsilon_i \tag{3-48}$$

式中，$\Delta x_i = x_i - x_0 = x_i - \sum_1^n x_i/n$；$\Delta y_i = y_i - y_0 = y_i - \sum_1^n y_i/n$；$n$ 为测区内观测点总数，m 为已知点数，一般 $n > m$。这样，根据 m 个已知点的 ξ_i 就可以拟合确定式(3-48)中的系数 α。由于 m 的数量不等，可区分为三种情况：

(1)当 $m = 6$ 时，取 $\varepsilon_i = 0$，通过解方程组直接确定 6 个 α 系数。

(2)当 $m > 6$ 时，可用最小二乘原理求解拟合系数

$$\boldsymbol{\alpha} = (\mathbf{A}^{\mathrm{T}}\mathbf{A})^{-1}\mathbf{A}^{\mathrm{T}}\boldsymbol{\xi} \tag{3-49}$$

式中，$\boldsymbol{\alpha} = [\alpha_0\ \alpha_1\ \alpha_2\ \cdots\ \alpha_5]^{\mathrm{T}}$，$\boldsymbol{\xi} = [\xi_1\ \xi_2\ \cdots\ \xi_m]^{\mathrm{T}}$

$$\mathbf{A} = \begin{bmatrix} 1 & \Delta x_1 & \Delta y_1 & \Delta x_1^2 & \Delta y_1^2 & \Delta x_1 y_1 \\ 1 & \Delta x_2 & \Delta y_2 & \Delta x_2^2 & \Delta y_2^2 & \Delta x_2 y_2 \\ \vdots & \vdots & \vdots & \vdots & \vdots & \vdots \\ 1 & \Delta x_m & \Delta y_m & \Delta x_m^2 & \Delta y_m^2 & \Delta x_m y_m \end{bmatrix}$$

(3)当 $m < 6$ 时，应去掉二次项拟合参数 α_3、α_4、α_5，采用平面模型拟合

$$\xi_i = \alpha_0 + \alpha_1\Delta x_i + \alpha_2\Delta y_i - \varepsilon_i \tag{3-50}$$

按照式(3-48)求得拟合参数后，即可确定任一点 k 的高程异常

$$\xi_k=\alpha_0+\alpha_1\Delta x_k+\alpha_2\Delta y_k+\alpha_3\Delta x_k^2+\alpha_4\Delta y_k^2+\alpha_5\Delta x_k\Delta y_k$$

随着 GNSS 相对定位技术的广泛应用，其精度不断提高，GNSS 高程测量将给常规的高程测量注入新的内容，开辟新的途径。目前 GNSS 高程测量在困难地区已经代替了三、四等水准测量。

§3-4　不动产图根控制测量

为满足不动产要素测量及日常不动产权籍管理的需要，应在测区首级平面控制网(点)基础上，加密布设图根控制网。

目前图根控制测量一般可采用 GNSS 快速静态测量、GNSS 实时动态(real-time kinematics，RTK)测量、光电测距图根导线测量以及各种交会定点等方法。周围视野开阔的图根点首选采用 RTK 方法施测，在建筑物密集或卫星信号被遮蔽严重的地区，一般采用光电测距导线的方法进行施测。

一、图根控制测量特点

图根控制网在精度上应满足以±5 cm(或±7.5 cm)精度测量界址点坐标的要求，所以布网规格(点位精度、密度)与测图比例尺大小基本无关，而地形测绘的图根控制网布设规格由当时的测图比例尺决定。

图根控制网点位密度首先要满足测量不动产要素点位置的需要，因此几乎所有的道路上都要铺设不动产图根导线。而地形测绘的图根控制点密度，只需满足当时比例尺测图的需要。所以，前者的点位密度比后者要高些。

图根控制网不仅要为当前的不动产要素测量服务，还必须为日常不动产权籍管理服务，所以不动产图根控制点上应尽可能埋设永久性或半永久性标志，一般要求图幅内每个方格网(10 cm×10 cm)不少于 3 个点(含图根以上等级点)。同时，为了今后使用方便，应提交不动产图根控制点成果，并应有点位描述，附有图根点网图。而地形测绘的图根控制点，原则上不必长久保存，点位上大多只作临时性标志。

二、图根控制测量方法

不动产图根控制测量可采用 GNSS 实时动态定位方法、GNSS 快速静态定位方法或导线测量方法以及各种交会定点等方法。GNSS 快速静态测量内容参见§3-3。

(一)GNSS RTK 测量

GNSS RTK 测量是以载波相位观测量为基础的实时差分 GNSS 测量技术，它是当代 GNSS 测量技术发展中的一个新突破。正是由于 RTK 技术在精度、速度和经济效益等方面都大大地优于目前的常规测量技术与方法，目前正逐渐发展成为地籍测量工作中的主导技术手段与方法。

根据 GNSS 动态差分定位技术的发展现状，GNSS RTK 测量系统可以分为常规 RTK 测量系统(也即单基站 RTK 测量)和网络 RTK 测量系统。

1. 常规 RTK 测量系统

(1)常规 RTK 测量系统构成。

常规 RTK 测量系统是实现实时动态定位技术的硬软件环境，主要由卫星信号接收系统、数据传输系统和软件解算系统三部分构成。

在卫星信号接收系统中，应至少包含两台 GNSS 接收机，分别安置在基准站和流动站上。当基准站同时为多用户服务时，应采用双频接收机。数据传输系统(数据链)是由基准站的数据发射装置与流动站数据接收装置组成，它是实现实时动态测量的关键性设备，其稳定性依赖于高频数据传输设备的可靠性与抗干扰性。软件解算系统对于保障实时动态测量结果的精确性与可靠性具有决定性的作用。以载波相位为观测量的实时动态测量，其主要问题在于，载波相位初始整周未知数的精密确定，流动观测中对卫星的连续跟踪，以及失锁后的重新初始化问题。目前，由于快速解算和动态解算整周未知数技术的发展，为实时动态测量的实施奠定了基础。

(2)常规 RTK 工作原理。

常规 RTK 的基本原理是在基准站上安置一台接收机，对所有可见导航卫星进行连续地观测，并将其观测数据，通过无线电传输设备，实时发送给用户观测站。在流动站上，接收机在接收卫星信号的同时，通过无线电接收设备，接收基准站传输的观测数据，然后根据相对定位的原理，实时地计算并显示用户站的三维坐标及其精度，如图 3-6 所示。

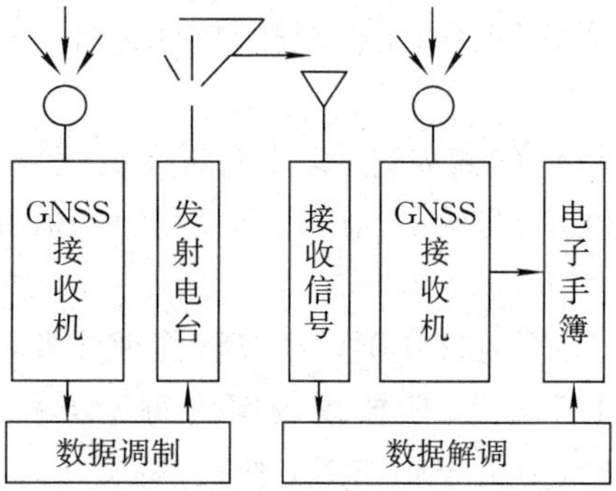

图 3-6　常规 RTK 作业示意

常规 RTK 技术同传统测量方法以及 GNSS 静态和快速静态测量等模式相比，具有明显的优势。其主要表现在布点方式灵活、节省费用、观测效率高、能实时获取高精度测量成果。

在具体作业中应注意以下事项：①基准站至流动站的距离应小于 20 km；②求取地方坐标转换参数的重合点应当分布较均匀，并且整个测区应当位于重合点连线所封闭的几何图形之内；③基准站应尽量选择在地势较高，对天通视良好的地点，以免有障碍物遮挡卫星信号。

2. 网络 RTK 测量系统

(1)网络 RTK 系统的由来。

常规 RTK 技术虽然具有明显的优点，但也存在着一些无法克服的缺点。如流动站与参考站之间的作业距离受到限制，RTK 定位误差随着距离增加而变大，初始化时间会成倍增加，用户不得不频繁地建立参考站，导致生产效率低下，而且没有完整的数据监控功能，无法消除 GNSS 测量过程中的系统误差和粗差。因此，多基站、网络式 RTK 技术应运而生。

在某一区域内建立多个(一般为三个或三个以上) GNSS 基准站和若干数据中心站，对该地区构成网状覆盖，通过数据处理中心来计算和发播改正信息，对该地区内的用户进行实时改正，这种定位方式称为 GNSS 网络 RTK，也即多基准站 RTK，现在又称为连续运行参考站(CORS)系统。

(2)网络 RTK 测量系统的构成。

网络 RTK 测量系统包括四个主要部分：数据采集子系统、数据传输子系统、数据处理与控制中心、移动站用户子系统，如图 3-7 所示。

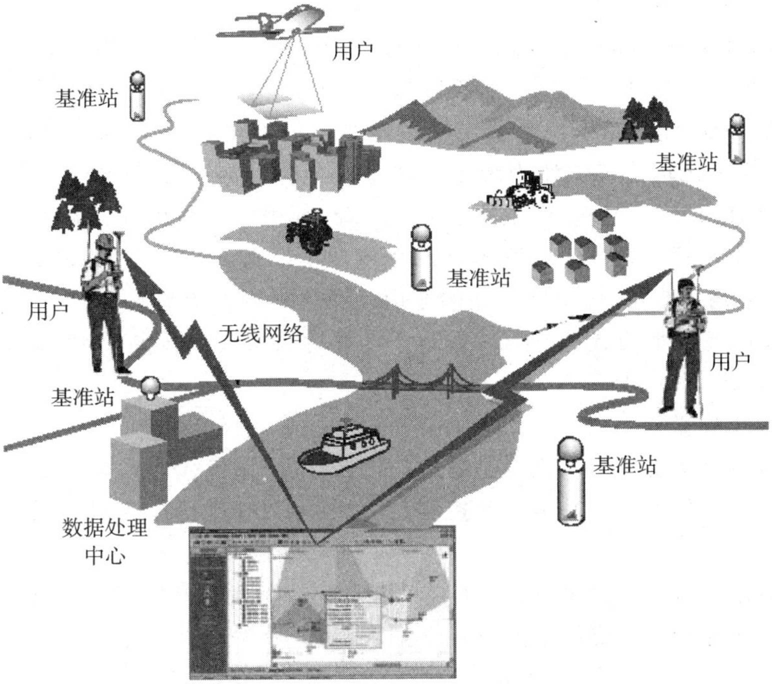

图 3-7　网络 RTK 系统

数据采集子系统就是基准站子系统，主要由基准站、接收机、卫星天线、数据处理服务器几个部分组成，它是网络化 GNSS 测量系统的主要组成部分，必须保证其功能的实现，并达到规定的技术指标。基站之间的距离一般为 40～50 km。各基准站通过不间断地接收 GNSS 卫星信号，产生高质量、连续的载波相位、伪距和广播星历等数据，在系统覆盖区域内实现高精度差分定位等功能。

数据传输子系统负责整个系统之间的数据通信，由于网络化 GNSS 测量系统数据流量较大，实时性要求较高，且要求 24 小时全天候运行。不间断的数据传输以系统控制与数据处理中心为中枢，以基准站和移动站用户为终端。

数据处理与控制中心子系统是整个数据传输与处理分析系统的技术主体，担负网络日常运行监控和常规数据处理与分析的任务，并直接服务于网络完好性监测的需要；同时，将为社会各界提供各类的卫星定位相关数据。

移动站用户子系统为用户提供最终的定位信息，根据不同的定位需求可以选择不同的设计方案，如高精度定位需求要求具有 RTK 功能的双频接收机，而普通的导航用户仅需一般的导航型接收机配合无线数据传输手段即可。

(3)网络 RTK 测量方法。

利用 CORS 系统的 RTK 功能可以获得平面优于±5 cm，垂直优于±10 cm 的点位精度，测定方法如下：①采用无线电调制解调器拨号，拨叫 CORS 接入号码或采用无线数字通信方式连接服务器；②流动站卫星天线保持稳定，进行初始化工作，获得固定解后在待测点上稳定观测 2～5 s，并记录观测数据，也可多次观测取平均值以提高点位精度；③如果不能顺利初始化，可将流动站天线移到观测条件好的地点进行初始化，然后移动到待测点进行观测，如果初始化失败,则需重新初始化直至获得固定解为止。

3. RTK 图根测量技术规定

(1)可采用 RTK 方法布设图根点。保证每一个图根点至少与一个相邻图根点通视。

(2)为保证 RTK 测量精度,应有有效检核。检核方法有两种:①每个图根点均应有两次独立的观测结果,两次测量结果的平面坐标较差绝对值不得大于 3 cm、高程的较差绝对值不得大于 5 cm,在限差内取平均值作为图根点的平面坐标和高程;②在测量界址点和测绘地籍图时采用全站仪对相邻 RTK 图根点进行边长检查,其检测边长的水平距离的相对误差不大于 1/3 000;若在全站仪设站点上可观测到两个或两个以上 RTK 图根点时,还宜观测其夹角,与 RTK 解算的夹角进行比对,角度较差的差值绝对值不应大于 60″。

(3)RTK 图根点测量的选点、埋石、观测和计算等技术要求按照《全球定位系统实时动态测量(RTK)技术规范》(CH/T 2009—2010)执行。

(二)图根导线测量

城镇建成区或其他卫星信号被严重遮蔽的地区,可采用导线形式布设不动产图根控制网。

图根导线测量依据各等级基本平面控制点,可分为两级进行布设,布设形式为附(闭)合单导线或结点导线网。

图根导线点用木桩或水泥钢钉作为标志,其数量以能满足界址点测量和地籍图测量的要求为准。图根导线测量的主要技术限值要求如表 3-16 所示。

表 3-16 图根导线测量的主要技术限值要求

级别	导线总长度/km	平均边长/m	测回数		测回差/(″)	方位角闭合差/(″)	导线全长相对闭合差	坐标闭合差/m	测角中误差/(″)
			DJ2	DJ6					
一级	1.2	120	1	2	18	$\pm 24\sqrt{n}$	1/5 000	0.22	±10
二级	0.7	70		1		$\pm 40\sqrt{n}$	1/3 000	0.22	±20

注:① n 为测站数。②导线总长度少于 500 m 时,相对闭合差分别降为 1/3 000 和 1/2 000,但坐标闭合差不变。电磁波测距导线可按需要自行设计,但精度不得低于本表的规定。③导线上相邻的短边与长边边长之比不小于 1/3。④如导线总长超限或测站数超限,则其精度技术指标应做相应的提高。⑤因受地形限制图根导线无法附合时,可布设图根支导线,支导线总边数不超过 2 条边,总长不超过起算边的 2 倍。支导线边长往返观测,角度一测回。

图根导线的边长测量采用光电测距方法。每条边观测一测回,读 2 次数。对于Ⅰ级、Ⅱ级测距仪器两次读数差应小于 10 mm。距离观测值中,应加入仪器的加常数改正、乘常数改正、气象改正和倾斜改正。在地势平坦的测区,也可以采用钢尺量距的方法。

图根导线的角度测量,一般采用 DJ6 光学经纬仪施测,观测前进方向的左角。由于图根导线边长较短,在角度测量时应特别注意仪器对中和目标的照准,同时要认真仔细地观测与已知控制点的连接角。

如果采用电子全站仪观测图根导线,该项工作将变得十分简便灵活。

(三)图根高程测量

一般采用图根水准、图根三角高程、GNSS 高程拟合等方法进行图根高程测量。

图根水准路线应起闭于基本高程控制点,布设成附合路线、闭合环或结点网。其路线长度不应大于 5 km,每千米高差中数全中误差绝对值应小于 20 mm,往返较差或附合路线、环线闭合差绝对值应小于 40 mm 。

图根高程测量一般情况下与图根导线测量同时进行，即用电磁波测距（EDM）三角高程测量方法代替图根水准测量，作业时，距离可以用Ⅱ级测距仪观测 4 测回，每边测定气象元素。竖直角用单丝法对向观测两测回，仪器高和棱镜高每站应量两次，读至 2 mm，取中数。其余观测限差见表 3-14。

GNSS 高程拟合一般与 RTK 平面测量同步进行，要求见本节“GNSS RTK 测量”。

三、图根控制测量的平差和验算

(一)平差

对于图根导线测量可采用近似平差方法。角度取到秒，边长和坐标取到 0.01 m。对于 GNSS RTK 测量方法，基线解算和坐标转换由接收机内置软件自动完成并实时显示，而转换参数的计算和方法选择需要用户操作。

(二)验算

图根导线测量的验算项目为方位角闭合差、坐标闭合差和导线全长相对闭合差的计算。各项限差如表 3-16 所示。

应用 RTK 技术进行不动产测量有着明显的优势，同时也存在着一些技术局限性，如每点独立测定，检核条件不足。因此在 RTK 测量操作过程中应该采取适当的技术措施，尽可能扬长避短，克服其技术劣势。

GNSS RTK 测量通常采取抽样检核，以确保成果的可靠性。抽样项目有：不同时段 RTK 重复测量点位较差、不同基准站传算的 RTK 点位较差、不同测量方法（如 GNSS 快速静态法、常规全站仪法等）与 RTK 测量的点位较差、角度较差、边长较差等。比较常用的方法主要是 RTK 重复观测两次和全站仪检测两种方法，特别是全站仪检测。一般是在进行不动产要素测量时，利用全站仪对设站点与定向点之间的距离进行测量并与反算距离进行比对，当设站点上有两个或两个以上可通视的图根点时，可同时测量其距离和角度进行检核。对有高程测图需要的图根点还应利用全站仪三角高程法测量其高差与已知高差进行比对。

RTK 图根检测结果要求如表 3-17 所示。

表 3-17 RTK 图根检测限差

等级	边长校核限差		角度校核限差		坐标校核限差	高差较差限差
	测距中误差/mm	边长较差的相对误差	测角中误差/(″)	角度较差的限差/(″)	图上平面坐标较差/mm	
图根	±20	1/3 000	±20	60	±0.15	1/7 基本等高距

当检测结果超过上述限差时，应进行超限原因分析，必要时剔除该超限点。当存在系统性错误时，应剔除该批超限点，重新布设新点。

思考与练习题

1. 我国各种坐标系统的建立有何特点？如何进行相互转换？
2. 在进行地籍控制测量时，应怎样进行坐标系统的选择？

3. 高程控制测量有哪些技术手段？各自有何技术特点？

4. 高斯投影计算一般包括哪些内容？为什么会产生坐标换带计算？

5. 精密导线测量有哪些技术要求？怎样进行导线网的验算和概算？

6. GNSS 测量选点应遵循哪些基本原则？

7. GNSS 测量外业观测成果应进行哪些项目的检核？

8. GNSS 测量的数据处理一般包括哪些主要工作？

9. 图根控制测量有哪些技术手段？各自有哪些特点？

10. 利用坐标转换软件，将下列 1954 北京坐标系下的 6°带坐标分别换算为中央子午线为 120°的 3°带坐标和中央子午线为 110°的任意带坐标

$X_1 = 3\,491\,825.045$　　$Y_1 = 20\,721\,446.660$

$X_2 = 3\,556\,765.675$　　$Y_2 = 21\,347\,326.320$

11. 某 GNSS 测量工程共有 8 个控制点，计划投入三台接收机，按混合连接方式进行外业静态观测，观测图如图 3-8 所示，试完成表 3-18 中的主要特征值统计。

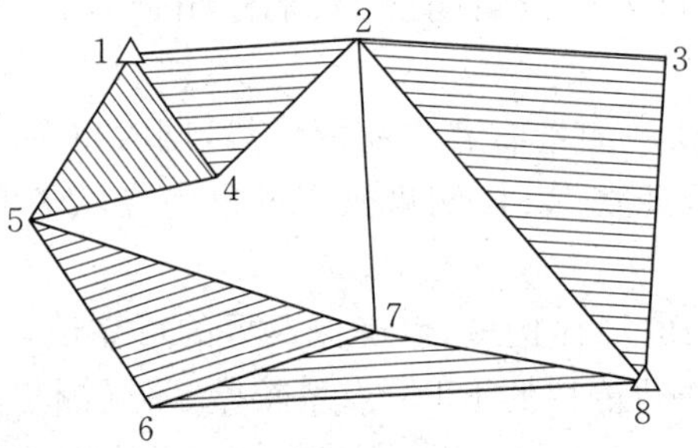

图 3-8　控制网观测图

表 3-18　主要特征值统计

特征值	统计	特征值	统计
同步环个数		必要基线数	
异步环个数		多余基线数	
总基线数		重复基线数	
独立基线数		平均重复设站数	

第四章　不动产权籍细部测量

§4-1　不动产细部测量概念

不动产细部测量是不动产测量的重点环节，是权属调查成果包括主体、客体和权利状况进行数字化显现的重要过程，其目的是实现不动产权属界址点、线、坐标、形状以及其他要素等精密信息的完整记录。不动产细部测量包含不动产界址测量与权籍图绘制两个方面，具体内容为境界线测量，不动产权属界址点、线测量，不动产及附属设施测量，以及权籍图编制等，其成果为不动产登记提供基础数据和技术保障。

不动产细部测量与地形碎部测量虽有许多相同之处，但二者也有明显的差异。首先，从内容和功能上比较，地形碎部测量是通用性测量，反映的内容是一般性的地形要素，生产的地形图具有普适性，应用范围较宽，社会经济各部门、各行各业都需要；而不动产细部测量则属于专业测量，反映的内容是不动产权籍要素，生产的权籍图是专用图，应用范围也主要是用于不动产登记和不动产管理。从这个意义上说，地形碎部测量是不动产权籍图的基础，而不动产权籍图则是地形碎部测量的派生。其次，从测图要求比较，地形碎部测量采集的是地形要素，在遵循作业规范的前提下，作业人员可有一定的自由取舍权，而不动产细部测量采集的权籍要素，具体到每一个权利人，关乎其切身利益，“一个萝卜一个坑”，作业人员不可自由裁量。故而不动产细部测量耗费的人力和财力远高于一般的地形碎部测量，其差别可达到三倍以上。

一、不动产细部测量内容及要求

（一）境界线测量

对于行政境界的测量，主要包括国界线及各级行政区划界线、特殊地区界线和保护区界线的测绘。境界线有已定界和未定界之分，测绘时应按实际情况用不同的符号加以描述。

（二）权属界址点、线以及其他重要的界标设施测量

1. 界址点坐标

过去常用丈量与明显地物点的距离做条件测定界址点位置，现在多测量界址点坐标。测量界址点坐标，可以单独进行，也可以在全野外数据采集时和其他不动产要素同时测定。界址点坐标测量所用到的起算点，应是邻近的基本控制点或图根控制点或一级界址点。界址点的测量方法，可采用极坐标法、交会法、支导线法、正交法等野外解析法测定。使用支导线法测定界址点坐标时，导线边的边数应不超过三条，导线转折角应测左、右角，各测一测回。使用支导线法测量时，必须加强检测，以保证测量成果的准确性、可靠性。

2. 权属界线测量

这里指测量界标设施和以坐标反算法求算的权属界线边长。对于不规则的弧形权属线，设置合适的界址点密度，测量界址点坐标，分段或按折线计算权属界线边长，并标注在宗地草图上。如没有界址点的坐标，可采用经检定过的测距仪或钢尺进行丈量，将权属界线测量结果

标示在宗地草图上。

(三)房屋及其附属设施测量

1. 房屋测量

测定房屋等建筑物坐落、位置、形状、面积及分户情况。进行房屋的测量时,应逐幢进行。对于不同产别、不同建筑结构、不同层数的房屋应分别测量和表示。房屋按外墙勒脚以上墙角为准,按水平投影进行测量。在测量房屋四面墙体外侧或测量房屋墙角点坐标时,应标明房屋墙体的归属。

墙角点测量与界址点相同。墙角点测量时可在墙角设置标志,也可以不设标志,可以房角外墙勒角以上(100 cm±20 cm 处)的墙角为测点,测定其坐标。正规的矩形房屋,可直接测定房屋的三个墙角点的坐标,另一个墙角点的坐标可通过计算求出。

2. 房屋附属设施测量

有柱走廊:以柱子的外围为准进行测量。

无柱走廊:以围护结构外围或外轮廓的投影进行测量。

架空通廊:以围护结构的外围进行测量。

门廊:以柱或围护物的外围进行测量。

挑廊和阳台:以围护结构外围为准,围护结构不规则的或难以确定的以底板投影为准进行测量。

独立柱和单排柱的门廊、雨篷、货棚、车棚、站台:以顶盖的投影为准进行测量并测出柱子的位置。

门墩、台阶:以外围投影为准进行测量。

门顶:以顶盖的投影为准进行测量。

室外楼梯:以外围投影为准进行测量。

3. 其他相关地物测量

其他相关地物是指天桥、站台、阶梯路、游泳池、消火栓、检阅台、碑以及地下构筑物等。测量应根据地物的几何图形测定出定位点的位置。

亭:应以柱子的外围为准进行测量。

塔、烟囱、罐:应以底部外围轮廓为准进行测量。

水井、消火栓、碑:应以该地物的中心为准进行测量。

天桥、阶梯路:以其水平投影位置进行测量,依比例绘出。

站台、游泳池:依边线测量,内加简注。

地下铁道、过街地道:测量其地面出入口位置,而不测出地下物。

(四)陆地交通、水域等

1. 铁路、道路、桥梁的测量

铁路:以两铁轨外沿为准进行测量。

道路、公路:以两边路沿为准进行测量。

桥梁:以桥头和桥身的外围投影为准进行测量。

2. 水域的测量

河流、湖泊、水库等水域:以岸边线为准进行测量。

沟渠、池塘:以坡顶为准进行测量。

二、不动产细部测量的主要方法

不动产界址与权籍图测绘的主要方法包括解析法、图解法等。实际工作中可根据界址点不同的精度要求和观测环境选用不同的方法。原则上，同一地区可以采用多种方法共同开展工作。不论采用何种测量方法，所获得的界址点等不动产要素点的精度必须符合相应规程的要求。

(一)解析法

解析法是指利用极坐标法、直角坐标法、正交法或交会法等，在野外对不动产要素进行点位采集，通过计算直接获得要素点坐标和高程的方法。由于 GNSS 测量技术的广泛应用，以及全站仪的普及，解析法成为界址测量的主流方法。解析界址点测定主要采用 GNSS 测量和极坐标法，直角坐标法等其他方法作为补充。

1. 极坐标法

极坐标法属于方位与距离交会法。其定点精度高、速度快。适宜使用全站仪快速测量，可自动记录观测数据，或进行预处理直接求出点位坐标，输入计算机，形成所谓“数据流”。目前，它是一种最广泛应用于界址点测定的方法，我们在此对测定过程和解算公式进行专门讨论。

如图 4-1 所示，A、B 为已知点，A 点坐标为(X_A, Y_A)，A 点至 B 点的坐标方位角为 α_{AB}。测站点为 A，后视定向点 B，测得界址点 1 的水平角 β_1、垂直角 V_1 和斜距 S_1 等数据就可确定界址点 1 的位置。同样，由观测值 β_2、V_2、S_2 又可测定界址点 2 的位置。这种定位方法即为极坐标法。其计算公式为

$$\left.\begin{aligned} X_1 &= X_A + S_1 \cos V_1 \cos(\alpha_{AB} + \beta_1) \\ Y_1 &= Y_A + S_1 \cos V_1 \sin(\alpha_{AB} + \beta_1) \end{aligned}\right\} \tag{4-1}$$

使用全站仪时应注意反射棱镜问题。极坐标法测量时全站仪可以设置在测站点上，但此时界址点的标志可能是在墙面上，则棱镜中心便与界址点点位不一致，需要加改正数。若用全站仪测量界址点的间距，有时会遇到更大的困难，例如不能安置仪器。

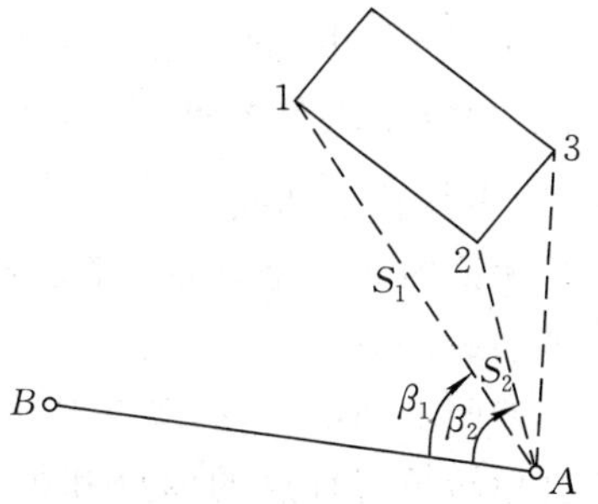

图 4-1　极坐标法

如果标记界址点的墙面与视线垂直(即视线平坦且正对墙面)，则可直接在距离读数上加上棱镜偏心(通常是从中心到后背的距离)。在其他情况下，应由扶镜作业员随身携带一把小卷尺或三角板，在现场细心测量出实际的改正数。如图 4-2 所示，A 为棱镜中心，P 为界址点位置，AQ 为棱镜改正数。

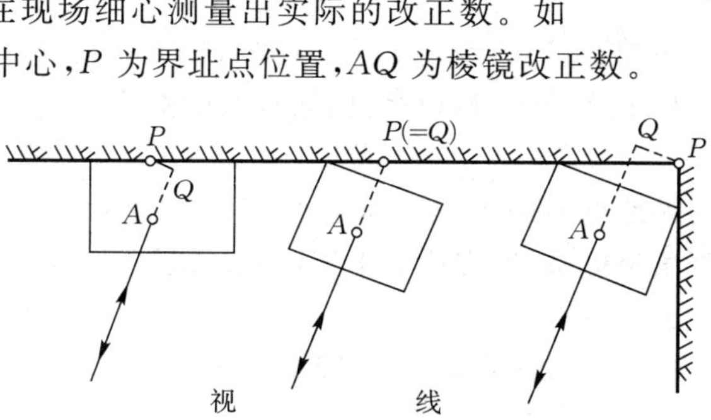

图 4-2　棱镜偏心

为了检核，还可以在相邻站重复测定若干界址点。

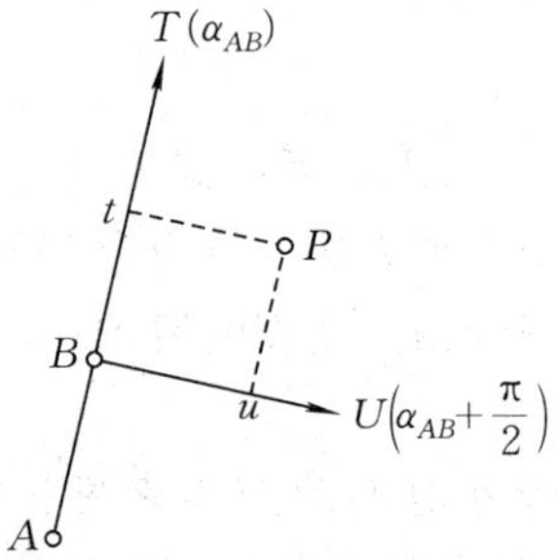

图 4-3　直角坐标法

2. 直角坐标法

如图 4-3 所示,任取两个已知点 A、B,以方位 α_{AB} 指向为纵轴 T,方位 $\alpha_{AB}+\frac{\pi}{2}$ 指向为横轴 U,可以建立一个相对直角坐标系,以相对坐标值(t,u) 解算出已知点 B 和未知点 P 的相对位置关系,这就是在界址点测定时应用颇多的直角坐标法。

1)基本公式

从 B 点先以距离 t 和方位 α_{AB},再以距离 u 和方位 $\alpha_{AB}+\frac{\pi}{2}$ 进行坐标正算,两者组合即得到 P 点坐标为

$$\left.\begin{aligned} X_P &= X_B + t\cos\alpha_{AB} - u\sin\alpha_{AB} \\ Y_P &= Y_B + t\sin\alpha_{AB} + u\cos\alpha_{AB} \end{aligned}\right\} \tag{4-2}$$

可见,直角坐标法实际上是两次方位与距离交会的组合。

2)内分和外推

在基本公式(4-2)中令 $u=0$,便得到直线内分$(t<0)$ 和外推$(t>0)$ 公式。

以图 4-4 所示为例,设界址点 J_0 与 J_n 已经测定,丈量直线中央界址点 $J_1, J_2, \cdots, J_{n-1}$ 到 J_0 或 J_n 的距离即可用内分(点)法解算出它们的坐标。

内分点的检核方法是丈量所有相邻界址边 $S_1, S_2, \cdots, S_n$,如果

$$w = \sum_{i=1}^{n} S_i - \sqrt{(x_n - x_0)^2 + (y_n - y_0)^2} \tag{4-3}$$

数值不大,方可反号配赋在各 S_i 上。

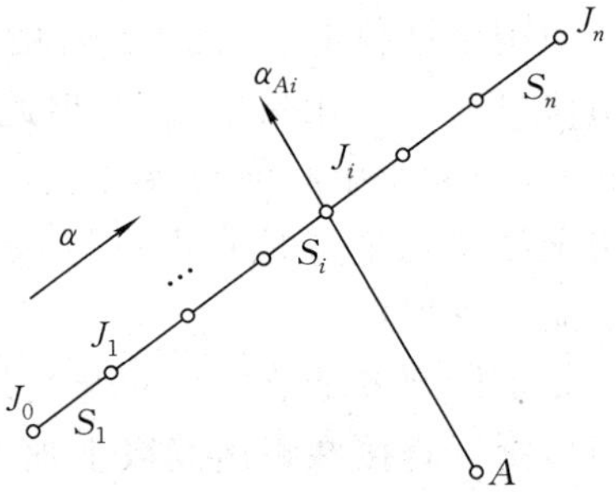

图 4-4　界址点呈直线状排列

在图 4-4 中,如果已知的界址点是 J_1、J_n,量取 S_1 推算 J_0 的方法就是外推(外分点法)。该法要求外推的距离 S_1 不得长于基线$\sqrt{(x_n - x_1)^2 + (y_n - y_1)^2}$。

无论内分还是外推,都必须在实地确认界址点为直线排列后进行。

参照上面的讨论,若在基本公式(4-2)中 $u \neq 0$,便得到直角转折界址点的内分和外推公式,应用于界址点沿带有直角转折角的折线排列的情形。如图 4-5 所示,已知 J_1、J_6,可以内分出 J_2,或外推出 J_7。但 $\angle J_1J_6J_7$ 是否构成直角,应在实地确认,或者以 J_1、J_6 为基线外推出 J_7、J_3、J_4 后附合到 J_5(设为已知),以作检核。

3)直角坐标法的推广

若在图 4-5 中已知的界址点不是 J_1、J_6 而是 J_1、J_7,需要对式(4-2)做些推广。

按图 4-6 建立相对直角坐标系,但方位 α 未知,必须通过已知点 A 的(t_0, u_0) 值来解算。将这些已知值代入基本公式(4-2),有

$$\left.\begin{aligned} \Delta X_{BA} &= X_A - X_B \\ \Delta Y_{BA} &= Y_A - Y_B \\ \Delta X_{BA}^2 + \Delta Y_{BA}^2 &= t_0^2 + u_0^2 \end{aligned}\right\} \tag{4-4}$$

$$\left.\begin{aligned}\cos\alpha &= \frac{t_0\Delta X_{BA} + u_0\Delta Y_{BA}}{t_0^2 + u_0^2}\\ \sin\alpha &= \frac{t_0\Delta Y_{BA} - u_0\Delta X_{BA}}{t_0^2 + u_0^2}\end{aligned}\right\} \tag{4-5}$$

式(4-4)的作用与式(4-3)一样，用于检核，如果没有较大的不符，则可从式(4-5)中解出 $\cos\alpha$ 和 $\sin\alpha$。那么根据 t 和 u 值解算未知点 P 的公式就是

$$\left.\begin{aligned}X_P &= X_B + t\cos\alpha - u\sin\alpha\\ Y_P &= Y_B + t\sin\alpha + u\cos\alpha\end{aligned}\right\} \tag{4-6}$$

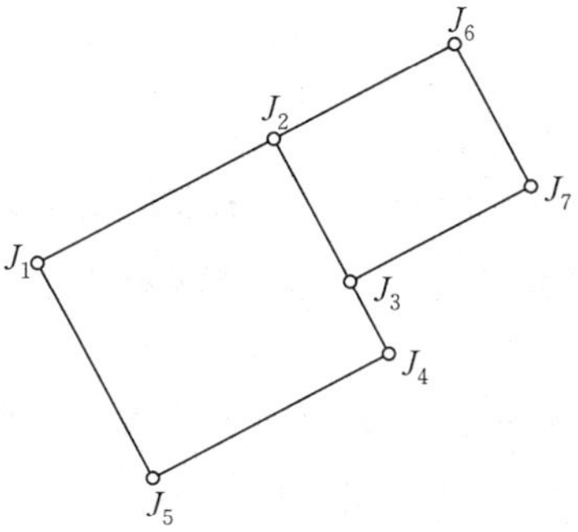

图 4-5　界址点以直角转折排列

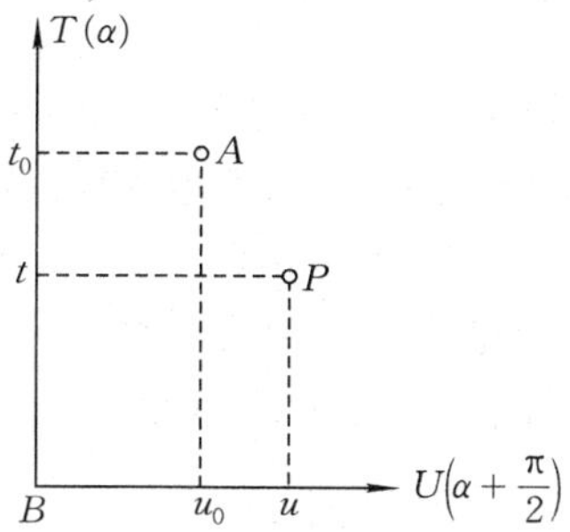

图 4-6　直角坐标法的推广

4)利用平行直线交会

如图 4-7 所示的四墙相交的中心位置，除了用通过四点的两条直线相交的方法，还可以先测定两条墙边，然后分别以墙宽的一半作出平行线再相交。如图 4-3 所示，以间距为 u 代入式(4-2)，即可得与 $\overline{AB}$ 平行的直线上某点，该平行线的方位就是 α_{AB}。

所谓变形距离交会也是利用平行直线交会。在图 4-8 中可先按式(4-2)求得平行线 $\overline{A'B'}$，然后做方位与距离交会求出未知点 P。

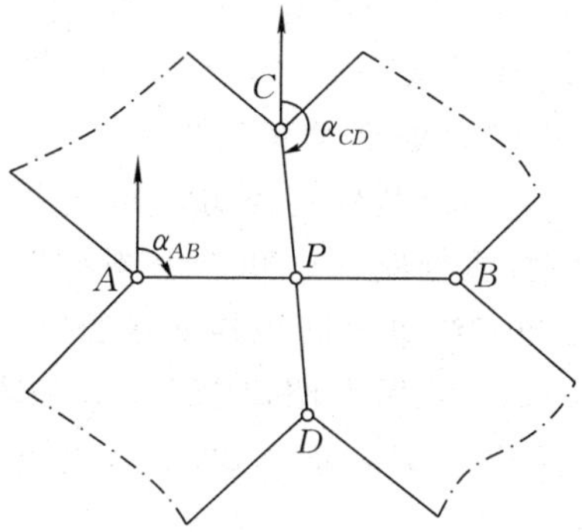

图 4-7　两直线相交

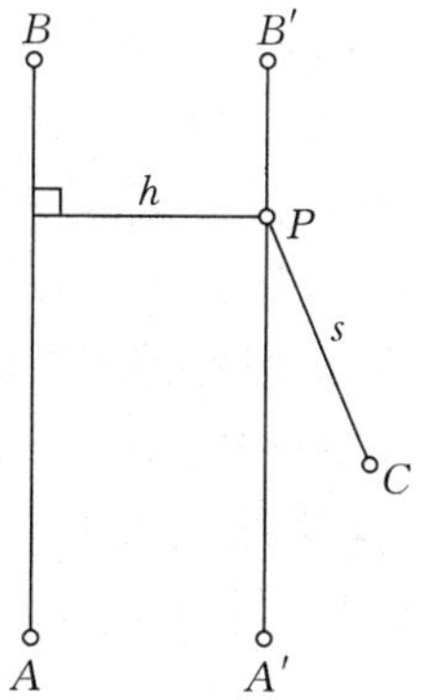

图 4-8　变形距离交会

3. 交会法

对于有些沿直线排列的界址点，也没有必要逐点地使用极坐标法测定。在这些场合可以灵活地采用其他各种定点方法。除极坐标法外的定点方法很多，在此无法完全罗列。但是从本质上说来，所有定点方法(包括极坐标法在内)都是直接或间接地测定已知点与未知点间的距离和方位角，进而推算出两点间的坐标增量。而两个基本观测量可交会确定一个未知点位。由于方位角和距离是两类正交的观测量，因此，同类量交会时，两量正交的精度最好。而观测量不同类

时,则以重合为最好。不仅是各类控制点,已测定的精度较好的界址点也可用作已知点。

距离和方位角这两类基本观测量两两交会可以得出三类基本定点方法。

1)方位与方位交会

(1)方向交会法。最典型的方位与方位交会的方法就是方向交会法。如图 4-9 所示,设已知点 A、B 到未知点 P 的方位角分别为 α_{AP}、α_{BP},则可按式(4-7) 由已知点坐标 X_A、Y_A、X_B、Y_B 解出未知点坐标 X_P、Y_P,即

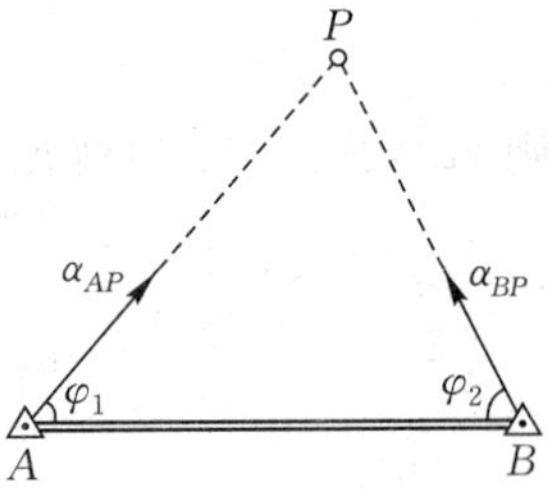

图 4-9　方向交会法

$$\left.\begin{aligned} X_P &= \frac{X_A\tan\alpha_{AP} - X_B\tan\alpha_{BP} - Y_A + Y_B}{\tan\alpha_{AP} - \tan\alpha_{BP}} \\ Y_P &= Y_A + (X_P - X_A)\tan\alpha_{AP} \end{aligned}\right\} \tag{4-7}$$

式中,Y_P 还可以用 $Y_P = Y_B + (X_P - X_B)\tan\alpha_{BP}$ 计算。

方向交会法适合于测定难以到达或难以量距的明显界址点,所需方位角一般通过在已知点设站联测定向点和未知点之间夹角推算求得。此项工作常常与极坐标法测定其他界址点同时进行。

为了检核,最好能多测一个方位角。

另外,若观测了图 4-10 中的角度 φ_1、φ_2,则方向交会法等同于角度交会法,即

$$\left.\begin{aligned} X_P &= \frac{X_A\cot\varphi_2 + X_B\cot\varphi_1 - Y_A + Y_B}{\cot\varphi_1 + \cot\varphi_2} \\ Y_P &= \frac{Y_A\cot\varphi_2 + Y_B\cot\varphi_1 + X_A - X_B}{\cot\varphi_1 + \cot\varphi_2} \end{aligned}\right\} \tag{4-8}$$

(2)两直线相交。界址点若在四面墙相交的中心位置或在河渠中央,可先测定其外围四个辅助点的坐标,再使用直线相交的方法。如图 4-7 所示,先测定 A、B、C、D 四点坐标,再由 AB、CD 两直线交点求出 P 点坐标,计算时已知数据为 $A(X_A, Y_A)$、$B(X_B, Y_B)$、$C(X_C, Y_C)$、$D(X_D, Y_D)$。

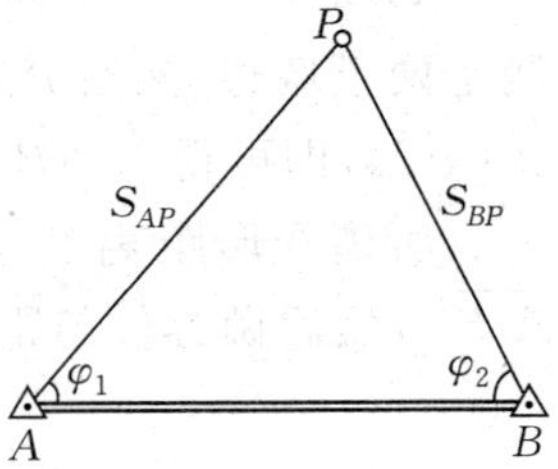

图 4-10　距离交会法

如图 4-7 所示,可由 α_{AB} 和 α_{CD} 得到 α_{AP} 和 α_{CP},便可用式(4-7) 计算 X_P 和 Y_P,可见这种方法属于方位与方位的交会。

(3)方向与直线交会法。规则建筑物外侧的界址点常呈直线状排列(必须经实地确认),如图 4-4 所示。用极坐标或其他定点方法测定两端或接近两端的界址点后,该直线的方位 α 即可得到。此时可在直线外侧的已知点上测定从该点到直线上未知界址点的方位角 α_{Ai},进而以方位与方位交会的方法求出这些界址点的坐标。

(4)已知点到已知直线的垂足。这不是一种常用方法,它属于方位与方位的交会。如图 4-11,从已知直线 AB 得到 α_{AP},减去 $\pi/2$ 又得到 α_{CP},根据式(4-7) 便可求出 X_P、Y_P,即

$$\left.\begin{aligned} \tan\alpha_{AB} &= \frac{Y_B - Y_A}{X_B - X_A} \\ S_{AB} &= \sqrt{(X_B - X_A)^2 + (Y_B - Y_A)^2} \\ \varphi_1 &= \arccos\left(\frac{S_{AP}^2 + S_{AB}^2 - S_{BP}^2}{2S_{AP}S_{AB}}\right) \\ \alpha_{AP} &= \alpha_{AB} - \varphi_1 \\ X_P &= X_A + S_{AP}\cos\alpha_{AP} \\ Y_P &= Y_A + S_{AP}\sin\alpha_{AP} \end{aligned}\right\} \tag{4-9}$$

2)距离与距离交会

距离交会法广泛应用于测定二类界址点。如图 4-10 所示,用光电测距仪或钢卷尺丈量已知点 A、B 到未知点 P 的距离 S_{AP}、S_{BP},便可按式(4-9) 计算 P 点坐标。

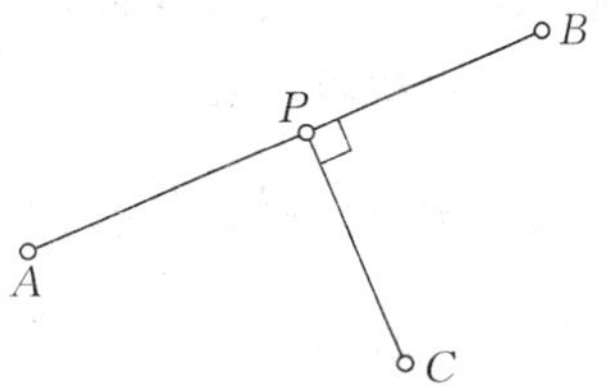

图 4-11　已知点到已知直线的垂足

使用距离交会法时,已知点和未知点的点号顺序必须与图 4-10 和式(4-9)的规定一致,因为距离交会结果是双解的。应尽量再从第三个已知点进行距离交会,既可检核粗差,又能给出未知点的确定解而不需规定点号顺序。

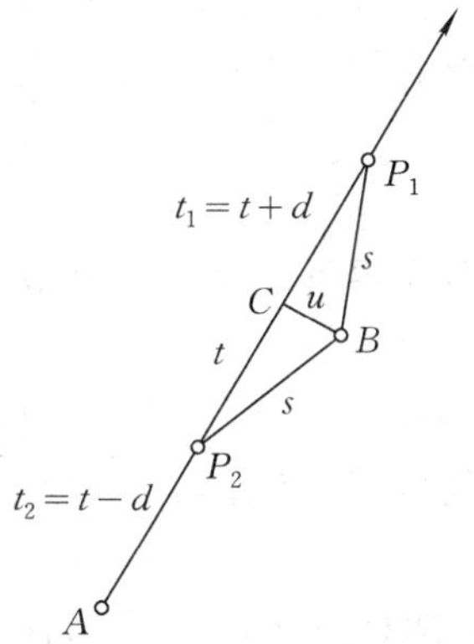

图 4-12　方位与距离交会

3)方位与距离交会

极坐标法是最典型的方位与距离交会方法。由于该法的方位与距离重合,所以精度最高。这里介绍一般的方位与距离交会。

如图 4-12 所示,观测了从已知点 A 到未知点 P(图中 P_1 或 P_2 点)的方位角 α 和已知点 B 到 P(图中 P_1 或 P_2 点)的距离 s,C 点是 B 点到直线 AP 的垂足,t 为 AC 的距离,u 为 BC 的距离,d 为 PC 的距离,则交会公式为

$$\left.\begin{aligned} t &= (X_B - X_A)\cos\alpha + (Y_B - Y_A)\sin\alpha \\ u &= (Y_B - Y_A)\cos\alpha - (X_B - X_A)\sin\alpha \\ d &= \sqrt{s^2 - u^2} \end{aligned}\right\} \tag{4-10}$$

由图 4-12 可知,P 点(图中 P_1 或 P_2 点)有如下两组解

$$\left.\begin{aligned} t_1 &= t + d \\ X_{P_1} &= X_A + t_1\cos\alpha \\ Y_{P_1} &= Y_A + t_1\sin\alpha \end{aligned}\right\} \tag{4-11}$$

$$\left.\begin{aligned} t_2 &= t - d \\ X_{P_2} &= X_A + t_2\cos\alpha \\ Y_{P_2} &= Y_A + t_2\sin\alpha \end{aligned}\right\} \tag{4-12}$$

在极坐标法作业时,由于 P 点的唯一性,根据实际情况容易实现对上述两组解的取舍。若在测站上测定了未知点的方位角但难以直接量取距离,而在该未知点附近却另有已知点(往往是已经测定的界址点)便于量距,便可应用本方法。

4. 全球导航卫星系统(GNSS)测量方法

第三章中已详细介绍了 GNSS 实时动态定位方法(RTK)、网络 GNSS(RTK 和 CORS)定位方法的技术要求和施测过程。既然 RTK 测量方法能够进行图根控制测量,那么也可以应用于界址点的观测。只要界址点周围的环境条件能够满足 GNSS 观测条件的情况下,RTK 测量和 CORS 测量界址点的精度基本上能满足表 4-2 的精度要求,尤其是二、三级界址点的测量。在 CORS 覆盖范围内一些区域甚至不必进行图根控制,可以直接施测界址点,从而加快作业速度。

(二)图解法

图解法是指采用标示界址、绘制宗地草图、说明界址点位和说明权属界线走向等方式描述实地界址点的位置,由数字摄影测量加密或在正射影像图、土地利用现状图、扫描数字化的地

籍图和地形图上获取界址点坐标和界址点间距的方法。图解界址点坐标不能用于放样确定实地界址点的精确位置。

三、测量方法的选择

测量方法的选择要以保护不动产权益、维护交易安全为目的,兼顾不动产管理的需要,统筹考虑基础条件、工作需求和经济技术可行性,以及避免重复投入,依据不动产的类型、位置和不动产单元的构成方式,以及界址点不同的精度要求和观测条件,因地制宜、审慎科学地选择符合本地区实际的不动产测量方法,确保不动产单元界址清楚、面积准确。实际工作中,同一地区可以采用多种方法共同开展工作,但不论采用何种测量方法,所获得的界址点等不动产要素点的精度必须符合相应规程、规范的要求。

1. 基本原则

(1)对城镇、村庄、独立工矿等区域的建设用地,宜采用解析法测量界址点坐标并计算土地面积,实地丈量房屋边长并采用几何要素法计算房屋面积。

(2)对于分散、独立的建设用地,可采用解析法测量界址点坐标并计算土地面积;也可采用图解法测量界址点坐标,实地丈量界址边长和房屋边长,并采用几何要素法计算土地面积和房屋面积。

(3)对于海域和耕地、林地、园地、草地、水域、滩涂等用地,既可选择解析法也可选择图解法获取界址点坐标并计算面积,如果其上存在房屋等定着物,则宜采用实地丈量其边长并采用几何要素法计算房屋等定着物面积。

2. 适用条件

1)极坐标法

极坐标法主要用于城镇村庄区域和农村区域建设用地的界址点测量和城郊接合部、经济发达地区的集体土地所有权界址点的测量,也可用于GNSS测量方法无法测定的土地所有权界址点坐标的测量。观测时应采取距离(纵向)和角度(横向)偏心等技术消除或减弱棱镜中心到界址点的偏差(棱镜对准误差)的影响。

2)角度交会法

对于角度观测方便而距离测量有困难或放置棱镜特别耗时的界址点,可采用角度交会法施测,但角度应控制在30°~150°的范围内。

3)距离交会法

其他方法施测困难或不能施测的界址点,可采用距离交会法施测,但交会的角度应控制在30°~150°的范围内。

4)直角坐标法

其他方法施测困难或不能施测的界址点,可采用直角坐标法施测,但界址点到控制线的水平距离与控制线的水平长度之比不应超过1/2。

5)截距法

其他方法施测困难或不能施测的界址点,可采用截距法施测,但外分点到邻近起算点的距离应小于两个起算点之间的距离。

6)GNSS法

GNSS法主要适用于视野开阔、视野内障碍物的高度角不超过15°的地区,接收机周边

200 m范围内不宜有大功率无线电发射源，如电台、电视台、微波站等，距离高压输电线、微波无线信号传送通道不宜小于50 m。

§4-2　界址点测量

界址点测量就是采用合适的测量方法，使用相应的测量工具和手段，获取满足要求的界址点坐标。如前所述，界址点测量不仅能获得不动产权属边界在特定坐标系统中的位置，为不动产登记、维护不动产权益和不动产权属争议调处提供依据；在界址点发生移动或灭失的情况下，成为恢复产权边界的重要凭据，同时也是不动产面积量算的基础；为房产产权、产籍管理、房地产开发利用、交易、征收税费，以及为城镇规划建设提供数据和资料。

一、界址点测量的精度要求

界址点测量方法包括解析法和图解法。相应地，不同方法测量获取的界址点坐标精度要求也是有差别的。解析法获取的界址点坐标和界址点间距的精度应符合表4-1要求，解析法实测房角点坐标和房屋边长丈量的精度可参照表4-1规定执行。

表4-1　解析界址点和实测房角点的精度　　单位：cm

级别	界址点或房角点相对于邻近控制点的点位误差、相邻界址点或房角点间距误差	
	中误差	允许误差
一	±2.0	±4.0
二	±5.0	±10.0
三	±7.5	±15.0
四	±10.0	±20.0

注：对于土地使用权宗地，解析的明显界址点精度不低于二级，隐蔽界址点精度不低于三级；对于土地所用权宗地，解析的界址点可选择二、三、四级精度。当需要采用坐标法计算建筑面积时，则实测房角点坐标的精度可按本表的规定执行。其中城镇区域的明显房角点坐标精度不低于二级，隐蔽的不低于三级；城镇以外区域的明显房角点坐标精度不低于三级，隐蔽的不低于四级。

图解法获取界址点坐标和界址点间距的精度应符合表4-2、表4-3的规定：

表4-2　图解界址点精度指标(全野外数字测图)　　单位：mm

序号	项目	图上中误差	图上允许误差
1	相邻界址点的间距误差	±0.3	±0.6
2	界址点相对于邻近控制点的点位误差	±0.3	±0.6
3	界址点相对于邻近地物点的间距误差	±0.3	±0.6

表4-3　图解界址点精度指标(数字编绘法成图)　　单位：mm

序号	项目	图上中误差	图上允许误差
1	相邻界址点的间距误差	±0.6	±1.2
2	界址点相对于邻近控制点的点位误差	±0.6	±1.2
3	界址点相对于邻近地物点的间距误差	±0.6	±1.2

二、界址点测量一般技术要求

界址点测量的基本技术要求如下：

(1)当采用全站仪测量时,观测时应做测站检查,检查点可以是定向点、邻近控制点和已测设的界址点,且定向边的边长宜大于待测边的边长。

(2)当采用钢尺丈量时,宜丈量两次并进行尺长改正,两次较差的绝对值应小于 5 cm。

(3)无论采用哪种方法测量界址点,都应进行有效检核。检核界址点测量误差的方法有两种:一是利用界址点坐标检核;二是应用界址点间距检核。检核结果应符合前文关于界址点精度要求的规定。

(4)如果测量员没有参与现场指界,施测界址点之前应根据地籍调查表、宗地草图和工作底图到现场细致勘查界址点的位置及其周围的环境,为测量控制点的选取、界址点和地籍图施测方法的选择做好充分的准备。

(5)经土地权属调查确认的已有界址点,现场核实界标未损坏、移动,并进行检测,如检测结果在表 4-1 或表 4-2 规定的允许误差范围内,应使用原界址点坐标成果;如检测结果超过表 4-1 或表 4-2 规定的允许误差,经相关土地权利人同意后,采用检测的界址点坐标,并在地籍调查表中的地籍测量记事中说明。

(6)如果土地权属来源资料中给定了满足表 4-1 精度要求的新增界址点几何条件或解析坐标等参数,可根据给定的参数计算放样参数,在实地放样埋设界桩。界址点放样的精度应符合表 4-1 的规定。

(7)测量界址点所使用的工具应检定合格并在有效期内。观测角度的仪器级别不低于 J6 级。全站仪的对中、整平、观测等技术要求按照《城市测量规范》(CJJ/T 8—2011)执行。

(8)GNSS 接收机的架设、观测和计算按照《全球定位系统实时动态测量(RTK)技术规范》(CH/T 2009—2010)执行。

(9)界址点坐标取位至 0.001 m。

三、测站点的加密补充

测定界址点作业过程中,应充分利用基本控制点和图根控制点作为测站点。但各级控制点的密度不可能满足测区内所有界址点测定的要求,必须按实际需要进行补充。尤其在使用全站仪极坐标法测量界址点时,有部分界址点无法在图根及以上等级控制点上直接测得,需随时随地补充测站点。补充测站点总的要求是应能保证精度和可靠性。这里介绍自由设站和支导线两种方法来补充测站点。

必须注意的是,在任何情况下都不得用补充的测站点做大面积控制使用。

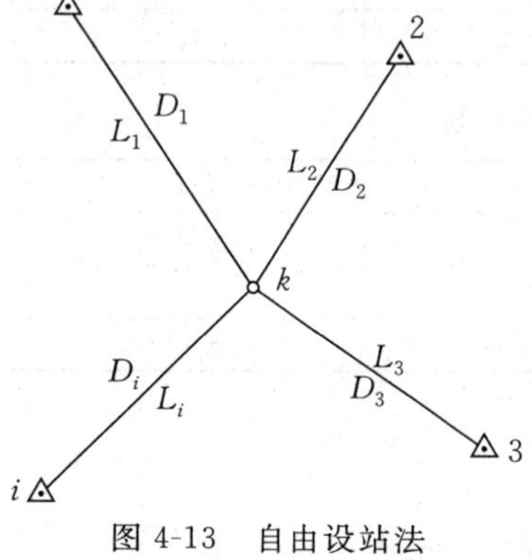

图 4-13　自由设站法

1. 自由设站法

自由设站法是一种非常方便的加密测站点方法,其优点是不需要各控制点之间相互通视。作业时任意选择一个方便的地方设置测站,对附近的多个控制点(至少两个)测量距离和方向角,根据相似变换的原理,用求解参数法解算出测站点坐标和测站定向角,接下来便可进行测定界址点的工作。

如图 4-13 所示,选择任意点 k 架设全站仪,观测附近的 i 个控制点,测得各控制点的方向值 L_i 及边长 D_i。

计算 k 点坐标的步骤如下:

(1)以 k 点为原点,观测时零方向为 x' 轴方向,建立测

站假定坐标系(x',y')。则各控制点在假定坐标系下的坐标为

$$\left.\begin{aligned}x'_i &= D_i\cos L_i\\ y'_i &= D_i\sin L_i\end{aligned}\right\}\tag{4-13}$$

(2)各控制点在原坐标系下的坐标分别为(x_i,y_i),则由式(3-5)可得

$$\left.\begin{aligned}x_i &= x_k + x'_i m\cos\alpha_0 - y'_i m\sin\alpha_0\\ y_i &= y_k + x'_i m\sin\alpha_0 + y'_i m\cos\alpha_0\end{aligned}\right\}\tag{4-14}$$

式中,x_k、y_k 为 k 点待定坐标;m 和 α_0 分别为尺度比参数和旋转角参数。

(3)各控制点在两种坐标系下的坐标差视为观测量的改正数 v_{x_i} 和 v_{y_i},则根据最小二乘法原理,在

$$\sum(v_{x_i}^2 + v_{y_i}^2) = \min$$

条件下,由式(4-14)列出误差方程式,进而组成法方程式求解 k 点坐标和待定参数。为计算方便,令

$$x_0 = \sum_{i=1}^{n} x_i/n,\quad y_0 = \sum_{i=1}^{n} y_i/n,\quad x'_0 = \sum_{i=1}^{n} x'_i/n,\quad y'_0 = \sum_{i=1}^{n} y'_i/n$$

$$u_i = x'_i - x'_0,\quad w_i = y'_i - y'_0$$

且

$$a = \sum_{i=1}^{n}(u_i x_i + w_i y_i),\quad b = \sum_{i=1}^{n}(u_i y_i - w_i x_i),\quad c = \sum_{i=1}^{n}(u_i^2 + w_i^2)$$

$$r = a/c,\quad s = b/c$$

则计算 k 点坐标和待定参数为

$$\left.\begin{aligned}x_k &= x_0 - r x'_0 + s y'_0\\ y_k &= y_0 - s x'_0 - r y'_0\\ m &= \sqrt{r^2 + s^2}\\ \alpha_0 &= \arctan\frac{b}{a}\end{aligned}\right\}\tag{4-15}$$

该法类似于边角交会,至少有两个已知控制点,最好有冗余观测。

以前测量人员对于角度后方交会方法的使用比较谨慎,因为这种方法容易产生危险圆问题,待定点坐标对起算数据误差的影响较敏感,计算工作量也比较大。但在当今的权籍测量工作中,使用边角后交便可避免危险圆问题;使用笔记本电脑现场平差计算评定精度,不但计算速度快,还可随时显示结果的精度,随时增加观测值;全站仪观测距离和角度迅速灵活,可任意选择测站点,方便作业。如果能观测到的控制点数量太少,则可再观测已测定的界址点,赋予不同的权参与计算。

自由设站法在全站仪作业时应用比较方便。

2. 支导线法

在利用全站仪极坐标法测量界址点十分普及的今天,对测站点的补充所采用的方法中最常见的就是支导线法。

为了保证支站点的精度和可靠性,要求在已知测站上使用较远的定向点,一般测站点到定向点距离应比测站点到支站点的距离长;观测支站点前后还应检查测站定向。如图 4-14 所示,

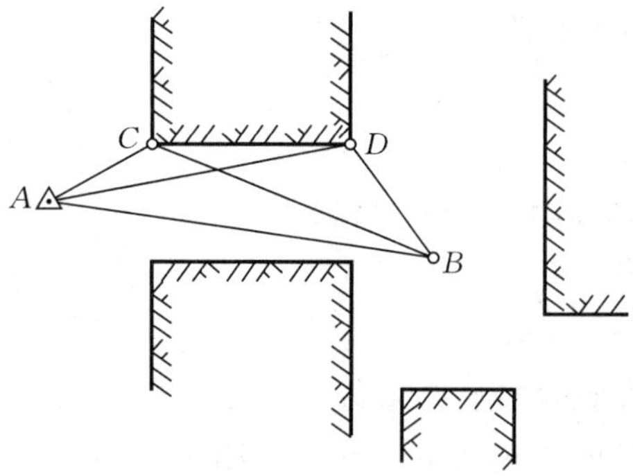

图 4-14 支站点定向检核

在支站点 B 上设站后,除了用支出该点的已知点 A 定向外,还应联测其他控制点共同定向。当支站点附近通视条件不佳,难以找到更多的定向点,也可利用已测定的界址点 C 和 D 检核,必要时可在支站的同时测定一两个辅助支站点供实际支站点检核定向。

从已知测站点到支站点的距离必须往返观测并取中数,角度宜观测左右角,这可以起到计算检核作用。应当指出,支导线点一般只在控制点基础上发展一至二次,且边长与总长均有严格限制。

§4-3 不动产权籍图成图

不动产权籍图是按特定的投影方法、比例关系,采用专用符号,突出表示不动产权籍要素的地图,是基本地籍图、宗地图、房产图和海籍图、宗海图等图的统称。2015 年 3 月 30 日原国土资源部下发的《不动产权籍调查技术方案(试行)》中要求:地籍图、宗地图的测量内容和要求须按照《地籍调查规程》(TD/T 1001—2012)规定的方法进行;海籍图、宗海图的测量内容和要求须按照《海籍调查规范》(HY/T 124—2009)的规定执行;房产图的测量内容和要求须参照《房产测量规范》[GB/T 17986(所有部分)—2000]的规定执行。随着测绘技术的发展和数据采集方式的进步,为三图(地形图、地籍图、房产图)并测、数据库一体化管理提供了条件。鉴于此,为适应国土管理与基础测绘工作新的要求,国家有关部门提倡多图合一、一图共用的测图模式,以节约资源、提高效率。本节主要对基本地籍图、宗地图、房产分户图的测绘予以阐述。

一、基本地籍图成图

(一)基本地籍图成图要求

基本地籍图是反映一定区域内境界位置、宗地面积、用途及其分布等地籍要素的专业用图。该区域或是某个行政辖区,或是某个调查区,或是某个片区,但在实际工作中,以规定比例尺的标准分幅图幅所涉及的范围作为基本地籍图成图区域。以此形成的基本地籍图还被称为分幅地籍图。某种意义上,基本地籍图是宗地图的集合,是宗地图制作的基础。基本地籍图成图的要求如下:

(1)图面表示应主次分明、清晰易读,即在清楚反映地籍要素(包括必要的建(构)筑物及其占地状况、地类界线)的原则下,适当反映其他地物要素。地籍图图式的部分内容如表 4-4 所示。在测图时,图式中未规定但必须表示的内容应在技术设计书中明确。

(2)表 4-4 中符号旁标注的尺寸以毫米为单位,未标注尺寸的线粗细度应为 0.15 mm,虚线线长应为 2.0 mm,间隔应为 1.0 mm。汉字注记除图名外,一律采用细等线体,阿拉伯数字一律采用等线体。字头方向除门牌号和宗地图上的边长注记允许向西外,一律向北。图内、外整饰规格按照样式执行。其他的地图要素采用现行国家基本比例尺地图图式的规定执行。

表 4-4　地籍要素图式符号

编号	符号名称	图式	简要说明
1	界址点	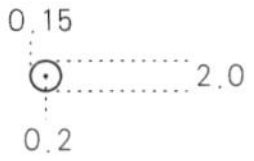 0.15 2.0 0.2	各类界址点均用直径 2.0 mm 圆圈表示，圆心直径 0.2 mm，圆圈线 0.15 mm，RGB 0 0 0
2	界址线	 0.3	各类界址线均用 0.3 mm 的线表示，RGB 255 0 0
3	工作界线	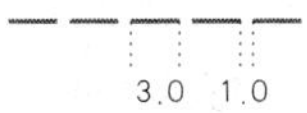 0.3 3.0 1.0	对超出宗地权属界线，实际占用的土地边界线地籍图上以此符号表示，RGB 255 0 0
4	争议界线	 0.15 3.0 1.0	界址线有争议难以明确的，按照此符号表示，RGB 255 0 0
5	地类界线	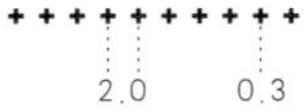 2.0 0.3	一宗地内几部分用途不同的土地界线用符号表示，RGB 0 0 0
6	地籍区号	002 宋体（5.5）	注记在地籍区的适中位置，RGB 0 0 0
7	地籍子区号	(024) 中等线体（4.5）	注记在地籍区的适中位置，RGB 0 0 0
8	宗地号	GB00005 中等线体（3.0）	置于每宗地的中央部位，宗地编号前的“0”可以省略，RGB 0 0 0
9	地类编码	$\frac{GB00005}{0.71}$ 中等线体（3.0）	将地类编码标注于宗地号的下方，合成一组分数式，可视要素疏密程度字体高度适当缩小，RGB 0 0 0
10	地籍区界线	 1.0	RGB 239 191 255
11	地籍子区界线	 0.6	RGB 239 191 255

(3)图面比例尺一般为 1∶500、1∶1000、1∶2 000 等。

(4)基本地籍图上界址点的平面位置精度应符合表 4-2、表 4-3 的规定，明显地物点的平面位置精度应符合表 4-5、表 4-6 的规定。

表 4-5　全野外数字测图的平面位置精度

序号	项目	图上中误差/mm	图上允许误差/mm	备注
1	邻近房角点之间、邻近明显地物点之间、邻近房角点与明显地物点之间的间距误差	±0.4	±0.8	建设用地隐蔽区域及荒漠、高原、山地、森林等区域可放宽至 1.5 倍
2	房角点和明显地物点相对于邻近控制点的点位误差	±0.5	±1.0	

表 4-6　数字编绘法成图的平面位置精度

序号	项目	图上中误差/mm	图上允许误差/mm	备注
1	邻近房角点之间、邻近明显地物点之间、邻近房角点与明显地物点之间的间距误差	±0.5	±1.0	荒漠、高原、山地、森林及隐蔽地区等可放宽至 1.5 倍
2	房角点和明显地物点相对于邻近控制点的点位误差	±0.6	±1.2	

(二)基本地籍图内容

基本地籍图的内容包括图面要素、数学要素和图廓要素三个方面。图面要素包括行政区划、地形、地籍等方面要素,如图 4-15 所示。这些要素在图面中应按如下要求表示。

1. 行政区划要素

行政区划要素主要指行政辖区界线和行政区名称。行政辖区界线级别从高到低依次为省级界线、市级界线、县级界线和乡级界线。其表示的基本方法如下:

(1)不同等级的行政区界线相重合时应遵循高级覆盖低级的原则,只表示高级行政区界线,行政区界线在转折处不得间断,应在转折处绘出点或线。

(2)当按照标准分幅编制地籍图时,应在内外图廓线之间、乡(镇、街道办事处)与内图廓线的交汇处的两边注记乡(镇、街道办事处)的名称。

(3)地籍图上不注记行政区代码和邮政编码。

(4)当编制标准分幅地籍图时,在乡(镇、街道办事处)的驻地注记名称外,还应在内外图廓线之间、行政区界线与内图廓线的交汇处的两边注记乡(镇、街道办事处)的名称。

2. 地籍要素

地籍要素包括地籍区界线、地籍子区界线、土地权属界址线和界址点、图斑界线、地籍区代码、地籍子区代码、宗地号(含土地权属类型代码和宗地顺序号)、地类编码、坐落地址等。地籍要素表示的基本方法如下:

(1)界址线与行政区界线相重合时,只表示行政区界线,同时在行政区界线上标注土地权属界址点。

(2)地籍区、地籍子区界线叠置于省级界线、市级界线、县级界线、乡级界线和土地权属界线之下,叠置后其界线仍然清晰可见。当按照标准分幅编制地籍图时,应在内外图廓线之间、地籍区和地籍子区与内图廓线的交汇处的两边注记地籍区代码和地籍子区代码。

(3)对于土地使用权宗地,宗地号及其地类编码用分式的形式标注在宗地内,分子标注宗地号,分母标注地类编码。对于集体土地使用权宗地,分子标注集体土地所有权人名称,分母标注宗地号,地类编码注记在图斑适中位置。宗地面积太小注记不下时,允许移注在空白处并以指示线标明。宗地坐落地址可选择性注记。

(4)按照标准分幅编制地籍图时,若地籍区、地籍子区、宗地被图幅分割,其相应的编号应分别在各图幅内按照规定注记。如分割的面积太小注记不下时,允许移注在空白处并以指示线标明。

(5)地籍图上应注记单位名称和住宅小区名称。土地使用人为自然人时,不宜将其名称注记在分幅地籍图上。

(6)可根据需要在地籍图上绘出土地级别界线,注记土地级别。

(7)用地类界表示林木权属界线。在土地承包经营权宗地范围内用“(1)、(2)、…、(*N*)”表示林木所有权地块的编号,并标注在地块范围内的适当位置。

3. 地形要素

地籍图上主要地形要素包括房屋等建(构)筑物、道路、水系、植被、地理名称、高潮位线、低潮位线等。地形要素表示要求如下:

(1)界址线依附的地形要素(地物、地貌)应表示,不可省略。

(2)1∶5 000、1∶1 万、1∶5 万比例尺地籍图上主要地形要素包括居民点、道路、水系、地

图 4-15　地籍图样图示例

理名称等，注记表示按照《国家基本比例尺地图图式　第 2 部分：1∶5 000 1∶10 000 地形图图式》(GB/T 20257.2—2017)和《国家基本比例尺地图图式　第 3 部分：1∶25 000 1∶50 000 1∶100 000 地形图图式》(GB/T 20257.3—2017)执行。

(3)1∶500、1∶1 000、1∶2 000 比例尺地籍图上主要的地形要素包括建筑物、道路、水系、地理名称等，注记表示方法按照《国家基本比例尺地图图式　第 1 部分：1∶500 1∶1 000 1∶2 000 地形图图式》(GB/T 20257.1—2017)执行。

(4)可根据需要表示地貌，如等高线、高程注记、悬崖、斜坡、独立山头等。在平坦地区，地籍图上一般不表示地貌。在山区或丘陵地区，为了用图方便起见，宜表示出大面积的斜坡、陡坎、路堑、路堤、台阶路等。在地籍图上应注记控制点的高程。

(5)大面积绿化地、街心花园、城乡接合部的农田、园地、河滩等，可以用土壤及植被符号表示。道路内小绿地、单位内绿地、零星植被在地籍图上可以不表示。

(6)其他如电力线、通信线、架空管线可以不表示,但高压线的塔位及与土地他项权利有关的管线应在地籍图上表示。

4. 数学要素

数学要素包括内外图廓线、内图廓点坐标、坐标格网线、控制点、比例尺、坐标系统等。控制点是测定界址和变更地籍测量的依据,图上应表示其位置、名称、等级、埋石等。

5. 图廓要素

图廓要素包括分幅索引图、密级、图名、图号、制作单位、测图时间、测图方法、图式版本、测量员、制图员、检查员等,如图 4-16 所示。

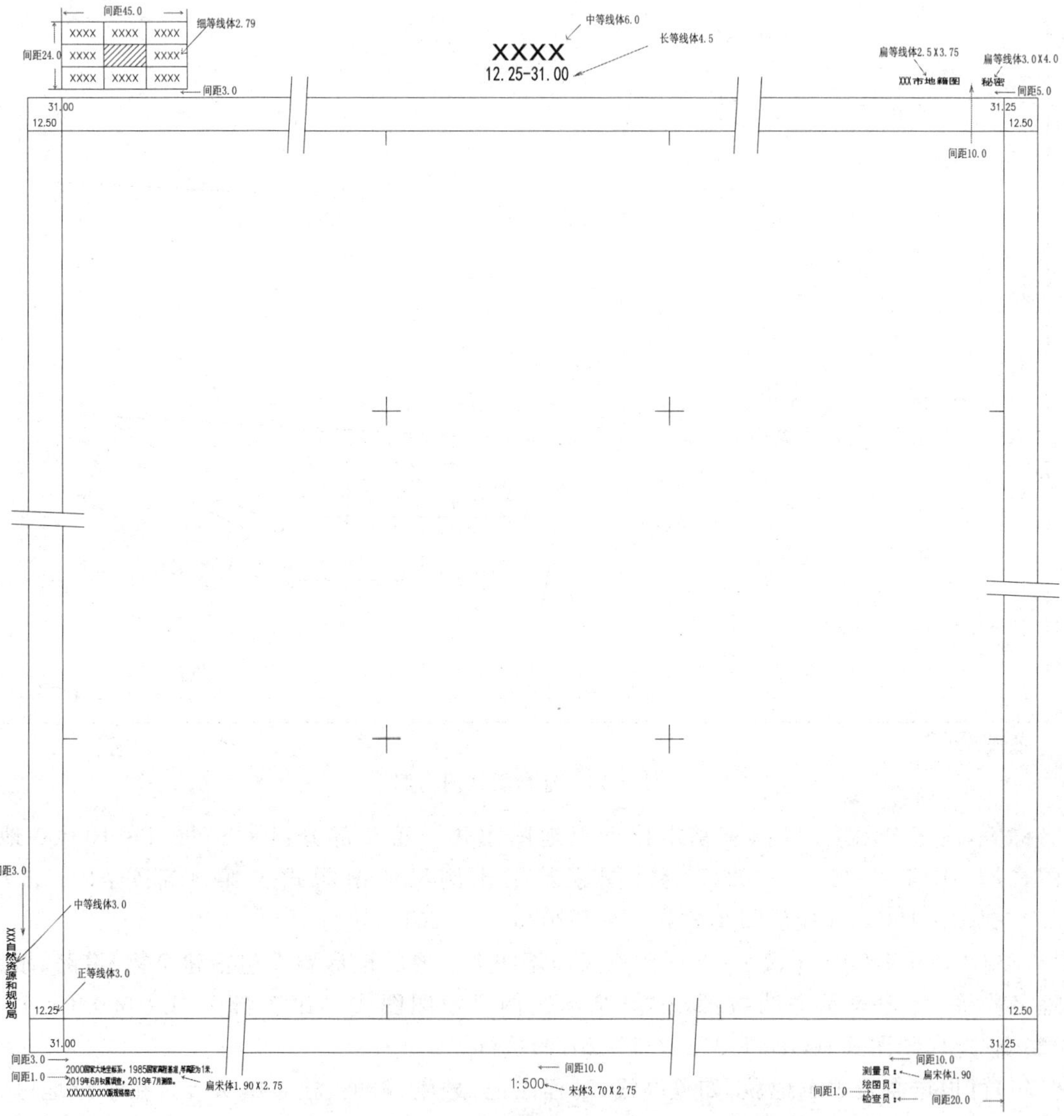

图 4-16　图廓整饰示例

(三)基本地籍图成图方法

基本地籍图成图方法主要有数字化成图,包括全野外数字测图、内业数字化成图和数字摄影测量成图等方法,以及编绘法成图。全野外数字测图是采用全站仪在实地直接采集数据,求出界址点和其他地物点的坐标,并以这些点根据成图规则绘制成地籍图。全野外数字测图也称全解析法野外测图、数字实测成图等,它是数字成图的一种类型。全野外数字测图是基本地籍图应用最为广泛的一种方法。内业数字化成图是指利用已有纸质地籍图、地形图等图件,通过数字化或矢量化而形成数字地籍图。数字摄影测量成图则是按照《1∶500 1∶1 000 1∶2 000 地形图航空摄影测量数字化测图规范》(GB/T 15967—2008),以地形图测量精度要求进行地物点测量,利用航空摄影测量取得的如像片平面图等成果,进行调绘而数字化成图方法。编绘法成图,顾名思义就是利用已有图件,通过对要素的核实后编绘成图。数字摄影测量成图虽然属于数字化成图方法的一种类型,但其作业手段、程序有其独特性,将在后面单独介绍。

1. 全野外数字测图

全野外数字测图是采用全站仪在实地直接采集数据并求出界址点和其他地物点的坐标,并以这些点根据成图规则绘制成地籍图。除数据采集方法不同之外,全野外数字测图、内业数字化成图的工作步骤和作业方法是一致的。鉴于此,下面介绍的内容是以全野外数字成图为主要内容的数字化成图工作步骤和作业方法;又由于野外数字采集另有实际操作内容,且技术性强,故单列介绍。

1)数字化成图系统的构成

数字化成图系统是以计算机为核心,在外部输入输出设备硬、软件的支持下,对地籍地形空间数据进行采集、输入、成图、绘图、输出、管理的成图系统。它是实现数字化成图功能所有因素的集合。换言之,数字化成图系统是硬件、软件、人员和数据的总和。

数字化成图系统的硬件主要有两大类:测绘类硬件和计算机类硬件。前者主要指用于外业数据采集的各种测绘仪器;后者包括用于内业技术处理的计算机及其标准外设(如显示器、打印机等)和图形外设(如用于录入已有图形的数字化仪和用于输出图纸的绘图仪)。另外,实现外业实地记录和内、外业数据传输的电子手簿则既可能是测绘仪器(如全站仪)的一个部分,也可能是用某种掌上电脑开发的独立产品。

数字化成图系统的软件包括为完成数字化成图工作用到的所有软件,即各种系统软件(如操作系统 Windows)、支撑软件(如计算机辅助设计软件 AutoCAD 和数据库管理系统 Oracle)和实现数字化成图功能的应用软件也称专用软件。

数字化成图系统的人员是指参与完成数字化成图任务的所有工作与管理人员。数字化成图对人员提出了较高的技术要求,他们应该是既掌握了现代测绘技术又具有一定的计算机操作和维护经验的综合性人才。

数字化成图系统中的数据主要指系统运行过程中的数据流,包括采集(原始)数据、处理(过程)数据和数字地籍图(产品)数据。采集数据可能是野外测量与调查结果(如控制点、界址点坐标、土地等级等),也可能是内业直接从已有地籍图或航测像片数字化或矢量化得到的结果(如地籍图数字化数据和扫描矢量化数据等)。处理数据主要是指系统运行中的一些过渡性数据文件。数字地籍图数据是指生成的数字地籍图数据文件,一般包括空间数据和非空间数据两大部分,有时也考虑时间数据。数字化地籍成图系统中数据的主要特点是结构复杂、数据量庞大,这也是开发数字化地籍成图系统时必须考虑的重点和难点之一。

2)数字化成图工作步骤及作业方法

数字化成图的工作步骤主要有:数据采集、数据处理、图形编辑、成果输出和数据管理。通常分为数据采集、数据编码和计算机处理、自动绘制两个阶段。数据采集和编码是计算机绘图的基础,这一工作主要在外部作业期间完成。内业进行数据的图形处理,在人机交互方式下进行图形编辑,生成绘图文件,由绘图仪绘制地籍图。

(1)数据采集。数据采集是获取数字化地籍成图所必需的数据信息,包括描述地籍图要素的空间位置和形状所必需的点的坐标和连接方式,以及地籍要素的地理属性。数据采集主要有两类方法:外业采集和内业采集。

外业采集就是在野外完成地籍图的数据采集工作。外业采集主要用测量仪器(全站仪、导航定位接收机等)进行,借助于电子手簿、全站仪存储器或掌上电脑的帮助,将测量数据(一般为测点坐标)传入计算机供进一步处理。当用外业采集方法时,测点的连接关系及地籍要素的地理属性一般也在工作现场采集和记录,目前有四种不同的采集和记录方法:

——用约定的编码表示地籍要素的地理属性和测点的连接关系,野外测量时,将对应的编码输入电子手簿或全站仪的存储器,最后与测量数据一起传入计算机;

——用草图来描述测点的连接关系和地籍要素的地理属性,野外测量时绘制相应的草图(不输入电子手簿或全站仪存储器),内业工作时再将草图上的信息与电子手簿传入的测量数据进行联合处理;

——利用掌上电脑和测图软件中的图形符号直接测绘地籍图,不需要记忆和输入编码,能够完成大部分的成图工作,最后再将数据文件传入计算机,经过少量编辑处理即可生成数字化地籍图;

——在野外直接将全站仪与计算机(笔记本电脑)连接在一起,测量数据实时传入计算机,现场加入地理属性和连接关系后直接成图。

内业采集主要是指对已有地籍图的数字化,或利用该地区已有大比例尺地形图采集数字化地籍要素数据,或以航空像片为数据采集对象,但是界址点仍需在实地测量。内业采集主要用数字化仪或扫描仪完成。

内业采集的特点是工作较简单、效率较高,但精度较低,且必须有较完整的满足要求的纸基地籍图、地形图、航空像片可供利用。当采用扫描仪数字化时,还必须进行矢量化处理。假如用户测区内已有了精度合适的地籍原图,就可以采用内业数字化作业模式。这种模式的优点是将外业测图和内业计算机处理较明显地分开,便于人员的专业化配置,放宽了对于大部分作业人员的技术要求。

(2)数据处理。数据处理是将不同方法采集到的数据通过通信接口及相应的通信软件传输给计算机,经过相应的预处理软件处理,将数据转化为成图所需数据的过程,包括数据格式或结构的转换、投影变换、图幅处理、误差检验等内容。数据处理是数字地籍成图的一个重要环节,它直接影响最后输出的图解地籍图图面质量和数字地籍图在数据库中的管理。

(3)图形编辑。图形编辑是对已经处理的数据所生成的图形(和地理属性)进行编辑、修改的过程。图形编辑必须在图形界面下进行。外业实测记录的原始数据经计算机数据处理,生成图形文件,在计算机屏幕上显示图形。然后在人机交互方式下进行地籍图的编辑,生成数字化地籍图的图形文件,主要包括删除错误的图形和不需要表示的图形,修正不合理的符号表示以及进行地籍图注记。编辑过程中，在屏幕上的图形修改会使相应的图形文件随之修改，形成新的图形文件。人机交互编辑必须根据测量的界址点和草图进行修改。在编辑中发现的问题应按地籍测绘规范合理解决，必要时要通过外业复查后修改。

(4)成果输出。成果输出是输出地籍测量所需要的各项成果。一般是在绘图仪或打印机上将已经编辑好的图形输出到所需介质上。目前，图形输出也包括以某种(指定的或标准的)格式输出数据文件。

(5)数据管理。数据管理为了便于今后地籍变更以及地籍信息的自动化管理，所采集的原始数据和经过处理的有关数据均需加以存储，并建立地籍数据库，为地籍信息系统提供数据。

3)数字测图的野外数据采集

数字测图野外数据采集大体有三方面工作：准备工作、地籍信息编码、野外实测。

(1)准备工作。有关地籍测量范围的划分与权属调查、布设地籍控制网、划分作业分区等事项。

由于数字测图外业并不以图幅为单位进行，应将测区范围分为若干分区，使得“测量完成一片，数据处理一片”，加速整个工作的运转。当然必须确保各相对独立分区内的数据正确，方能使整个测区的数据正确性得以保障。通过分区，避免了数据过大，数据的适度能使作业员及时、有条理地进行外业和内业处理。对一个分区的数据不能有重复点号，也就是说在一个分区内的所有测点(包括界址点和地物点等)数据编号与实地点号是一一对应的关系，不允许实地一个点对应几个编号，或一个编点号对应实地多个点。

(2)地籍信息编码。数字化地籍细部测量是在数字成图系统上完成的。数字化地籍细部测量时，首先通过对待测点(界址点、地物点等)的观测，获得测点的三维坐标(几何信息)，此外，还必须知道测点的属性信息。测点的属性信息包括：测点属于的地物(如界址线、房屋、道路、沟渠等)；该地物上测定了哪些点；这些点的连接顺序及连线线型(直线、圆、圆弧、曲线等)。地籍要素还包括：反映隶属关系的行政名称、地理名称和宗地名称；反映土地利用现状的独立地物、线状地物和面状地物；反映数量关系的土地占有面积和土地利用面积；反映地物特征的某些说明、注记等。数字地籍测量的首要问题是如何使各种地籍要素能为计算机所识别，经过计算机软件自动处理(如自动识别、自动检索、自动连接、自动调用图式符号等)，才能绘出地籍图，因此，对地籍要素必须同时给出点位信息及绘图信息。

综上所述，数字化地籍测图中测点的描述必须具备三类信息：①测点的三维坐标；②测点的属性；③测点的连接关系。其中第一项是图形的定位信息，后两项则是绘图信息。

测点的点位是用仪器在外业测量中测得的，以平面直角坐标表示。测点时要标明点号，点号在测图系统中是唯一的，根据它可以提取点位坐标。

测点的属性用编码表示，有编码就知道它是什么点，图式符号是什么。反之，外业测量时知道测的是什么点，就可以绘出该点的编码并记录下来。

测点的连接信息，是用连接点和连接线型表示的。

野外测量时，当场记下该测点(如房屋、道路)的编码和连接信息；显示成图时，利用测图系统中的图式符号库，从库中调出与该编码对应的图式符号成图。也就是说，如果测得点位，又知道该测点应与哪个测点相连，还知道它们对应的图式符号，那么，就可以绘制出地籍图。

地籍信息编码就是采用规定的代码表示一定的地籍信息，从而简化和方便了对地籍信息的各种处理。在数字地籍测量中，地籍信息编码是有效地组织数据和管理数据的手段，它在数据采集、数据处理、数据库管理及成果输出的全过程中都起着至关重要的作用。地籍信息编码应遵循唯一、简明、实用、便于计算机处理、符合国标图式分类的原则。

测点的编码是野外采集数据时的一个非常重要的问题。若仅仅有野外采集点的观测值，而对所测点不加任何属性及几何相关性的说明，那么这些点都是一些孤立点，在处理和加工野外采集的数据时，计算机不能对其进行识别，也就无法进行数据处理。因此，在输入观测值到电子手簿或电子记录器的同时，应对每个测点赋予一个属性及几何相关性说明。

地物上各点连接信息确定每个地物由哪些点组成以及点之间的连接顺序和线型。可以根据野外草图上所画的地物及标注的测点点号，在电子手簿或计算机上输入；也可以在野外测量现场对照实地地物在便携机(笔记本电脑)上或掌上电脑(PDA)上输入，便携机屏幕类似一个模拟测图图板。

(3)野外实测。数字化地籍测图时，野外数据采集的方法按数据记录方式的不同可以分为：电子手簿记录模式、便携机记录模式、全站仪数据存储卡记录模式、GNSS测量模式。

(a)电子手簿记录模式。电子手簿记录模式通过电缆与全站仪连接，可以实现观测数据或坐标值的在线采集，也可由人工按键输入。使用的电子手簿一般有两种：一种是全站仪原配套的电子手簿；另一种是利用掌上型电脑开发的电子手簿。因后者具有常用的操作系统，并含有汉字菜单和提示，内存大，运行速度快，可进行图形显示，因而目前国内主要使用掌上型电脑开发的电子手簿作为数字化地籍测图野外数据采集的记录器。

为节省野外作业时间，一般在野外只进行简单的连码(即输入点的符号类别和点之间的连线信息)，再根据野外所画的草图室内进行连码，当连码完成后，即可将手簿中的测量数据传输到计算机，由测图系统生成图形，并进行适当的图形编辑。

(b)便携机记录模式。采用便携机记录模式时，可以将便携机通过电缆与全站仪连接，实现观测数据或坐标值的在线采集，在线采集要求便携机必须在测站；也可以在便携机与全站仪之间建立无线数据传输(离线采集)，将全站仪的观测数据传输到便携机接收、记录，此时便携机可以随棱镜一起移动，也可以放在测站或其他方便的位置。随着便携机价格的降低、重量的减轻、待机时间的延长、抗外界环境的性能增强及便携机整体性能的提高，该记录模式在野外数据采集时将会被越来越多地采用。该记录模式的便携机类似于模拟法测图时的小平板，因此，采用便携机记录模式测图，也被人们称为“电子平板法”测图或“电子图板法”测图。“电子平板法”是一种基本上能将所有工作放在野外作业时完成的数字地籍测量方法，实现了数据采集、数据处理、图形编辑现场同步完成。

(c)全站仪数据存储卡记录模式。近年生产的全站仪大多已不再采用电子手簿作为数据记录器，而是采用内存(类似计算机的硬盘)或可卸式存储卡记录观测的数据，而且在全站仪中自带与MS-DOS兼容的操作系统，可以由用户编制记录程序并安装到全站仪中，输入数据编码。它无须连接电缆，野外记录十分方便。全站仪与计算机用通信电缆连接后，可以方便地将全站仪内存中记录的数据传输到计算机中。用存储卡记录的数据，可以直接被计算机读取。另外，对于具有自动跟踪测量模式的全站仪(也被称为测量机器人)，测站可以无人操作，而在镜站遥控开机测量，全站仪自动跟踪、照准、数据记录，还可在镜站遥控进行检查和输入数据编码。

(d)GNSS测量模式。当采用RTK技术进行地籍细部测量时，仅需一人背着GNSS接收机在待测点上观测1～2 s即可求得测点坐标，通过电子手簿记录(配画草图、记录显示图形并连码)，由数字地籍测图系统软件输出所测的地籍图。采用 RTK 技术进行测图时，不需要测站点与待测点间通视，仅需一人操作，便可完成测图工作，可以大大提高工作效率。但应注意对 RTK 测量结果的有效检核，且在影响 GNSS 卫星信号接收的遮蔽地带，还需将 GNSS 接收机与全站仪结合，二者取长补短，更快更简洁地完成测图工作。

随着 RTK 技术的进一步发展、系列化产品的不断改进(更轻便化)以及价格的降低，GNSS 测量模式，在比较开阔地区的地籍细部测量野外数据采集，将会得到越来越多的应用。

一个分区的外业数据采集结束后，一般形成两个文件：一个是图块(地物)描述信息文件，一个是测点坐标文件。

按照数字成图系统的要求，野外数据采集完毕传入计算机并存盘后，即可由数字成图系统调用其系统内的图式符号库，进行图形生成。

2. 数字摄影测量成图

航空摄影测量方法在土地利用现状调查中已得到广泛的应用。在城镇地籍测量中，一般按地形测量精度和要求，采用数字摄影测量系统、解析测图仪、联机精密立体测图仪立体测图的方案进行地物点测量。

1)航空摄影

按航空摄影规范规定，根据成图比例尺确定摄影比例尺，并宜采用常角航空摄影仪在树木落叶期间进行航空摄影。

2)像片控制测量

一般按全野外像片控制布点。1∶2 000 成图比例尺可按区域网布点要求进行像片连测，并进行空中三角测量像片控制加密。按一级图根控制测量精度测定像片控制点的平面坐标，以等外水准精度测定像片控制点高程。

3)像片调绘

在权属调查基础上，在放大调绘片上刺出界址点的位置，对刺不出的界址点，圈出其概略位置，在其附近刺出三个以上明显地物点，并丈量与待定界址点的实地距离，在调绘片反面整饰注出。按约定简化符号调绘地物，注出房檐宽度，标出各种注记，删去已变化地物。按照刺不出的界址点的处理方法，补测新增或被高大建筑物影像遮盖的地物。

4)立体测图

在数字摄影测量系统、解析测图仪或联机精密立体测图仪上，定向后对照调绘片，立体测绘界址点和其他地物，按房檐测绘房屋位置时，应扣除房檐宽度，根据刺出的邻近地物点测定的位置和相应实地距离，补测出刺不出的界址点和新增地物等的位置，直接获得地籍图的图形矢量数据，初编回放基本地籍图。

5)实地巡视检查

在利用调查表中界址边长、界址点间距对初编回放基本地籍图内业互为校核基础上进行实地巡视检查，纠正权属调查、调绘、立体测图中的错误和丢漏，根据实地检查结果，精编回放基本地籍图，获得相应数据。

以上是一个先外后内的方案，即先外业调绘，后立体测图的方案；也有采取先内后外的方案，即先参照立体影像测图，初编回放后，实地修测后精编回放成基本地籍图。这两种方案，都是数字摄影测量成图的方法。在实践中，也有对街坊外围界址点用解析法测定，内部用航空像片图解定点形成地籍图，类似为部分解析法。

如果按《地籍调查规程》（TD/T 1001—2012），对图上界址点间距中误差小于±0.3 mm的要求作业，需要有非常得当的措施才能达到规定的精度要求。

3. 数字编绘法成图

需要说明的是，编绘法成图以往的做法是在符合要求的地形图或影像图原图上，根据宗地草图丈量数据、界址点坐标、补测的地形要素，按规定的内容和表示方法编辑处理生成地籍图。虽然成图周期快，但成图精度较低，形成的是纸质地籍图，不符合数字测图的时代发展。现代意义上的编绘法，更多是在满足精度的数字原图上进行各要素的修改。

数字编绘法成图的基本要求是以下几点：

(1)充分利用测区内已有的、符合规定要求的大比例尺地形图、影像平面图作为基础图件。

(2)以工作底图为基础，可采用全野外数字测量方法修补测地籍要素，也可采用数字摄影测量方法修补测地籍要素。对需要满足表4-1规定的界址点应采用解析法测量其坐标。

(3)在工作底图上可根据宗地草图的丈量数据、解析界址点坐标和修补测的地籍要素，按照规定的内容和表示方法进行编辑处理生成地籍图。地籍图的数据内容、数据质量、数据分层、要素代码应符合数据库建设的要求。

(4)编绘法成图周期快，但由于编绘法是在原图上进行制作新的地籍图，成图精度较低，因此编绘时，应对原地形图的精度进行检查，若不符合要求，则不能用于编绘。

(5)以数字正射影像为基础，可依据土地权属调查成果编绘地籍图。

(6)用来编绘地籍图的地形图，其比例尺应比新编图的比例尺大或相等。

二、宗地图成图

宗地图是以宗地为单位的不动产单元图，是不动产权证书和宗地档案的附图，如图4-17所示，对于宗地权属的保护具有法律效力。

（一）宗地图成图方式

以已有的基本地籍图为工作底图，按照地籍图各要素的测绘方法，测绘宗地内部及其周围的不动产权籍空间要素及地物、地貌要素，依据测绘成果编制而成。宗地图的比例尺和幅面一般应根据宗地的大小和形状确定，比例尺分母以整百数为宜。

（二）宗地图主要内容

(1)宗地代码、所在图幅号、宗地面积、地类号等。可不表示权利人的名称或姓名。

(2)本宗地界址点、界址点号、界址线、界址边长、门牌号码。其中门牌号码标注在宗地的大门处。

(3)以幢为单位的房屋要素，包括房屋的幢号、建筑结构、总层数等。其中幢号可用(1)、(2)、(3)…表示，也可用(0001)、(0002)、(0003)…表示，幢号标注在房屋轮廓线内的左下角。

(4)用加粗黑线表示建筑物区分所有权专有部分所在房屋的轮廓线。如果宗地内的建筑物不存在区分所有权专有部分，则不表示。

(5)用地类界表示林木权属界限。在土地承包经营权宗地范围内用“(1)、(2)、…、(N)”表示林木所有权地块的编号，并标注在地块范围内的适当位置。

(6)宗地内地类界线、建(构)筑物及宗地外紧靠界址点线的定着物、邻宗地的宗地号及相邻宗地间的界址分隔线。

(7)房屋的挑廊、阳台、架空通廊等以栏杆外围投影为准，用虚线表示。

(8)相邻的道路、街巷等名称。

(9)指北方向、比例尺、界址点测量方法、制图者、制图日期、审核者、审核日期等。

(10)不动产权籍调查材料中的宗地图上表示测绘单位的名称并加盖印章,不动产权证书附的宗地图上表示不动产登记机构的名称并加盖印章。

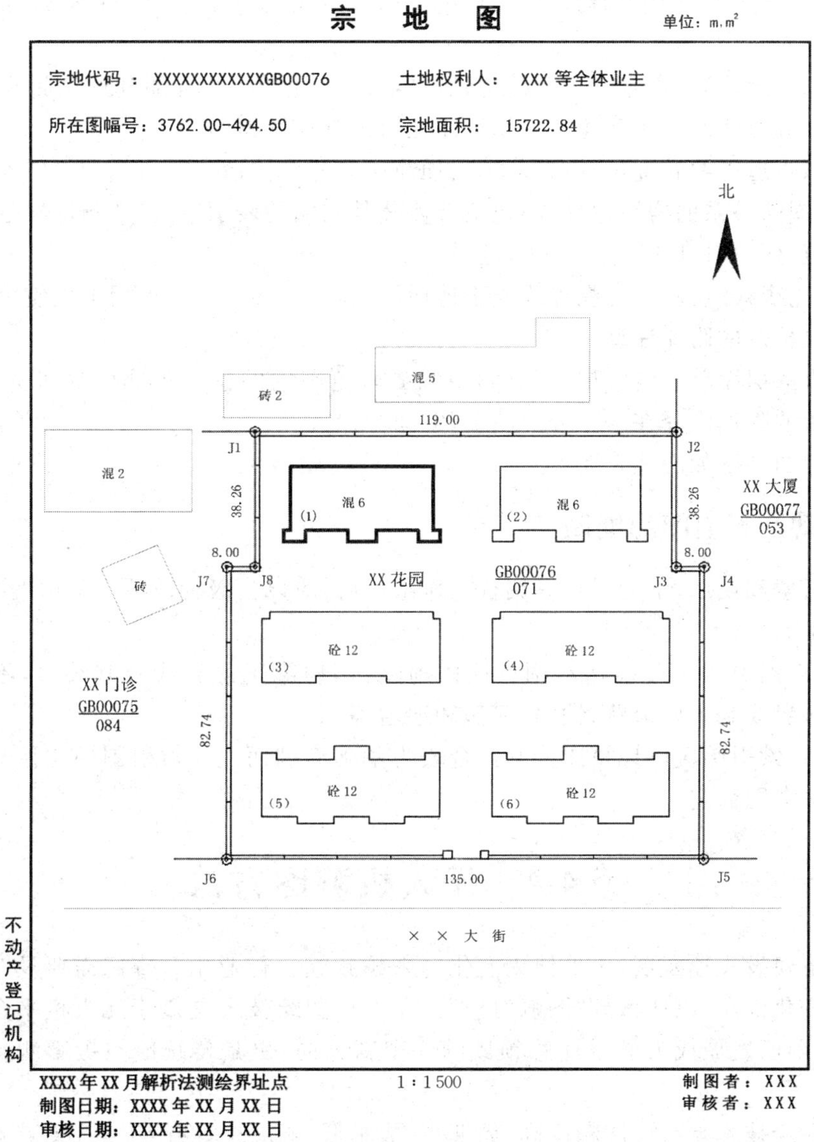

图 4-17　宗地图样

三、房产分户图成图

(一)房产分户图的规格

(1)分户图的方位应使房屋的主要边线与轮廓线平行,按房屋的朝向横放或竖放,分户图的方向应尽可能与分幅地籍图一致,如果不一致,需在适当位置加绘指北方向。

(2)可选用 A3、A4、A5 或 B5 等作为房产分户图的幅面尺寸。

(3)以地籍图、宗地图等为基础编绘房产分户图。可根据房屋的大小设计房产分户图的比例尺,比例尺分母以整百数为宜。

(二)房产分户图的内容及其绘制方法

(1)房屋轮廓线、房屋边长、分户专有房屋权属界线、四面墙体的归属、比例尺、指北针、绘图员、绘制日期、绘制单位等按照《房产测量规范　第2单元:房产图图式》(GB/T 17986.2—2000)的规定绘制。

(2)坐落、宗地代码、户号、幢号、结构、所在层次、总层数、专有部分建筑面积(套内专有部分建筑面积)、分摊建筑面积和建筑面积标注在房产分户图框内。

(3)楼梯、走道等共有部位,需在范围内加简注名称及用途。

(4)存在周邻关系的房屋权界线,包括墙体及其归属的表示按《房产测量规范　第1单元:房产测量规范》(GB/T 17986.1—2000)执行。

(5)房屋轮廓线、房屋所有权界线与土地使用权界线三者重合时,用土地使用权界线表示。

(三)房屋坐落的附加注释

可将调查的房屋单元(幢、层、套、间)空间界限范围内的左下角部位空间坐标(X,Y,H)作为房屋坐落的附加注释在房产分户图上(空间标识)。

房产分户图样图如图2-7所示。

四、不动产索引图的编制

为便于检索和使用,不动产权籍调查工作结束后,应以县级行政区为单位编制不动产索引图。基本要求如下:

(1)不动产索引图主要表达本调查区内地籍区、地籍子区界线及其编号,不同比例尺测图区域的分区界线和主要道路、铁路、河流和地名等。

(2)不动产索引图应以地籍图分幅接合表为基础编制而成。索引图的比例只以一幅图能包含全调查区范围而定。

§4-4　无人机测图方法

随着经济建设飞速发展,土地使用变化越来越频繁。行业主管部门需要及时准确地掌握不动产权籍变化信息,以便做到“图账对应”。无人机测绘技术是基于无人机平台的数字航测遥感技术,目前已发展成为航空遥感领域的一个新方向,更是传统航空摄影测量手段的有力补充。

无人机测绘技术具有成图精度高、周期短、成本低、响应快等特点,为不动产权籍图测绘提供了全新的视角和技术模式。此外,由倾斜摄影建立的实景三维模型具有更加丰富直观的地理信息,可以加快实现不动产权籍管理从二维到三维的转变。因此,该项技术在国土资源监测、应急测绘保障以及其他重大工程建设等方面具有广阔的应用前景。

一、无人机航测系统组成

无人机航测系统一般由飞行平台、飞行控制装置、地面控制装置、发射与回收装置等硬件,以及操作控制软件、图像处理软件及相关软件等组成。

(一)硬件

1. 无人机飞行平台

目前最适于高清航空摄影测量的无人机有固定翼和旋转翼两种类型。固定翼无人机(图 4-18)的优势是速度较快,续航时间长,适合几十至上百平方千米的较大面积测绘,包括垂直摄影和倾斜摄影。旋转翼无人机也称多旋翼无人机(图 4-19),机身上均匀分布了两个以上螺旋桨(通常是四旋翼、六旋翼及八旋翼等),其优势是飞行稳定,可以悬停,速度可快可慢,而且在倾斜摄影时更方便采集多角度的图像,但电动旋翼往往续航的时间较短,多用于小范围(如几平方千米)测绘或倾斜摄影测量。

图 4-18　固定翼无人机

图 4-19　旋转翼无人机

2. 全画幅相机

全画幅相机主要采集高分辨率的影像数据。

3. 导航卫星信号接收机

导航卫星信号接收机用于像控点测量,确定影像位置。

4. 计算机

计算机用于数据处理。

5. 其他

其他硬件包括存储设备、交通工具等。

(二)软件

软件包括飞行控制软件、图像处理软件、实景三维建模软件,以及其他辅助软件。

二、无人机航摄方式

目前,无人机摄影获取影像的方法主要有两种:垂直摄影和倾斜摄影。

(一)垂直摄影

高空拍摄采用垂直摄影,中心投影光线近似地被视为相互平行,当地物高低差别引起的正射投影误差可被忽略时,即可对影像进行正射处理,以便克服可能有的倾斜变形。

(二)倾斜摄影

倾斜摄影技术是近年来航测领域逐渐发展起来的一项高新技术。它颠覆了以往正射影像只能从垂直角度拍摄的局限,通过在同一飞行平台上搭载多台传感器(目前常用的是两镜头或五镜头相机),同时从一个垂直、四个倾斜等五个不同的角度采集影像(图 4-20)。通过同方向的倾斜像对,采集丰富的地物侧面影像及位置信息,即可形成地物侧面的前方交会测量数据,基本消除立体像对同名点的死角,从而能够获取地面物体更为完整准确的面貌。

图 4-20 倾斜摄影

三、无人机航测作业流程

无人机航摄测图作业流程主要分为外业航摄测量和内业数据处理两大部分。

外业航摄测量包括:资料收集,确定测区范围;施测范围航摄参数计算,规划航线;像控点布设与测量;无人机影像获取;外业调绘。

内业数据处理包括空中三角加密,数字正射影像图(digital orthophoto map,DOM)与数字高程模型(digital elevation model, DEM)的生产,裸眼测图,数字矢量地图(digital line graph,DLG)的生产,编辑成图,数据检查验收。

各阶段具体的工作内容如下。

(一)准备工作

准备工作包括资料准备、设备准备、相机检测等。

(1)收集测区基础资料,如基础地形图、卫星影像资料、控制成果,了解测区地理位置及气象情况等。

(2)相机检校,获取准确的相机内方位元素和畸变参数。

(3)飞行平台设备进行检校与常规检查,确保航摄平台各设备主要技术参数符合规范要求。

(4)现场踏勘选择合适的起降场地。

(二)航线设计

飞行航线(图 4-21)设计一般可以利用专门的软件完成。为满足测图精度要求,提高飞行效率,采用高分辨率相机,镜头为 30～40 mm,航向重叠度为 60%～80%,旁向重叠度设计为 50%～70%,地面分辨率为 5 cm,航高一般为 300～500 m。

(三)像控点布设及测量

1. 像控点布设

在测区范围内均匀布设地面像片控制点,如图 4-22 所示,根据建筑物密集程度及地形地貌,如 1∶500 测图,控制点应每 200～300 m 布设一个,且均匀分布于区域四周及中间部位。像控点应选择相邻像片上影像清晰、接近正交的细小线状地物交点和直角拐点,如平顶房角、水池角、围墙内外角、花坛角、旱地角，能准确判定几何中心的点状固定地物等，山区也可选刺在道路交叉口等处，但不能选在树木或者建筑物的遮挡处、人字顶房角、有草丛的田埂、有弧度的田角等。控制点所处地面应尽量平整，无高低落差，确保刺点不产生高程异议。目标选定后，应设置人工标志，并选择影像最清晰像片野外标注。

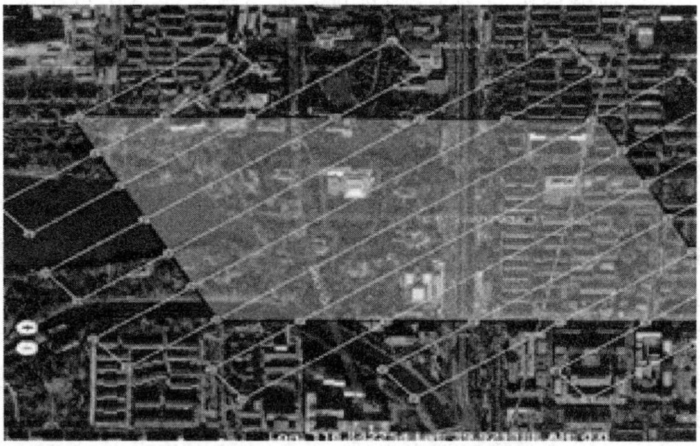

图 4-21　无人机航摄的航线规划

图 4-22　像控点和检查点布设

2. 像控点测量

可采用已知控制点进行平面坐标和高程联测，也可根据实际作业需要采用 GNSS RTK 卫星定位技术测定控制点的地面坐标，再应用后处理动态差分技术提高定位解算精度。

(四)影像获取

影像获取主要包括起飞前检查、无人机航飞、现场数据整理及检查等。

1. 起飞前检查

为确保无人机航摄安全，飞机通电后需要进行自检及严格的安全检查，主要有通信盒状态检查，线缆连接检查、GNSS 天线检查、相机检查、跟踪器检查、升降翼检查、发射架检查、飞机定位检查。

2. 无人机航飞

无人机起飞后，按照规划路线升空进行影像数据采集，地面站开始对飞机工作状态进行实时监控,技术员应时刻关注无人机的状态、风速、飞机的高度及速度等指标,如发现异常应立刻作出判断和处理,如正常即按预定线路采集完成后返航降落。

3. 现场数据整理及检查

现场对航飞数据进行整理,核查拍摄照片数量与飞行轨迹参数是否一致,是否出现漏拍现象;检查照片质量,是否有模糊不清等情况;现场对航飞成果质量进行全面、快速检查,计算航向重叠度、旁向重叠度,生成检查结果报表等。检查完成后如存在质量问题则需进行补摄飞行。

(五)数据处理与图件制作

1. 空中三角加密

数据预处理主要包括原片检查、定位测姿系统数据整理、控制点数据整理等。预处理完成后利用相应软件进行空中三角加密处理,包括将影像数据的坐标系由大地坐标转为直角坐标,对影像的畸变进行改正、构建影像模型、连接航带、像控点刺点、平差等。像控点刺点时,在立体像对的点位上选刺控制点,从所有控制点位中选择 3/4 的点作为控制点,其余点位作为检查点,同时为了增加模型连接的强度,避免由于某一个控制点的误差过大引发全局性的负面影响,在立体像片上增加一些模型连接点参与空三平差。经过反复的点位调整、优化,最终应满足平面和高程的绝对定向精度要求。

2. 数字正射影像图(DOM)制作

利用数字高程模型(DEM)数据对影像进行数字微分纠正和影像采样,制作单片的 DOM。由于无人机飞行高度较低,高层地物同名点视差较大,按照相机中心投影的成像原理,影像边缘投影误差较大,往往会出现接缝和建筑物边缘扭曲的现象,所以,需要对正射影像的镶嵌线进行人工编辑,镶嵌线的选取及修改尽可能避免穿过大型建筑物,选择纹理不丰富的位置,远离影像的边缘,尽量沿道路及地面实体的边缘等。同时,对于不同拍摄角度、位置的照片存在的色差、亮度差进行匀光匀色处理,镶嵌线周边羽化处理,保证照片镶嵌自然,整体影像亮度、色差一致,如图 4-23 所示。

图 4-23　0.05 m 分辨率的 DOM 成果

3. 数字矢量地图(DLG)立体测图

应用数字成图软件,进行立体测图和相关的地理信息获取。

(1)数据准备。准备空三加密平差成果文件及无人机原始影像数据,将必要的文件放到同一文件夹的同级目录下,如影像编号文件、外方位元素文件、加密点文件、像点文件等,保持文件前缀名称一致。

(2)新建工程。打开地理信息基础测绘平台软件(目前有的软件如 EPS 是以数据库为核心,将图形和属性数据融为一体),选择航测采编模块,建立工程文件。

(3)模型恢复。选择软件中立体测图菜单,根据外方位元素和影像重叠度自动组合立体像对,实现无缝连接,恢复立体模型,也支持自动和手动切换立体模型。

(4)立体采编。连接外接输入设备,设置工作区,应用软件对立体模型进行数据采集工作,包括矢量采集、线状物提取、点状物提取、等高线生成、屋檐改正、多角度检查、矢量图导出。

对立体模型可观测到的地貌和地物,按照“内业定位、外业定性”的原则进行全要素的数字化跟踪和外业调绘修编,最终生成数字矢量地图。

(六)三维建模

使用专用的软件进行三维建模,最终形成真实的三维模型。三维模型成果如图 4-24 所示。

图 4-24　局部三维模型成果

思考与练习题

1. 什么是不动产权籍图?
2. 不动产权籍图有哪些内容?
3. 宗地图的作用和内容是什么?
4. 地籍图测绘有数字化成图和编绘法成图,试述其区别与适用情况。
5. 地籍界址点分几类,它们适用的范围与精度要求是什么?
6. 解析法测定界址点平面位置的基本元素是什么?通常有哪些方法?
7. 试述极坐标法测定界址点的观测、记录和计算。
8. 地籍图包括哪些要素?它与地形图有何区别?
9. 全野外数字测图需具备哪些条件?
10. 数字摄影测量法成图有何优点?它适用于什么情况?

第五章　不动产面积量算

§5-1　不动产面积量算要求和准备

不动产面积量算(这里指土地和房产的面积量算)是不动产权籍调查和测量主要工作内容之一,其成果是不动产权籍管理、核发权属证书的依据和信息来源,也是房地产开发商进行经营决策、不动产权利人维护合法权益的必不可少的资料,还是不动产税费的征收、城镇规划和建设的重要依据。由于不动产面积量算结果作为不动产依法登记的依据,关乎国家、开发商、消费者和权利人的切身利益,所以必须达到规定的精准程度。为此,不动产面积的量算需要先进的量算工具、科学的量算方法和严格的量算规则加以保证。

一、不动产面积量算要求

1. *总面积层层控制*

为了确保面积量算的质量,量算必须坚持“从整体到局部,层层控制;分级量算,块块检核;逐级按比例平差”的原则,并进行“整体=Σ部分”的面积逻辑检验。按控制原则,下一层级各分部量算的面积之和必须等于其上一层级总面积,而分别量算的下一层级各分部面积之和与其上一层级总面积总会存在着差值,所以需要平差,以达到上下层级之间总面积无缝对接。分部量算面积之和与控制总面积之差值符合规程、规则所规定的允许范围后方可平差。平差后的面积又可对再下一层级量算起控制作用。

根据量算方法的不同,总面积首级控制可以有如下选择:

(1)应用图解法量算,以图幅理论面积作为首级控制面积。图幅内二级单元控制范围,可以选择方里网(千米格网)范围,因为基本地籍图上方里网(千米格网)绘制的精度很高,图廓点的展点误差不超过±0.1 mm,千米格网点的误差在±0.2 mm左右,且方里网(千米格网)的面积是固定的;也可以选择县级及以下行政辖区的境界范围,便于按行政辖区层级的面积量算控制和数据统计。

(2)应用解析法计算。因解析法计算精度很高,按地籍子区计算出的面积可作为基本控制面积。

2. *同一量算单元独立量算校核*

同一量算单元包括各层级量算控制范围以至宗地的面积必须独立量算两次,以便校核。

3. *图解法量算较差限制*

应用图解法在图上作业时,两次量算的较差符合规定的限差范围时,取中数作为单元量算面积。

4. *解析法计算结果复核*

采用坐标解析法计算宗地等单元的面积,应当独立计算两次进行检核,其结果必须一致。

二、面积量算准备工作

量算前应做好三方面准备：一是量算资料准备，二是量算工具准备，三是量算控制区划分。

量算资料准备。主要包括分幅地籍图接合图、基本地籍图、解析界址点坐标成果及其计算和记录手簿、地籍调查表、宗地图、房产分户图等。基本地籍图界址点位置与地籍图的测绘正确，精度应符合要求，底图变形率符合《地籍调查规程》(TD/T 1001—2012)要求。界址点坐标成果表摘录的界址点坐标、点号、展绘点序应该无误。地籍调查表内的宗地草图和勘丈数据应符合《地籍调查规程》(TD/T 1001—2012)的精度要求，填写的项目字迹清楚、内容齐全。房产分户图面要求界线清楚，长度标注准确。

量算工具准备。根据确定的量算方法，备齐相应的量算工具如测亩仪、光电面积量测仪、求积仪包括极式求积仪与无极式求积仪、数字化仪、聚酯薄膜等。使用前应对有关仪器进行标准性检核，例如对求积仪常数进行测定。

量算控制区划分。通常做法是先在基本地籍图二底图上标出作为量算控制区的县级及以下行政辖区界线和街坊界线，即县及地籍区、地籍分区界线并给予编号。对街坊内、外存在无主空白地块的应予标界并给予临时编号，临时编号不应与正式的街坊、宗地编号重复或混淆。

做好了准备工作，即可顺理成章地进入实际量算运作。

§5-2　不动产面积量算方法

面积量算的方法主要可分为解析法、图解法，还有两者结合形式的部分解析法等三大类。利用实测界址点坐标或界址点间距计算面积的方法，称为解析法；直接在地籍图上量取面积，或通过在地籍图上量取求积元素，再用公式计算的方法称为图解法，也称图上作业法；部分解析法是介于解析法与图解法之间的一种方法，测定街坊外围点坐标，计算街坊解析面积做末级控制，街坊内的宗地面积则应用图解法量算。图解法量算方法包括方格法、网点法、图解坐标法、几何图形法等多种方法。图解法量算的不动产面积，应在不动产权籍调查表的相应栏目注明。不动产登记时，在登记簿和权证的说明栏中也应注明。解析法计算的面积比图解法计算的面积精度要高，所以，在条件许可时，应采用解析法计算的面积代替图解法计算的面积。面积量算时，根据不同的精度要求，可单独使用一种方法或选用若干方法综合使用。

一、解析法

(一)解析法面积计算

解析法量算面积的主要手段为坐标法计算，即根据界址点平面坐标计算面积。

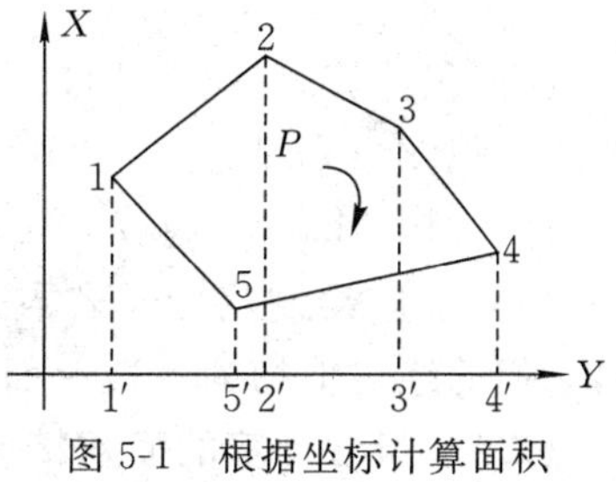

图 5-1　根据坐标计算面积

图 5-1 为已知宗地界址点坐标，多边形 1、2、3、4、5 各点的相应坐标为 (X_1, Y_1)、(X_2, Y_2)、(X_3, Y_3)、(X_4, Y_4)、(X_5, Y_5)。

首先计算各直线段在 Y(或 X) 轴上的投影所形成的梯形面积，然后取各梯形面积的代数和便可计算整个地块的面积。于是有

$$面积_{(12345)} = 面积_{(122'1')} + 面积_{(233'2')} + 面积_{(344'3')} - 面积_{(44'5'5)} - 面积_{(55'1'1)}$$

即

$$P=\frac{1}{2}(X_1+X_2)(Y_2-Y_1)+\frac{1}{2}(X_2+X_3)(Y_3-Y_2)+\frac{1}{2}(X_3+X_4)(Y_4-Y_3)-\frac{1}{2}(X_4+X_5)(Y_4-Y_5)-\frac{1}{2}(X_5+X_1)(Y_5-Y_1) \tag{5-1}$$

展开式(5-1)得

$$2P=(X_1Y_2-X_2Y_1)+(X_2Y_3-X_3Y_2)+(X_3Y_4-X_4Y_3)+(X_4Y_5-X_5Y_4)+(X_5Y_1-X_1Y_5) \tag{5-2}$$

也可写成

$$2P=X_1(Y_2-Y_5)+X_2(Y_3-Y_1)+X_3(Y_4-Y_2)+X_4(Y_5-Y_3)+X_5(Y_1-Y_4) \tag{5-3}$$

设由 n 个界址点组成的多边形,并按顺时针编号,令 k 为 n 边形中任一顶点的编号,则式(5-2) 为

$$2P=\sum_{k=1}^{n}(X_kY_{k+1}-X_{k+1}Y_k) \tag{5-4}$$

为了便于记忆,式(5-4)可写成

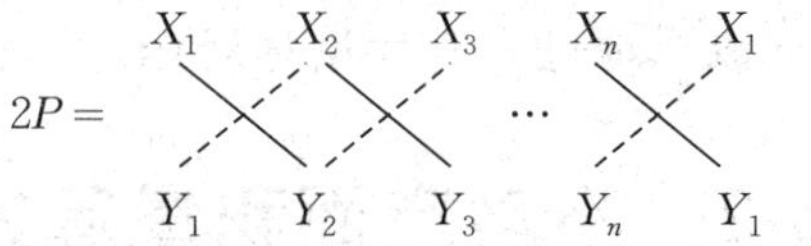

其中,斜线表示两数相乘,实线为正值,虚线为负值。

式(5-1)和式(5-3)还可写为一般公式为

$$2P=\sum_{k=1}^{n}(X_k+X_{k+1})(Y_{k+1}-Y_k) \tag{5-5}$$

$$2P=\sum_{k=1}^{n}X_k(Y_{k+1}-Y_{k-1}) \tag{5-6}$$

此外,还可变换成

$$2P=\sum_{k=1}^{n}Y_k(X_{k-1}-X_{k+1}) \tag{5-7}$$

$$2P=\sum_{k=1}^{n}(Y_k+Y_{k+1})(X_{k+1}-X_k) \tag{5-8}$$

在面积计算时,应选式(5-6)和式(5-7)平行计算相互核对。其中,式(5-7) 以 X 坐标为主,式(5-6) 以 Y 坐标为主。

计算时,当 $k=1$ 时,$k-1=n$,而当 $k=n$ 时,$k+1=1$。观测和计算时的点号不要混乱,点号填写前应绘制略图。若点号按逆时针编号,同样也可计算面积,这时所得结果符号为负号,它们的绝对值均为多边形面积。

(二)解析法计算的面积精度分析

面积量算的精度是指量算的面积相对于实地面积的精度。现对式(5-6)、式(5-7)分别求 X_k、Y_k 的偏导数,有

$$\frac{\partial P}{\partial X_k}=\frac{1}{2}\sum_{k=1}^{n}(Y_{k+1}-Y_{k-1}),\quad \frac{\partial P}{\partial Y_k}=\frac{1}{2}\sum_{k=1}^{n}(X_{k-1}-X_{k+1})$$

于是可得

$$dP=\frac{1}{2}\sum_{k=1}^{n}(Y_{k+1}-Y_{k-1})dX_k+\frac{1}{2}\sum_{k=1}^{n}(X_{k-1}-X_{k+1})dY_k$$

假设界址点各点误差相等且独立，点位中误差为 m，则有 $m_{X_1}=m_{X_2}=\cdots m_{X_n}=m_{Y_1}=m_{Y_2}=\cdots m_{Y_n}=\frac{m}{\sqrt{2}}$，根据误差传播定律，有

$$m_P^2=\frac{1}{8}m^2\sum_{k=1}^{n}[(X_{k-1}-X_{k+1})^2+(Y_{k+1}-Y_{k-1})^2]$$

或

$$m_P^2=\frac{1}{8}m^2\sum_{k=1}^{n}D_{k-1,k+1}^2 \tag{5-9}$$

式中，$D_{k-1,k+1}^2$ 为第 $k-1$ 号界址点到第 $k+1$ 号界址点的距离。

为了精度分析方便，现将式(5-9)进一步简化。当凸多边形数越多时，各转折角的平均值越接近 180°，于是可以近似地认为

$$D_{k-1,k+1}=D_{k-1,k}+D_{k,k+1}$$

上式两边平方求和，并考虑到第 0 点即为第 n 点，故有

$$\begin{aligned}\sum_{k=1}^{n}D_{k-1,k+1}^2&=\sum_{k=1}^{n}(D_{k-1,k}+D_{k,k+1})^2=\sum_{k=1}^{n}D_{k-1,k}^2+\sum_{k=1}^{n}D_{k,k+1}^2+2\sum_{k=1}^{n}(D_{k-1,k}\cdot D_{k,k+1})\\&=\sum_{k=1}^{n}D_{k,k+1}^2+(D_{n,1}^2+D_{1,2}^2+\cdots+D_{n-1,n}^2)+2D_{n,1}D_{1,2}+\\&\quad 2D_{1,2}D_{2,3}+\cdots+2D_{n-1,n}D_{n,1}\\&=\sum_{k=1}^{n}D_{k,k+1}^2+(D_{n,1}+D_{1,2}+\cdots+D_{n-1,n})^2\\&=\sum_{k=1}^{n}D_{k,k+1}^2+\Big(\sum_{k=1}^{n}D_{k,k+1}\Big)^2\end{aligned} \tag{5-10}$$

无论是凸多边形或凹多边形，由于引入 $D_{k-1,k+1}<D_{k-1,k}+D_{k,k+1}$，使计算的 m_P 偏大，从而使精度要求更为严格。

考虑到多边形各边近似相等的情况，并令多边形周长为

$$L=\sum_{k=1}^{n}D_{k,k+1}$$

则

$$D_{k,k+1}=\frac{L}{n}$$

而

$$\sum_{k=1}^{n}D_{k-1,k+1}^2=\sum_{k=1}^{n}D_{k,k+1}^2+\Big(\sum_{k=1}^{n}D_{k,k+1}\Big)^2=\sum_{k=1}^{n}\Big(\frac{L}{n}\Big)^2+L^2=n\Big(\frac{L}{n}\Big)^2+L^2=\frac{L^2}{n}+L^2 \tag{5-11}$$

则有

$$m_P^2=\frac{1}{8}\Big(\frac{L^2}{n}+L^2\Big)m^2$$

也即

$$m_P = \frac{\sqrt{2}}{4}\sqrt{\frac{n+1}{n}} \cdot L \cdot m \tag{5-12}$$

式中,n 为多边形边数。由式(5-12)可见,用坐标法量算地块面积的精度与多边形形状及边界总长有关,由于 n 总是较大,故式(5-12)可简化为

$$m_P = \frac{\sqrt{2}}{4} \cdot L \cdot m \tag{5-13}$$

面积的相对误差为

$$\frac{m_P}{P} = \frac{\sqrt{2}}{4}\frac{L}{P} \cdot m = \frac{\sqrt{2}}{4}K \cdot m \tag{5-14}$$

式中,$K=\dfrac{L}{P}$ 为多边形地块边界周长与面积之比,称周长面积比。这说明地块面积精度与地块的形状以及界址点点位误差有关。

对相同面积的几何图形,圆的周长面积比最小,而正三角形的面积比最大。

例如,$P=10\,000\ \text{m}^2$,圆的周长为 354 m,正方形的周长为 400 m,由正三角形组成多边形的周长为 456 m,其 K 值之比为 1∶1.1∶1.3。当正多边形边数越多时,正多边形越接近圆形,其面积的相对精度越高,但精度提高与多边形边数增加并不呈线性变化。当边数超过 4 条时,边数的增加对提高精度的作用越来越小。所以在量测地块时,不要一味强调取点密度,而应以经济合理方式进行量算。

当地块由多个多边形构成时,其面积为各多边形面积之和,多边形公共链在不同的多边形中具有不同的方向,则其链上两点间坐标差的符号相反,于是可得地块总面积为

$$2P = \sum_{k=1}^{n} X_k (Y_{k+1} - Y_{k-1})$$

式中,k 为地块外边界界址点的顺序编号。同理,面积精度公式也为

$$\frac{m_P}{P} = \frac{\sqrt{2}}{4}K \cdot m$$

因而,地块面积及其精度与地块内公共界址点无关,而只与外边界有关,所以量测地块面积时,不必将同种类型的地块分割开来。

二、图解法

图解法面积量算的主要方法有几何图形计算法、求积仪法和沙维奇法等。

(一)几何图形计算法

几何图形计算法是将需量算面积图形分割成若干便于量算的简单图形,如三角形、四边形、梯形等。几何图形的边长可以实地勘丈,角度也可实测,若从图上量取,则计算宗地面积的精度将大大降低。

1. 三角形面积计算

已知三角形两边的边长 a、b,其夹角为 $\angle C$,则面积 P 为

$$P = \frac{1}{2}ab\sin\angle C \tag{5-15}$$

若已知三角形一边长为 a，两邻角为 $\angle B$、$\angle C$，则其面积 P 为

$$P=\frac{a^2}{2(\cot\angle B+\cot\angle C)} \tag{5-16}$$

若已知三角形的三条边长分别为 a、b、c，则面积 P 为

$$P=\sqrt{s(s-a)(s-b)(s-c)} \tag{5-17}$$

$$s=\frac{1}{2}(a+b+c)$$

2. 四边形面积

如图 5-2(a)中，已知 a、b、$\angle A$、$\angle B$，则面积 P 为

$$P=\frac{a^2-b^2}{2(\cot\angle A+\cot\angle B)} \tag{5-18}$$

如图 5-2(b)中，已知 a、b、c、d、$\angle B$、$\angle D$，则面积 P 为

$$P=\frac{1}{2}(ab\sin\angle B+cd\sin\angle D) \tag{5-19}$$

如图 5-2(c)中，已知 d_1、d_2、φ，则面积 P 为

$$P=\frac{1}{2}d_1d_2\sin\varphi \tag{5-20}$$

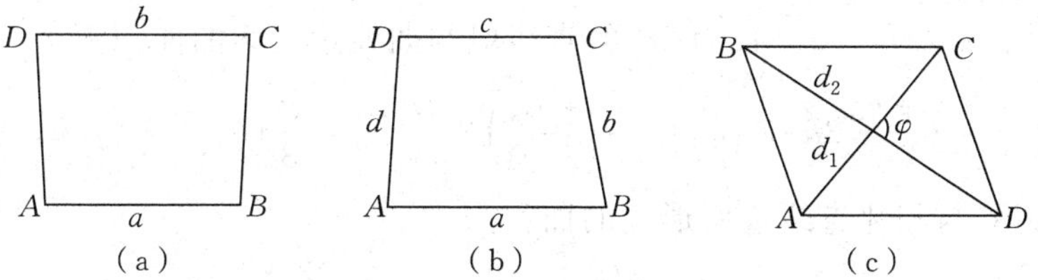

图 5-2　按几何图形计算面积

3. 不规则图形面积量算

对于不规则图形(图 5-3)，可采用支距法，图中 Bb，Cc，Dd，… 为支距，若测量得支距与纵距 Ab，bc，cd，… 后，再按三角形、梯形公式分别计算面积，其总和即为所求宗地面积。

计算通式为：各梯形面积＝1/2(测线两端支距之和×纵距)。若测线端点一支距为零时，则为三角形。

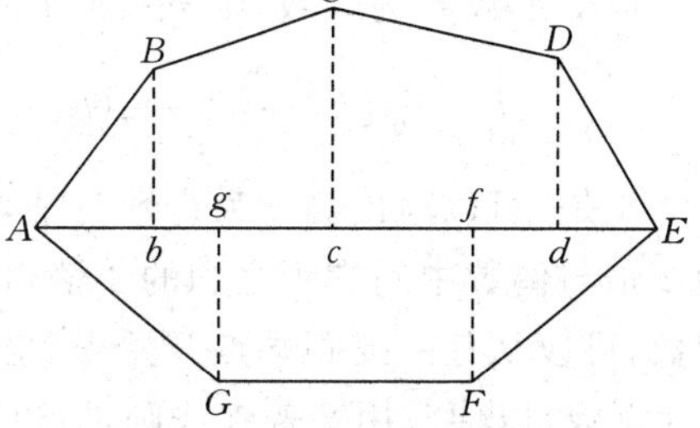

图 5-3　不规则图形面积计算

注意下列两种情况。

(1)界线中有一段与纵轴相交时，则以两支距之差与纵距乘积的一半为其面积。如图 5-4(a)所示，DE 与纵轴相交于 M，则

$$\text{面积}_{(fdDEFf)}=\frac{1}{2}\{(Dd-Ee)de+(eE+fF)ef\}=\triangle Dde-\triangle Eed+\text{梯形}_{(eEFf)}$$

由图 5-4(a)可知，$\triangle DMe$ 与 $\triangle dME$ 面积相等，对所求面积而言，$\triangle Dde$ 含有多加了 $\triangle DMe$，但在 $\triangle Eed$ 中，多减了 $\triangle dME$，正好抵消。

(2)多边形有凹入角项，且测线呈折返现象时，计算面积为负；测线仍向前延伸时，计算面积为正。

在图 5-4(b)及图 5-4(c)中

$$面积_{(ABCDEA)} = \triangle ABb - 四边形_{(BbcC)} + 四边形_{(CcdD)} + \triangle DdE$$

$$面积_{(ABCDEA)} = \triangle ABb - 四边形_{(BbcC)} + 四边形_{(CcdD)} + \triangle DdE$$

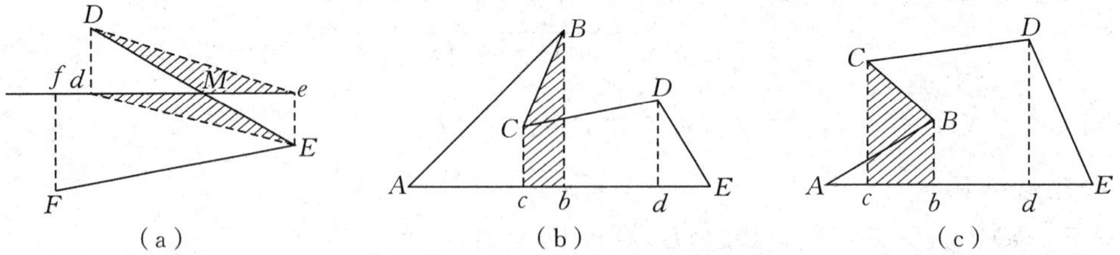

图 5-4　几种特殊情况的面积量算

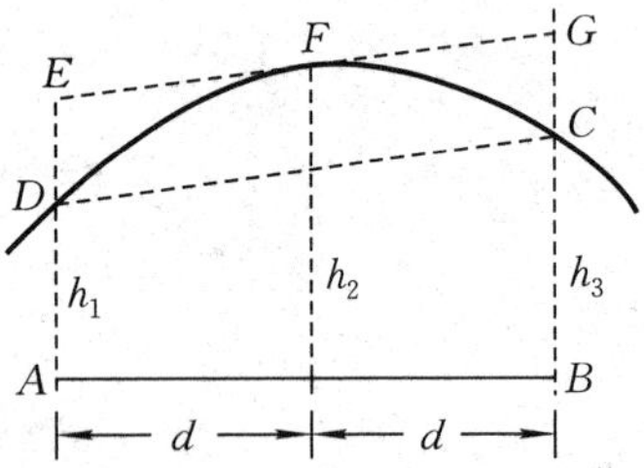

图 5-5　用辛普森法则计算面积

4. 等间隔支距法——辛普森三分之一法则

在图 5-5 中，设 AB 为待计算面积直线边，DFC 为弯曲边界的一部分并设其形状为抛物线，将 AB 等间隔 d 划分，h_1、h_2、h_3 为从导线边到边界的三条相邻支距。

直线边与曲线之间的面积可认为是梯形 $ABCD$ 的面积与抛物线 DFC 和相应弦线 DC 之间面积之和。抛物线与弦线所围面积 DFC 等于闭合多边形 $CDEFG$ 面积的 2/3。那么，边长为 $2d$ 的直线段与曲线边之间的面积为

$$P_1 = \frac{h_1 + h_3}{2} 2d + \left(h_2 - \frac{h_1 + h_3}{2}\right) 2d \left(\frac{2}{3}\right) = \frac{d}{3}(h_1 + 4h_2 + h_3)$$

同理，弯曲边界与相邻直线边所形成的面积为

$$P_2 = \frac{d}{3}(h_3 + 4h_4 + h_5)$$

设支距数 n 为奇数，则 $n-1$ 个间隔所形成的总面积为

$$P = \frac{d}{3}[h_1 + h_n + 2(h_3 + h_5 + \cdots + h_{n-2}) + 4(h_2 + h_4 + \cdots + h_{n-1})] \quad (5\text{-}21)$$

于是，可以写出当 n 为奇数时辛普森三分之一法则：两端支距之和加上奇数中间支距之和的 2 倍与偶数中间支距之和的 4 倍，再乘以 1/3 支距间隔，即为所求面积。如果总的支距数为偶数，可以从任一支距端点开始先单独计算一局部间隔的面积，从而使剩余部分面积的支距数 n 为奇数，以便应用辛普森法则进行计算。

辛普森三分之一法则计算面积的精度取决于边界曲线是凸向还是凹向直线边，当不规则边界是一条具有某些相反弯曲的曲线时，则可起到一些补偿作用。

应用辛普森三分之一法则，须在野外按等间隔丈量支距。当直线边所取间隔不等时，可采用梯形公式计算面积。

(二)求积仪法

求积仪是一种专门进行图上量算面积的工具。其特点是量测速度快，操作简便，便于携带。适用于面积较大，外形不规则图形的量算。

求积仪按其结构，分为极式和无极式两种。无极式求积仪精度稍低，但价格低且便于使用。按其测定精度划分，以其最小读数 1 格所对应的图上面积，分为 A 级(1 mm^2)、B 级(2～

5 mm^2)、C级(6～10 mm^2)。

1. 极式求积仪与无极式求积仪

极式求积仪如图5-6所示。它由两根臂,即极臂和测杆,并由铰接点(hinge)结合在一起,能够自由回转,极臂的另一端是极点,测杆的另一端是测针,目前多用一带有圆点的放大镜代替测针。铰接点处有测轮与图面接触。当测针(或放大镜)沿所测图形的外周移动,测轮在图面上转动、滑动的同时给出和面积相当的格数,这时铰接点运动的轨迹,是以极针为中心的圆。

由于上述构造上的制约,测定面积的最大可能范围限定在极臂和测杆拉成一直线时,测针线极臂旋转所画圆的内部。

无极式求积仪如图5-7所示。这种求积仪只有一个臂,即测杆,在其两端装有铰接点和测针,铰接点的一端只做直线运动,所以又称直线式求积仪。无极式求积仪为使铰接点做直线运动,而采用了两个相互平行而又能独立运动的滚轮组成的回转体,因此又叫作滚轮求积仪,它使用了两条互相平行的轨道。无极式求积仪可能测定面积的范围是铰接点和测针间距离的两倍宽的带状区域。实际上当回转体和测杆平行时,测针走动时回转体做平滑运动,此时便产生无交往动作,因此无极式求积仪可以在很狭窄的范围内使用。

无论是极式或无极式求积仪,其测杆长度有固定与可变两种,前者称单式求积仪,后者称复式求积仪。复式求积仪测杆上记得有许多指标,标出比例尺,使用时根据量算图形的方便选择测杆长度。测轮一格相应的面积称单位面积或称求积仪系数。以极点为圆心、极臂为半径所做的圆称为零圆或基准点。这些数值都记在测杆上或仪器箱内的附表中,也可用检定的方法测定它们。

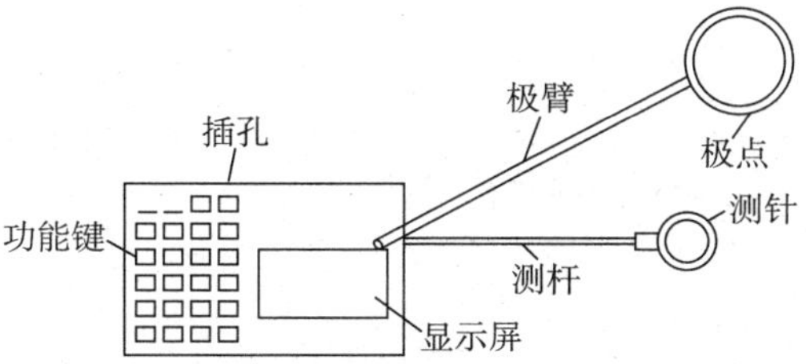

图5-6　极式求积仪

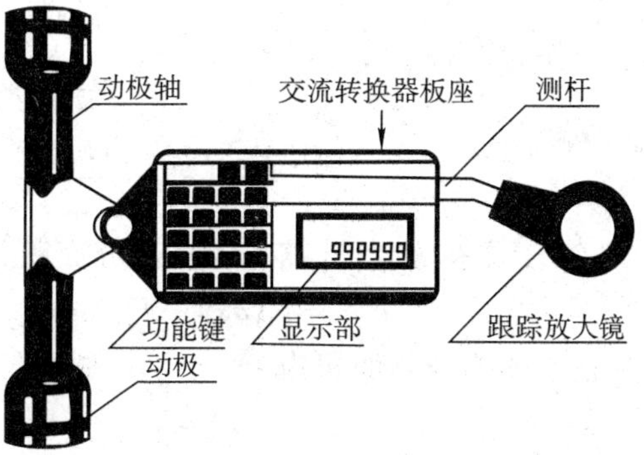

图5-7　无极式求积仪

2. 求积仪常数

根据求积仪的原理,求积仪所得面积与测杆长度、测轮直径以及测轮转数有关。如果测杆长度发生变化或测轮滚动不规则,以及电子转换装置不完善,则将给面积量测带来系统性误差,因此量测前应测定求积仪常数。测定时使求积仪对一已知面积的图形(如圆、正方形、矩形)进行多次读数,则常数可理解为一单位面积 C,其值为

$$C=\frac{\text{已知面积}}{\text{测轮读数的平均值}}$$

如果计算的 C 值与1个脉冲所代表的理论面积不符,则应对所量面积进行改正,如果测得面积与已知面积的差数小于量测精度 $\pm 2\times 10^{-4}X$ (cm^2)(X 为比例尺分母对应的数值),则可

不加改正。

3. 注意事项

开始测定前,求积仪沿图形外周概略走动一次,确定所测图形是否纳入仪器测定范围。对于极式求积仪安置极点时,将测针先置于图形中心,使测杆与极臂配置成近似直角时为宜,并使两杆尽量成直角位置时起步。为了准确可靠,不要使用到测定范围的限界附近,要留有余地。当所测图形不能全部纳入时,应划出分割线分开测定面积,图纸若有折痕或接缝,则以此分割为宜。

(三)沙维奇法

沙维奇法是以求积仪为工具,运用坐标格网的理论面积进行控制。在坐标格网控制下,用求积仪量测格网内各组成部分的面积。通过将量测误差配赋后,精确地求算面积。

沙维奇法是将欲量测的面积分为包括整千米格和非整千米格部分。整千米格的面积直接取自千米格网的理论面积,而非整格部分,则在千米格网理论基础面积控制下,用求积仪精确量测后,与整格部分加在一起而构成图形的总面积。

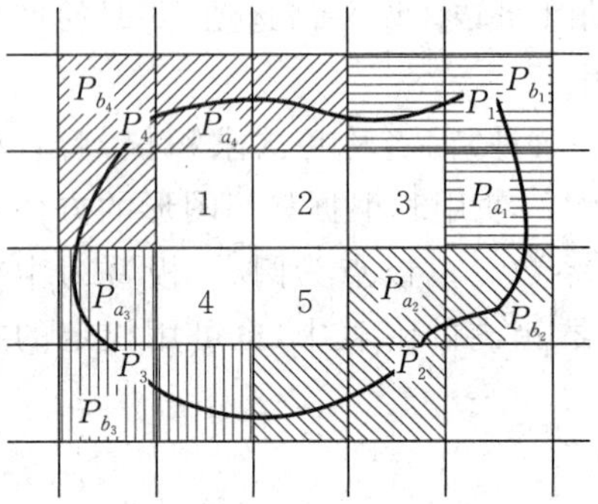

图 5-8 沙维奇法

图 5-8 中,图形内有 5 个整格,设一整格的理论面积为 P_0,则该图形整格面积为$5P_0$。将非整格部分分为 4 个控制小区,各自的面积分别为 P_1、P_2、P_3、P_4。用求积仪分别量算各小区的图形轮廓线的内、外两部分,可得出由求积仪分划数为 a_1、b_1、a_2、b_2、a_3、b_3、a_4、b_4。根据这些读数,可计算出各区求积仪的分划值 C_i,即

$$C_i = \frac{P_i}{a_i + b_i}$$

由于存在量测等误差,上述分划值不相等,但其间最大相对误差不应超过 1/400,即

$$\frac{C_{\max} - C_{\min}}{C_{均}} \leqslant \frac{1}{400}$$

若符合要求,则可计算非整格部分面积分别为

$$P_{a_1} = C_1 a_1,\quad P_{a_2} = C_2 a_2,\quad P_{a_3} = C_3 a_3, P_{a_4} = C_4 a_4$$

因此,整个图形的总面积为

$$P = 5P_0 + P_{a_1} + P_{a_2} + P_{a_3} + P_{a_4}$$

一般公式为

$$P = nP_0 + \sum_{i=1}^{m} P_{a_i} \tag{5-22}$$

式中,n 为图形内整千米格数,P_0 为整千米格网的理论面积,m 为小区划分的个数。

图上两次量算由界址点构成的面积,可以检查量算工作的正确程度,但其较差并不反映实地面积的精度。

设图上界址点的点位误差为 m,包含从图上读取图解界址点坐标的点位中误差 m_0,以及由图解法测定界址点的图上点位中误差 m_n,如同地形图上地物点的平面位置中误差,M 为图的比例尺分母,于是

$$m = M\sqrt{m_0^2 + m_n^2}$$

在检查图上量算面积的正确性时，暂不考虑测定界址点的位置中误差 m_n，则

$$m = Mm_0$$

设正方形的边长量测值为 l_1 与 l_2，则其面积 $P = l_1 l_2$。并设边长中误差为 m_l，则面积中误差为

$$m_P = 2lm_l = 2lMm_0 = 2Mm_0\sqrt{P} \tag{5-23}$$

量算两次，其较差与中误差为

$$\Delta P = P_1 - P_2$$

$$m_{\Delta P} = \sqrt{2}m_P = 2\sqrt{2}Mm_0\sqrt{P}$$

将两倍中误差为限差，则

$$\Delta P_{允} = 2m_{\Delta P} = 4\sqrt{2}Mm_0\sqrt{P}$$

取 $m_0 = 0.1$ mm 并考虑到面积以 m² 为单位，则 $\Delta P_{允}$ 为

$$\Delta P_{允} = 0.000\ 6M\sqrt{P} \tag{5-24}$$

相关规程中所取的 $\Delta P_{允} = 0.000\ 3M\sqrt{P}$，较式(5-24)为严。

三、椭球面积计算

我国基本比例尺地形图、地籍图及土地利用现状图均采用高斯-克吕格投影。高斯-克吕格投影在长度和面积上变形很小，中央经线无变形；该投影自中央经线向投影带边缘变形逐渐增加，变形最大之处在投影带内赤道的两端。

在进行小区域的不动产权籍调查时，宗地、地块等图块在高斯平面上的平面面积与在椭球面上的椭球面积误差很小，可直接使用高斯平面坐标进行图块的面积计算。当进行大区域的土地利用现状调查时，行政区、宗地、地块等图块的面积一般较大，以平面坐标计算的图块面积与该图块在椭球面上的椭球面积存在一定的误差，通常采用椭球面积计算公式进行各类图块面积计算。

椭球面积计算思路是，首先应用坐标变换公式将图块的边界点的高斯平面坐标换算为相应椭球的大地坐标，然后应用椭球面积计算公式计算图块的椭球面积。

(一)坐标变换

将纵坐标通用值 y 换算为自然值，即

$$y' = y - 500\ 000 - 带号 \times 1\ 000\ 000$$

利用高斯反算公式，将高斯平面坐标 (x, y) 换算为椭球面大地坐标 (B, L)，即

$$\left.\begin{aligned}
B &= B_f - \frac{1}{2}(V^2 t)\left(\frac{y'}{N}\right)^2 + \frac{1}{24}(5 + 3t^2 + \eta^2 - 9\eta^2 t^2)(V^2 t)\left(\frac{y'}{N}\right)^4 - \\
&\quad \frac{1}{720}(61 + 90t^2 + 45t^4)(V^2 t)\left(\frac{y'}{N}\right)^6 \\
L &= \left(\frac{1}{\cos B_f}\right)\left(\frac{y'}{N}\right) - \frac{1}{6}(1 + 2t^2 + \eta^2)\left(\frac{1}{\cos B_f}\right)\left(\frac{y'}{N}\right)^3 + \frac{1}{120}(5 + 28t^2 + \\
&\quad 24t^4 + 6\eta^2 + 8\eta^2 t^2)\left(\frac{1}{\cos B_f}\right)\left(\frac{y'}{N}\right)^5 + L_0
\end{aligned}\right\} \tag{5-25}$$

式中，B_f 为底点纬度；$t = \tan B$；$\eta^2 = e'^2\cos^2 B$；$N = C/V$，$V = \sqrt{1 + \eta^2}$；L_0 为中央子午线经度

值(弧度)。

对于克拉索夫斯基椭球,公式为

$$\left.\begin{aligned}&E_{(\text{弧度})}=x/6\,367\,588.497\\&B_f=E+\{50\,221\,646+[293\,622+(2\,350+22\cos^2E)\cos^2E]\cos^2E\}\times10^{-10}\sin E\cos E\end{aligned}\right\}$$

对于 1975 年国际椭球,公式为

$$\left.\begin{aligned}&E_{(\text{弧度})}=x/6\,367\,452.133\\&B_f=E+\{50\,228\,976+[293\,697+(2\,383+22\cos^2E)\cos^2E]\cos^2E\}\times10^{-10}\sin E\cos E\end{aligned}\right\}$$

利用式(5-25),可以逐点将宗地、地块边界点的高斯平面坐标换算为相应椭球的大地坐标。

(二)面积计算

利用椭球面积计算宗地、地块等图块的椭球面积,即

$$S=2b^2\Delta L\Big[A\sin\frac{1}{2}(B_2-B_1)\cos B_m-B\sin\frac{3}{2}(B_2-B_1)\cos3B_m+C\sin\frac{5}{2}(B_2-B_1)\cos5B_m-D\sin\frac{7}{2}(B_2-B_1)\cos7B_m+E\sin\frac{9}{2}(B_2-B_1)\cos9B_m\Big]\tag{5-26}$$

式中,a 为椭球长半轴(单位为 m);b 为椭球短半轴(单位为 m);ΔL 为图块经差(单位为 rad);(B_2-B_1) 为图块纬差(单位为 rad);$B_m=(B_1+B_2)/2$;A、B、C、D、E 为常数,其计算式为

$$\begin{aligned}&e^2=(a^2-b^2)/a^2\\&A=1+(3/6)e^2+(30/80)e^4+(35/112)e^6+(630/2\,304)e^8\\&B=(1/6)e^2+(15/80)e^4+(21/112)e^6+(420/2\,304)e^8\\&C=(3/80)e^4+(7/112)e^6+(180/2\,304)e^8\\&D=(1/112)e^6+(45/2\,304)e^8\\&E=(5/2\,304)e^8\end{aligned}$$

四、面积量算的影响因素

(一)面积量算中底图变形的影响

用数字化仪量算面积,底图的变形必然会影响到面积计算的精度。设 L 为底图变形后量得的直线长度,L_0 为相应的实地水平距离,k 为变形系数,则

$$k=\frac{L_0-L}{L}$$

此处 k 为一幅图中平均的变形系数,它在 X、Y 坐标轴上的投影分量分别为 k_x、k_y,底图变形改正后,直线的真实坐标增量为

$$\Delta X_0=\Delta X(1+k_x),\ \Delta Y_0=\Delta Y(1+k_y)$$

$$L_0^2=\Delta X_0^2+\Delta Y_0^2=\Delta X^2(1+k_x)^2+\Delta Y^2(1+k_y)^2=L^2+2(\Delta X^2k_x+\Delta Y^2k_y)+\cdots$$

设 $k_x=k_y$,其差值不超过 20%,则可用 k 代替,则

$$L_0^2=L^2(1+2k)\tag{5-27}$$

若设 L_0 为三角形的底,h_0 为其高,同理有 $h_0^2=h^2(1+2k)$。则三角形的面积为

$$P_0=\frac{1}{2}L_0h_0=\frac{1}{2}Lh(1+2k)=P(1+2k)=P+2kP\tag{5-28}$$

式中,P 是由变形的底图所量算的面积。式(5-28)右端第二项 $2kP$ 为底图变形后量算面积的

改正数。

(二)面积投影的影响

在平原地区，地籍图的投影面可选择参考椭球面。在海拔较高地区，则应投影到城市平均高程投影面上。在地籍管理工作中，通常需要量算地球表面的水平面的面积。在局部地区，投影面可近似地看成水平面，如图 5-9 所示。图中 L 为地表面的水平距离，L_0 为 L 投影到投影面的长度，H 为地表面到投影面的高程，R 为地球半径，则有

$$\frac{L}{L_0}=\frac{R+H}{R}=1+\frac{H}{R}$$

由于相似图形面积的比等于其相应边平方之比，设地表面面积与投影面面积分别为 P 与 P_0，则有

$$\frac{P}{P_0}=\left(\frac{L}{L_0}\right)^2=1+\frac{2H}{R}+\frac{H^2}{R^2} \tag{5-29}$$

(三)地面倾斜对面积的影响

为简单起见，设地表为一倾斜平面，其面积为 P_α，倾斜面倾角为 α，而投影水平面面积为 P_0，根据图 5-10 可得

$$P_\alpha=bL_\alpha=b\,\frac{L_0}{\cos\alpha}=\frac{P_0}{\cos\alpha}\approx P_0\left(1+\frac{\alpha^2}{2}\right) \tag{5-30}$$

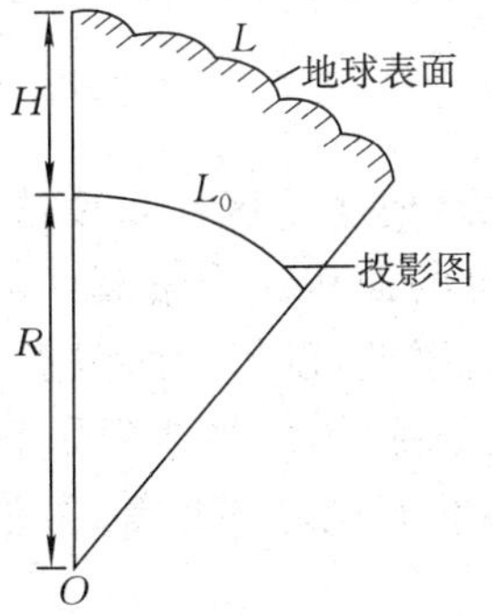

图 5-9　面积投影示意

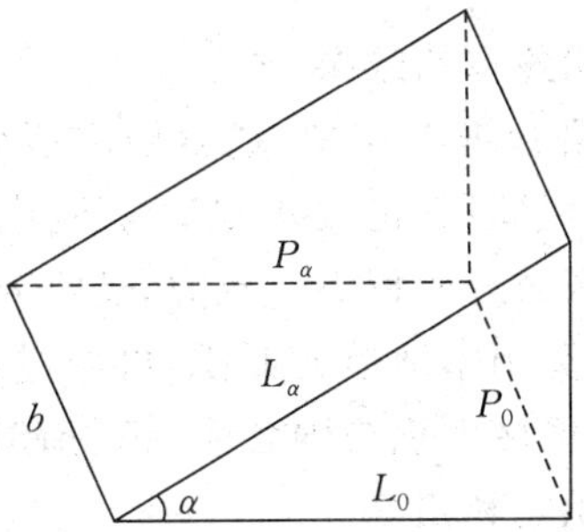

图 5-10　倾斜面积与水平面积示意

§5-3　控制面积量算及平差

如前所述，面积量算必须坚持“从整体到局部，层层控制；分级量算，块块检核；逐级按比例平差”的原则，同时还要进行“整体＝Σ 部分”的面积逻辑检验。但是在实际量算作业中，实行的是“二级控制”：图幅理论面积为首级控制面积，街坊(行政村)即地籍分区面积作为二级控制面积，也即末级控制面积。控制面积量算的要求和限差规定对于不同的量算对象，量算条件和量算方法是不一样的。

一、控制面积量算

(一)图解法控制面积量算

1. 首级控制面积选取

以分幅地籍图(基本地籍图)作为首级面积控制范围时，首级控制面积获取有两种途径：若

图幅为正方形或矩形,则可按几何关系求算图幅面积值,如所用图件日久,应实量图廓尺寸求出图幅实际面积值,作为图幅的控制面积:若为梯形分幅,则可根据经、纬度从“高斯投影图廓坐标表”中查出图幅理论面积值。

2. 二级控制面积(地籍子区面积)量算

在图幅中以地籍子区范围面积作为二级控制面积。具体操作步骤是,在聚酯薄膜原图上划出地籍子区范围线,用适宜的方法得出地籍子区量算面积。以图幅理论面积为控制,图幅内地籍子区面积之和与图幅理论面积之差小于$\pm 0.0025P$(P 为图幅理论面积,单位为 m^2)时,将闭合差按比例配赋给图内地籍子区,得出平差后的地籍子区的面积即为二级控制面积。

3. 地籍子区跨图幅控制面积处理

采用图廓理论面积作为首级控制时,必须求出跨图幅的地籍子区边界与图廓线的交点的坐标,利用跨幅地籍子区在所在图幅的区域边界点及相应点(有时还有图廓点)的坐标,分别计算出地籍子区在不同图幅内的面积,经首级控制检核的面积作为二级控制。平差后须将分布在不同图幅内的同一地籍子区面积及其一宗地(区块)面积分别相加,最后地籍子区面积之和应等于地籍子区内所有宗地(区块)面积之和。

(二)解析法控制面积计算

采用解析法进行控制面积计算,直接可以应用坐标求出地籍子区面积作为控制面积,以此控制本区内各宗地与无主地块面积。这样的设计,使两种量算方式的基本控制面积范围保持一致。

(三)控制面积量算的效果

在不动产权籍管理工作中,通常要求提供村、街坊(地籍子区)、乡镇或街道(地籍区)、县(区、市)等行政区域面积,也要求量算宗地或地类图斑的面积。当量算区域内的宗地或地类图斑面积之和与区域总面积不一致时,还需对面积进行平差,以消除面积不符值。通过自上而下的逐级平差,量算出宗地单元面积,再经过自下而上的统计,应当达到如下效果:

(1)县级行政区域面积与内含乡(镇、街道办事处)的面积之和相等,县级行政区域面积与内含地籍区的面积之和相等。

(2)乡(镇、街道办事处)的面积与内含行政村、居委会、社区的面积之和相等,地籍区面积与内含地籍子区面积之和相等。

(3)集体土地所有权宗地与内含地类图斑面积之和相等。街坊(村)(地籍子区)内既有图解法求积的宗地,又有解析法求积的宗地,则误差只配赋在图解法求积的宗地上。

面积控制是相对的,二级被一级控制,又对下一级起控制作用。控制级别越高,精度要求就越高。控制面积量算的方法除图幅理论面积外,坐标解析法计算的区域面积也可作为控制面积。如果村(地籍子区)内既有图解法求积的宗地,又有解析法求积的宗地,则误差只配赋在图解法求积的宗地上。

二、面积误差限差

相关规程中面积量算的有关规定指出,在图解法量算面积则以图幅理论面积为首级控制,图幅内各街坊及其区块面积之和与图幅理论面积之差小于$\pm 0.0025P$(P 为图幅理论面积,单位为 m^2)时,将闭合差按比例配赋给各地籍子区,得出平差后的各地籍子区的面积。用平差后的各地籍子区面积去控制地籍子区内的各宗地面积,其相对误差不得大于 1/100。在允许范围内将闭合差按比例分配给各宗地，得出平差后的宗地面积。

设面积 P' 是由若干正方形的区块面积 p_i 综合而成，则

$$P' = p_1 + p_2 + \cdots + p_n$$

若各区块面积相等为 p，中误差为 m_P，则 P' 的中误差 $m_{P'}$ 为

$$m_{P'}^2 = \sum_{i=1}^{n} m_{p_i}^2 = n \cdot m_P^2$$

现在来讨论面积控制限差，设控制的理论面积 P 与量算面积 $P' = \Sigma p$ 的较差为 ΔP。则

$$\Delta P = P - P'$$

$$m_{\Delta P} = \sqrt{m_P^2 + m_{P'}^2} \tag{5-31}$$

式中，m_P 为图廓（由图廓点构成）或由解析点构成求积区的面积中误差，图廓点或解析界址点的展绘误差是 m_P 的主要误差来源，$m_{P'}$ 还包括量测各区块面积产生的误差。$m_{P'}$ 要大于 m_P，现设 $m_{P'} = \sqrt{2} m_P$，则 $m_{\Delta P} = \sqrt{3} m_P$。

根据式(5-23)，$m_P = 2Mm_0\sqrt{P}$，则

$$m_{\Delta P} = 2\sqrt{3} Mm_0 \sqrt{P} \tag{5-32}$$

仍取 $m_0 = 0.1$ mm，则相对面积中误差，并以图上尺寸表示 $m_{\Delta P}$，则式(5-32)化为

$$\frac{m_{\Delta P}}{P} = \frac{0.35}{\sqrt{P}}$$

其允许的相对误差为

$$\frac{\Delta P}{P} = \frac{2 \times 0.35}{\sqrt{P}}$$

设面积由 $l \times l$ 的正方形组成。当图幅面积 P 的边长 $l \approx 170$ mm 时，有

$$\frac{\Delta P}{P} = \frac{0.7}{170} = \frac{1}{240}$$

上述讨论限差的精度均高于相关规程规定的精度，究其原因：其一是上述讨论是在正方形和假定面积条件下进行的，实际图形复杂得多；其二是假定展点误差和图上量取点位中误差均为 0.1 mm。实际要比这个数值大 $\sqrt{2} \sim \sqrt{3}$ 倍。所以相关规程的规定还是可行的。

这里讨论的仅是规定面积控制误差的一种思路，有关限差的合理规定还有待进一步研究。

§5-4　宗地面积量算

前面已经介绍了不动产面积量算的原则和方法，控制面积计算及平差等内容，遵循规定的规程要求，本节从操作层面介绍宗地单元面积量算内容。面积量算的主要对象是，宗地也包括地类图斑面积，涉及包括县级行政区面积、乡级行政区面积、行政村面积、地籍区面积、地籍子区面积等。由于数据采集的方法不同，宗地量算出的面积或是土地水平投影面积或椭球面面积。

一、量算方法选择

目前，实际工作中，宗地面积量算的方法主要有几何图形法和坐标法，当然依不同的区域

可选择不同的土地面积计算方法:

(1)对城镇、村庄、独立工矿等区域的建设用地,如有解析法测量的界址点坐标,宜采用坐标法计算面积。

(2)对于分散、独立的建设用地,如具备(1)之条件的,可采用坐标法计算面积;如界址点坐标是图解法取得的,则宜实地丈量界址边长采用几何图形法计算面积。

(3)对于耕地、林地、园地、草地、水域、滩涂等用地,既可选择解析法也可选择图解法计算面积。

二、几何图形法和坐标法量算的宗地面积含义

(1)如果边长、角度是从图上量取的,则计算的面积为地籍图的投影水平面积。

(2)如果边长、角度是从实地量取的,则计算的面积为地表水平面面积。

(3)如果坐标是采用解析法测量的,并且计算坐标的边长未进行投影改正,则计算的面积为地表水平面面积,否则为所选平面坐标系统投影面上的水平面积。

(4)如果坐标是从图上量取的,则计算的面积为地籍图的投影面水平面积。

三、宗地面积量算的成果

无论采用的是人工还是机助手段,又无论选用的是解析还是图解方法,量算出宗地面积之后,须经整理、统计、汇总,形成系统的成果资料,主要有:

(1)宗地界址点成果表。指街坊内各宗地的界址点成果,内容包括宗地号、界址点号、界址点坐标,如外业测有高程,还包括界址点高程。

(2)宗地面积计算表。指街坊内各宗地面积计算表,内容包括宗地号、界址点号、界址点坐标、边长,以及各宗地内建筑占地面积、建筑面积、建筑密度和建筑容积率。

(3)宗地面积汇总表。指街道内以街坊为单元的宗地面积汇总表,内容包括地籍号、地类号、地类代码、面积。

(4)地籍面积统计表。内容包括范围内按城镇土地分类统计的各类面积及汇总结果。统计范围为街坊、街道、区、市。在生成报表时,人工只需指定报表输出的范围及区、街道、街坊号,然后一切计算和汇总均由测图系自动完成,避免了许多人为差错。

§5-5　面积汇总统计

面积量算结束后,应逐幅逐宗检查原始记录和计算结果、地籍编号、地类与量算面积是否相对应和正确,各项限差是否符合要求,误差处理与配赋方法是否正确。然后对量算资料加以整理、汇总。整理、汇总后的数据为土地登记、土地统计提供基础,为社会提供服务。

一、统计汇总报表

在地籍调查中,面积统计汇总结果是一项重要成果,一般以表格的形式提供,包括以下内容。

(1)界址点成果表:内容包括界址点号、坐标、高程。范围为宗地、地籍子区。

(2)宗地面积计算表:逐个宗地输出,内容包括界址点点号、坐标、边长及宗地的建筑占地

面积、建筑面积、建筑密度和建筑容积率。范围为宗地、地籍子区。

(3)宗地面积汇总表:内容包括地籍号、地类代码、面积。范围为地籍子区、地籍区。

(4)地类面积统计表:内容包括输出范围内按土地分类统计的各类面积及汇总结果。范围为地籍子区、地籍区、区(县)、市。

在建立地籍调查数据库后,可以由系统软件自动生成报表,人工只需指定报表输出的范围及区(县)、地籍区、地籍子区。所有的计算、统计和汇总均由软件系统完成,避免了许多人为差错。

二、全国城镇地籍调查数据汇总

为全面了解我国城镇土地利用现状,进一步加强土地资源管理,节约利用土地,科学制定城镇土地利用的有关法规和政策,为有效实施和城镇土地利用的宏观调控提供科学依据,需要逐年度地进行全国城镇地籍调查数据的汇总工作。地籍调查数据的日常变更汇总工作也与此类似。

(一)汇总工作的范围与任务

汇总工作的范围包括全国县级以上城市的城区用地及县城所在地建制镇的建成区用地。汇总工作的任务是在全面审查各县级城镇地籍调查成果的基础上,运用统计学原理和方法,按照“县(区)级—地(市)级—省(自治区、直辖市)级—国家”四级体系,分别汇总各地(市)级、省级辖区及全国的城市和城镇各类土地面积等,并以此为基础,分析省级辖区内及全国城镇土地的利用结构,利用潜力及发展方向。

(二)汇总要求

(1)汇总时点为初始城镇地籍调查完成时或某一现状时点。

(2)基本汇总单元是县级市(区)、县城所在地的建制镇,并逐级汇总。

(3)建成区范围的界定:土地利用现状调查和变更调查时,调绘为城市及建制镇的图斑范围内的所有土地为城镇建成区范围。

(三)汇总内容

(1)汇总城镇土地利用现状数据,应提交汇总初始城镇地籍调查完成时的城镇土地利用现状数据,包括土地利用类型及面积等,应按第二次全国土地调查土地分类相关规定(表5-1)执行。对于变更地籍调查,还需汇总初始时点到现状时点汇总数据的基本汇量。

(2)编写城镇土地利用分析报告:在城镇地籍调查数据汇总的基础上,综合土地利用现状和城市规划、土地利用总体规划,以及社会经济、人口、环境等资料、数据,考虑经济容积率、城市规划强制因素和规划调整等因素,从结构的合理性考虑城市的空间和数量结构的调整,从城镇土地利用强度的合理性纵向潜力的拓展,进而对城市土地挖潜空间、挖潜途径和总量进行综合分析,提出合理解决途径。

城镇土地利用强度的几个衡量指标包括城镇容积率(建筑总面积/建成区总面积)、城镇建筑容积率(建筑总面积/建筑占地总面积)、城镇建筑密度(建筑占地总面积/建成区总面积)。

若调查资料无法满足分析要求,应与当地有关部门(如城建、房产)联系收集相关资料。

分析报告内容应包括城市土地利用发展现状(现状、增量、增速、原因),同类城市发展比较(同区比较、省际比较、国内外同类比较),城市土地利用潜力分析(结构潜力、强度潜力、容积率、建筑密度、未利用地),城市土地利用挖潜途径与对策等。

通过城镇地籍调查数据汇总,能够全面掌握我国城镇土地利用类型、面积、分布、土地权属和利用变化状况等信息,并提出合理利用城镇土地资源的途径及措施,从而实现城镇土地的充分合理开发、利用和保护,提高土地利用率,有效控制城市规模,优化我国城镇土地利用结构,促进城市社会经济的发展,实现社会效益、经济效益、生态效益的同步增长。

表 5-1 土地利用现状面积汇总

行政区域		行政区域总面积	耕地(01)				园地(02)				林地(03)			
名称	代码		小计	水田(011)	水浇地(012)	旱地(013)	小计	果园(021)	茶园(022)	其他果园(023)	小计	有林地(031)	灌木林地(032)	其他林地(033)

行政区域		行政区域总面积	草地(04)				商服用地(05)					工矿仓储用地(06)			
名称	代码		小计	天然牧草地(041)	人工牧草地(042)	其他草地(043)	小计	批发零售用地(051)	住宿餐饮用地(052)	商务金融用地(053)	其他商务用地(054)	小计	工业用地(061)	采矿用地(062)	仓储用地(063)

行政区域		行政区域总面积	住宅用地(07)			公共管理与公共服务用地(08)							
名称	代码		小计	城镇住宅用地(071)	农村住宅用地(072)	机关团体用地(081)	新闻出版用地(082)	科教用地(083)	医卫慈善用地(084)	文体娱乐用地(085)	公共设施用地(086)	公园与绿地(087)	风景名胜设施用地(088)

行政区域		行政区域总面积	特殊用地(09)						交通运输用地(10)							
名称	代码		小计	军事设施用地(091)	使领馆用地(092)	监教场所用地(093)	宗教用地(094)	殡葬用地(095)	小计	铁路用地(101)	公路用地(102)	街巷用地(103)	农村道路(104)	机场用地(105)	港口码头用地(106)	管道运输用地(107)

行政区域		行政区域总面积	水域及水利设施用地(11)										其他土地(12)							
名称	代码		小计	河流水面(111)	湖泊水面(112)	水库水面(113)	坑塘水面(114)	沿海滩涂(115)	内陆滩涂(116)	沟渠(117)	水工建筑用地(118)	冰川及永久积雪(119)	小计	空闲地(121)	设施农用地(122)	田坎(123)	盐碱地(124)	沼泽地(125)	沙地(126)	裸地(127)

§ 5-6 房产面积量算

房产面积量算是指利用测量方法采集与房屋相关的边长或点的相关数据,并对这些数据进行处理,获得房产面积的过程。它是不动产测量中一项重要的工作。为房地产产权产籍管理、核发权证、房地产开发等提供必要的资料,同时也为房地产税费的征收、城镇规划和建设提供重要的依据。

为了保证全国房产面积量算标准的统一,同时顾及全国各地对房产面积量算方法的连续性,2000年国家质量监督局颁布了《房产测量规范》(GB/T 17986.1—2000和GB/T 17986.2—2000),对面积量算提出了一些基本要求和具体规定。这些要求和规定,保证了全国房地产面积量算标准的统一。鉴于包括房产在内不动产面积量算的原则、要求、方法等内容在前面几节已做了介绍,本节则着重介绍地产面积量算的一些特定规定和要求。

一、房产面积量算的一般规定

房产面积量算的规定:

(1)房产面积的量算,均指水平投影面积的量算。如果测量的面积为斜面面积,则应换算成水平面积。

(2)各类面积量算,必须独立量算两次,其较差应在规定的限差以内,取中数作为最后结果。

(3)边长以m为单位,取至0.01 m;面积以m^2为单位,取至0.01 m^2;共有建筑面积分摊系数至少保留五位小数。

(4)量距应使用经鉴定合格的钢尺、激光测距仪或其他能达到相应精度的仪器或工具。

(5)在计算面积时,针对房屋的构件不同,其计算方法要分别对待。有些要计算全部建筑面积,有些只计算一半建筑面积,还有些不计算建筑面积。

二、主要术语释义

(一)房屋建筑面积

房屋建筑面积是指房屋外墙勒脚以上的外围水平面积,包括房屋的附属结构,如室外楼梯、阳台、走廊等。房屋面积的量算以幢为单位,根据实地丈量的数据计算。依据国家标准计算建筑面积的房屋原则上应具备如下条件:

(1)应具有上盖。

(2)应有围护物。

(3)结构牢固、属永久性的建筑物。

(4)层高2.20 m以上(含2.20 m)。

(5)可作为人民生产或生活的场所。

(二)房屋使用面积

房屋使用面积系指房屋户内全部可供使用的空间面积,按房屋的内墙面水平投影计算。房屋使用面积是房屋各层中直接为生活和生产使用的净空面积,不包括房屋内的墙、柱等结构面积。内墙面装饰厚度计入使用面积。

(三)房屋产权面积

房屋产权面积系指产权主依法拥有房屋所有权的房屋建筑面积。房屋产权面积由直辖市、市、县房地产行政主管部门登记确权认定。一般与建筑面积一致。

(四)房屋共有建筑面积

房屋共有建筑面积系指各产权主共同占有或共同使用的建筑面积。

三、房屋幢、层、户的划分

(一)房屋幢的划分

幢是指一座独立的,包括不同结构和不同层数的房屋。同一结构互相毗连的成片的房屋可按地籍区门牌号适当分幢。一幢房屋有不同层次的,一般中间应用虚线分开。

(二)房屋层数的划分

房屋的层数指房屋的自然层数,一般按室内地坪±0以上计算;采光窗在室外地坪以上的半地下室,其层高在2.20 m以上的,计算自然层数。房屋的总层数为房屋地上层数和地下层数之和。

夹层、插层、低于2.20 m高的技术层、阁楼(暗楼)、装饰性塔楼,以及突出屋面的楼梯间、水箱间、电梯机房等不计层数。

(三)房屋户的划分

房屋户指房屋内各权属单元的权界线所围成的范围(包含阳台、过道等附属建筑),是房屋产权登记发证的基本单元。房屋基本单元是指有固定界限,可以独立使用并且有明确、唯一的编号(幢号、室号等)的房屋或者特定空间(幢 、层、单元、套、间等)。房屋的基本单元不能小于间,不能大于幢。一户可以是一套标准户型,也可以是一间、一层、一个单元、一幢房屋的范围。

四、房产面积计算精度要求

按《房产测量规范》(GB/T 17986.1—2000 和 GB/T 17986.2—2000)规定:规则图形,可根据实地丈量的边长直接计算面积;不规则图形,将其分割成简单的几何图形,然后分别计算面积。由此可见,实地量距法实质上就是几何图形计算法。

也可根据所测绘的不动产图,选用求积仪法、几何图形法等方法在图上进行量算。图上面积量算均应独立进行两次,两次量算面积较差不得超过式(5-33)规定

$$\Delta S \leqslant \pm 0.0003M\sqrt{S} \tag{5-33}$$

式中,ΔS 为两次量算面积较差(单位为 m^2),S 为所量算面积(单位为 m^2);M 为图的比例尺分母。

在图上进行面积量算时,图形面积不应小于5 cm^2,图上量距应量至0.2 mm。

量算面积误差按表5-2规定计算,其精度等级的使用范围,由各城市的房地产管理部门根据当地的实际情况决定。

表5-2 各级房屋面积计算精度要求

房屋面积的精度等级	较差限值(ΔS)	中误差限值
一	$0.02\sqrt{S}+0.0006S$	$0.01\sqrt{S}+0.0003S$
二	$0.04\sqrt{S}+0.002S$	$0.02\sqrt{S}+0.001S$
三	$0.08\sqrt{S}+0.006S$	$0.04\sqrt{S}+0.003S$

注:ΔS 为两组独立计算面积的较差限差,单位为 m^2;S 为实量房屋面积,单位为 m^2。农村宅基地上房屋面积的精度可放宽到1.5倍。

五、建筑面积的分类计算

(一)计算全部建筑面积的情形

(1)永久性结构的单层房屋,按一层计算建筑面积,多层房屋按各层建筑面积的总和计算。

(2)房屋内的夹层、插层、技术层及其梯间、电梯间等其高度在 2.20 m 以上部位计算建筑面积。

(3)穿过房屋的通道，房屋内的门厅、大厅，均按一层计算面积。门厅、大厅内的回廊部分，层高在 2.20 m 以上的，按其水平投影面积计算。见图 5-11。

(4)楼梯间、电梯(观光梯)井、提物井、垃圾道、管道井等均按房屋自然层数计算面积。自然层数指的是房屋的楼板和地板结构分层的层数，一般按照室内地平线以上计算。

(5)房屋天面上，属永久性建筑，层高在 2.20 m 以上的楼梯间、水箱间、电梯机房及斜面结构屋顶高度在 2.20 m 以上的部位，按其外围水平投影面积计算。

(6)挑楼、全封闭的阳台按其外围水平投影面积计算，见图 5-12。

图 5-11　大厅

图 5-12　挑楼

(7)属永久性结构有上盖的室外楼梯，按各层水平投影面积计算。

(8)与房屋相连的有柱走廊、两房屋间有上盖和柱的走廊，均按其柱的外围水平投影面积计算，见图 5-13。

(9)房屋间永久性的封闭的架空通廊按外围水平投影面积计算，见图 5-14。

图 5-13　走廊

图 5-14　架空通廊

(10)地下室、半地下室及其相应出入口，层高在 2.20 m 以上的，按其外墙(不包括采光井、防潮层及保护墙)外围水平投影面积计算。

(11)有柱或有围护结构的门廊、门斗，按其柱或围护结构的外围水平投影面积计算，见图 5-15。

(12)玻璃幕墙等作为房屋外墙的，按其外围水平投影面积计算。

(13)属永久性建筑有柱的车棚、货棚等按柱的外围水平投影面积计算。

(14)依坡地建筑的房屋,利用吊脚做架空层,有围护结构的,按其高度在 2.20 m 以上部位的外围水平面积计算。

(15)有伸缩缝的房屋,若其与室内相通的,伸缩缝计算建筑面积,见图 5-16。

图 5-15 门廊

图 5-16 伸缩缝

(二)计算一半建筑面积的情形

(1)与房屋相连有上盖无柱的走廊、檐廊,按其围护结构外围水平投影面积的一半计算,见图 5-17。

(2)独立柱、单排柱的门廊、车棚、货棚等属永久性建筑的,按其上盖水平投影面积的一半计算,见图 5-18。

(3)未封闭的阳台、挑廊,按其围护结构外围水平投影面积的一半计算。

(4)无顶盖的室外楼梯按各层水平投影面积的一半计算,见图 5-19。

(5)有顶盖不封闭的永久性的架空通廊,按外围水平投影面积的一半计算。

图 5-17 无柱走廊

图 5-18 车棚

图 5-19 室外楼梯

(三)不计算建筑面积的情形

(1)层高小于 2.20 m 以下的夹层、插层、技术层和层高小于 2.20 m 的地下室和半地下室。

(2)突出房屋墙面的构件、配件、装饰柱、装饰性的玻璃幕墙、垛、勒脚、台阶、无柱雨篷等。

(3)房屋之间无上盖的架空通廊。

(4)房屋的天面、挑台、天面上的花园、泳池。

(5)建筑物内的操作平台、上料平台及利用建筑物的空间安置箱、罐的平台。

(6)骑楼、过街楼的底层用作道路街巷通行的部分。

(7)利用引桥、高架路、高架桥、路面作为顶盖建造的房屋,见图5-20。

(8)活动房屋、临时房屋、简易房屋。

(9)独立烟囱、亭、塔、罐、池、地下人防干、支线。

(10)与房屋室内不相通的房屋间伸缩缝,见图5-21。

图5-20　高架桥下的房屋

图5-21　房屋间伸缩缝

(四)特殊建筑面积计算的情形

(1)外墙墙体。同一楼层外墙,既有主墙,又有玻璃幕墙的,以主墙为准计算建筑面积,墙厚按主墙体厚度计算。各楼层墙体厚度不同时,分层分别计算。金属幕墙及其他材料幕墙,参照玻璃幕墙的有关规定处理。

(2)斜面结构屋顶。房屋屋顶为斜面结构(坡屋顶)的,层高(高度)2.20 m以上的部位计算建筑面积。

(3)不规则围护物阳台、挑廊、架空通廊的外围水平投影超过其底板外沿的,以底板水平投影计算建筑面积。

(4)变形缝。与室内任意一边相通,具备房屋的一般条件,并能正常利用的伸缩缝、沉降缝,应计算建筑面积。

(5)非垂直墙体。对倾斜、弧状等非垂直墙体的房屋,层高(高度)2.20 m以上的部位计算建筑面积。房屋墙体向外倾斜,超出底板外沿的,以底板投影计算建筑面积。

(6)楼梯下方空间。楼梯已计算建筑面积的,其下方空间不论是否利用均不再计算建筑面积。

(7)公共通道。临街楼房、挑廊下的底层作为公共道路街巷通行的,不论其是否有柱,是否有维护结构,均不计算建筑面积。

(8)二层及二层以上的房屋建筑面积均按《房产测量规范　第1单元:房产测量规定》(GB/T 17986.1—2000)中多层房屋建筑面积计算的有关规定执行。

(9)与室内不相通的类似于阳台、挑廊、檐廊的建筑,不计算建筑面积。

(10)室外楼梯的建筑面积,按其在各楼层水平投影面积之和计算。

六、成套房屋建筑面积的计算

(一)成套房屋的专有部分建筑面积计算规定

成套房屋的专有部分建筑面积由套内房屋使用面积、套内墙体面积、套内阳台建筑面积三部分组成。

1. 套内房屋使用面积

套内房屋使用面积为套内房屋使用空间的面积,以水平投影面积按以下规定计算:

(1)套内使用面积为套内卧室、起居室、过厅、过道、厨房、卫生间、厕所、藏室、壁柜等空间面积的总和。

(2)套内楼梯按自然层数的面积总和计入使用面积。

(3)不包括结构面积内的套内烟囱、通风道、管道井均计入使用面积。

(4)内墙面装饰厚度计入使用面积。

2. 套内墙体面积

套内墙体面积是套内使用空间周围的维护或承重墙体或其他承重支撑体所占的面积,其中各套之间的分隔墙和套与公共建筑空间的分隔墙以及外墙(包括山墙)等共有墙,均按水平投影面积的一半计入套内墙体面积。套内自有墙体按水平投影面积全部计入套内墙体面积。

3. 套内阳台建筑面积

套内阳台建筑面积均按阳台外围与房屋外墙之间的水平投影面积计算。其中封闭的阳台按水平投影全部计算建筑面积,未封闭的阳台按水平投影的一半计算建筑面积。

(二)共有建筑面积的处理原则和分摊计算方法

1. 共有建筑面积的范围

下面列出了共有建筑面积的空间范围:

(1)共有建筑面积的内容包括电梯井、管道井、楼梯间、垃圾道、变电室、设备间、公共门厅、过道、地下室、值班警卫室等,以及为整幢服务的公共用房和管理用房的建筑面积,以水平投影面积计算。

(2)共有建筑面积还包括套与公共建筑之间的分隔墙,以及外墙(包括山墙)水平投影面积一半的建筑面积。

(3)不计入共有建筑面积的空间范围为独立使用的地下室、车棚、车库、为多幢服务的警卫室、管理用房、人防工程等。

2. 共有建筑面积处理原则

(1)产权各方有合法权属分割文件或协议的,按文件或协议规定执行。

(2)无产权分割文件或协议的,可按相关房屋的建筑面积按比例进行分摊。

3. 共有建筑面积分摊计算公式

按建筑面积进行共有建筑面积分摊,共有建筑面积按比例分摊的计算公式为

$$\delta S_i = KS_i \tag{5-34}$$

式中,K 为面积的分摊系数,$K=\sum_{i=1}^{n}\delta S_i\Big/\sum_{i=1}^{n}S_i$;$S_i$ 为各单元参加分摊的建筑面积(单位为 m^2);δS_i 为各单元参加分摊所得的分摊面积(单位为 m^2);$\sum_{i=1}^{n}\delta S_i$ 为需要分摊的分摊面积总和(单位为 m^2);$\sum_{i=1}^{n}S_i$ 为参加分摊的各单元建筑面积总和(单位为 m^2)。

七、房产共有面积分摊计算

(一)共有建筑面积的计算方法

整幢建筑物的建筑面积扣除整幢建筑物各套套内专有部分建筑面积之和,并扣除已作为

独立使用的地下室、车棚、车库、为多幢服务的警卫室、管理用房以及人防工程等建筑面积，即为整幢建筑物的共有建筑面积。

(二)共有建筑面积的分摊方法

按照下列规定分摊共有建筑面积。

1. 住宅楼共有建筑面积的分摊方法

住宅楼以幢为单元，根据各套房屋的套内专有部分建筑面积，求得各套房屋分摊所得的共有分摊建筑面积。

2. 商住楼共有建筑面积的分摊方法

首先，根据住宅和商业等的不同使用功能按各自的建筑面积将全幢的共有建筑面积分摊成住宅和商业两部分，即住宅部分分摊得到的全幢共有建筑面积和商业部分分摊得到的全幢共有建筑面积。然后，住宅和商业部分将所得的分摊面积再各自进行分摊。

1)住宅部分

将分摊得到的全幢共有建筑面积，加上住宅部分本身的共有建筑面积，依照本节阐述的方法和公式，按各套的建筑面积分摊计算各套房屋的分摊面积。

2)商业部分

将分摊得到的全幢共有建筑面积，加上商业部分本身的共有建筑面积，按各层套内的建筑面积依比例分摊至各层，作为各层共有建筑面积的一部分，加至各层的共有建筑面积中，得到各层总的共有建筑面积，然后再根据层内各套房屋的套内专有部分建筑面积按比例分摊至各套，求出各套房屋分摊得到的共有建筑面积。

3)多功能综合楼共有建筑面积的分摊方法

多功能综合楼共有建筑面积按照各自的功能，参照商住楼的分摊计算方法进行分摊。

思考与练习题

1. 面积量算工作包括哪些内容？
2. 面积量算方法一般分为哪几种？
3. 面积量算的要求是什么？量算程序如何？
4. 面积量算的项目包括哪些内容？
5. 坐标解析法和辛普森法计算面积各适用于何种情况？试分别写出其计算面积的方式。
6. 数字化求积仪的适用范围如何？使用时一般要注意哪些事项？
7. 已知多边形 $ABCD$ 各顶点坐标为 $X_A=1\,000.00$ m、$Y_A=1\,000.00$ m，$X_B=1\,600.43$ m、$Y_B=1\,650.25$ m，$X_C=1\,020.78$ m、$Y_C=2\,250.69$ m，$X_D=340.19$ m、$Y_D=1\,770.82$ m，试计算其面积。
8. 某房产按一级精度要求测得其面积为$(900\pm1.15)\text{m}^2$，请问该测量结果是否符合精度要求？
9. 房产面积测算有何要求？
10. 成套住宅的建筑面积是如何计算的？
11. 共有建筑面积的分摊原则是什么？

第六章　不动产权籍日常调查

§6-1　不动产权籍日常调查的概念

不动产权籍日常调查，是指在完成不动产权籍总调查之后，对土地及房屋等不动产主体变动、客体变化以及相关条件改变而进行的应时调查。不动产权籍日常调查也称变更调查。通过不动产权籍日常调查，能够获得不动产权籍现势资料，对于不动产日常变更登记，维护相关权利人的合法利益；对于保持资料的连续性、完整性和系统性，加强不动产权籍的动态管理；对于活跃不动产产权市场，及时为广大人民群众提供现时资料查询，做好社会服务等都具有重要意义。

不动产权籍日常调查的主要任务是：查清不动产单元的权属状况、界址、用途、四至等内容的变化情况，确保不动产单元变更后权属清晰、界址清楚、空间相对位置关系明确，为不动产日常变更登记提供技术支持。

不动产权籍日常调查主要工作内容为：准备工作、核实确认不动产的状况、不动产权属调查、不动产测绘、成果审查与入库(权籍审核确认)、成果整理与归档等。

相对于总调查，不动产权籍日常调查具有如下特点：

(1)日常调查的客体分散，作业范围小，内容宽泛，变化频繁。

(2)调查的针对性、政策性强，精度要求高，检核严格。

(3)调查内容变更时，与之有关的表、卡、册、证、图均需同步变更。

(4)日常调查作业时间不固定。只要与登记有关的不动产客体信息发生改变，就需即刻调查。

不动产权籍日常调查，采用内、外业核实和实地调查相结合的方法进行。对权属来源资料完整的宗地，主要采用内、外业核实的调查方法；对权属来源资料缺失、不完整的宗地，主要采用外业核实、调查的方法；对无权属来源资料的宗地，主要采用外业调查的方法。

§6-2　不动产权籍日常调查工作流程和准备

一、不动产权籍日常调查工作流程

不动产权籍日常调查过程分为接受任务、工作准备、权属变更调查、产籍变更测量、成果审查入库、成果整理归档六道工序。如图 6-1 所示。

二、不动产权籍日常调查工作准备

(一)资料准备

根据授权委托的不动产权籍变更调查任务，调查单位应针对不动产的特点，判定需要收集的材料类型，确定材料收集的方法和途径。如确认需要到相关部门收集材料，则调查人员应携带不动产权籍调查材料协助查询单到自然资源、房产等部门查询、核对，以获取调查对象及与之相关的不动产档案材料和数据。

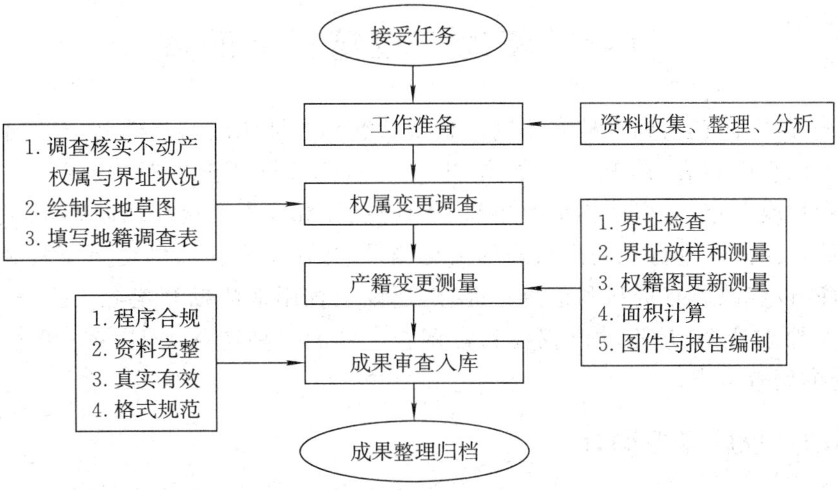

图 6-1　不动产权籍日常调查工作程序

调查单位应按照下列规定做好不动产权属来源等相关材料的收集、整理和分析等准备工作。

日常调查需要收集的主要材料(档案或数据)如下：

(1)不动产登记(含抵押、查封和权利限制)材料、不动产权籍调查材料和土地勘测定界材料等。

(2)不动产权籍图、土地勘测定界图、土地利用现状图、规划用地(用海)范围图(红线图)、项目设计的用地(用海)范围图、建设项目工程总平面布置图、地形图等图件。

(3)控制点成果资料。将收集的材料按照权利人证明、权属来源、权籍调查等类型材料做好分类整理，并对材料的可用性和使用方向作出分析，为调查实施提供必要的资料。

(二)技术准备

技术准备主要包括：档案资料、数据的分析与整理；发送指界通知书；计算测量放样数据；不动产权籍调查表、绘图工具、测量仪器等；核实确认不动产的现状。

在核实确认不动产的现状时，应根据收集的权籍材料，在室内核实确认不动产权属状况和界址状况，然后按照界址(含界址线、界址点及其所依附地物)是否发生变化的情形选择适宜的不动产权属调查方法。界址或定着物是否发生变化的具体情形如下。

(1)宗地新设界址和界址发生变化的主要情形有：申请不动产首次登记，需要新设界址的；宗地分割、合并、重划、界址发生调整的；界址线或界址点所依附的地物发生变化的；界址发生变化的其他情形。

(2)宗地界址不发生变化的主要情形有：整宗转移、抵押、继承、交换、收回土地使用权或海域使用权的；宗地内定着物发生变化的；需要精确测量界址点坐标和不动产单元面积的；权利人名称、不动产坐落名称、不动产用途等变更的；不动产所属行政管理区的区划变动，即县市区、街道、乡镇等边界和名称变动的；权利取得方式、权利性质或权利类型发生变化的；界址未发生变化的其他情形。

(3)定着物界线发生变化的主要情形有：房屋等建(构)筑物的新增、改建、扩建、重建、灭失的；林木、森林等定着物的新增、更新、灭失的。

(4)定着物界线不发生变化的主要情形有：转移、抵押、继承、交换定着物所有权的；权利人名称、定着物位置名称、定着物的类型和用途等变更的;需要精确计算定着物面积的;定着物的权利取得方式、权利性质或权利类型发生变化的。

§6-3 不动产权籍日常调查

在做好充分准备,包括调查核实不动产权属状况和界址状况的基础上,实施不动产权籍日常调查。主要操作内容有:绘制宗地草图、填写不动产权籍调查表等;按照第二章的内容开展日常不动产权属调查;对权属界址有争议、界址点、界标发生变化和新设界标等情况,宜现场记录并拍摄照片。同时进行不动产权籍的变更测量,并使调查获取的变更资料和信息及时整理、归档、入库,以修改原有资料和信息。此外,建设工程用地的勘测定界工作战线长、牵涉面广,时间集中,要求严格,是不动产权籍日常调查工作的一种特殊类型,除一般变更调查要求外,有其特定的调查要求。

一、不动产权属变更调查

(一)宗地新设界址与界址发生变化的不动产权属调查

宗地新设界址与界址发生变化的,按照第二章要求,到实地调查核实。

如果需要新编或变更宗地单元代码,则按照《不动产单元设定与代码编制规则》(GB/T 37346—2019)执行。因县级行政区界线变化引起宗地代码变化的,在确定新移交不动产的地籍区和地籍子区后,重编宗地单元代码,并在原地籍调查表复印件的宗地(海)代码位置上加盖"变更"字样印章,在权属调查记事栏注明新的宗地代码。

新增界址点点号,在最大界址点号后续编。

根据具体的界址变化情形,重新填写不动产权籍调查表,绘制宗地草图,原宗地草图或宗海草图复印件一并归档。在原宗地草图复印件上修改制作成变更后的宗地草图,变化和新增的部分使用红色标注。其基本技术要求是:对废弃的界址点、界址线用"×"标注;新增的界址点用界址点符号表示,新增的界址线用单实线表示,注明相应的丈量距离;对变化的数据用单红线划去,并标注正确的数据。

(二)宗地界址未发生变化的不动产权属调查

针对界址未发生变化的情形,采用内业核实和外业调查相结合的方法开展下列调查工作。

(1)内业核实时,如确认不需要到外业调查,则在复印后的原地籍调查表或海籍调查表内变更部分加盖"变更"字样印章,并填写新的地籍调查表或海籍调查表,不重新绘制草图。

(2)内业核实时,如确认需要外业调查,则按照下列规定进行调查,并填写新的地籍调查表或海籍调查表,并在调查审核表中作出相应的说明。不同情形处理的方法如下:①发现不动产权属状况与相关资料完全一致的,按(1)的规定处理;②发现不动产权属状况与相关资料不一致的,应在原不动产权籍调查表上用红线划去错误内容,标注正确内容,并填写新的不动产权籍调查表;③发现原界址边长或房屋边长数据错误的,应在原草图的复印件上用红线划去错误数据,标注检测数据,重新绘制草图,并填写新的不动产权籍调查表;④如果需要新编或变更宗地代码,则按照《不动产单元设定与代码编制规则》(GB/T 37346—2019)执行。

(三)定着物界线发生变化的不动产权属调查

对于定着物出现增减或界线发生变化的,采用外业调查的方法开展房屋等定着物的权属调查工作。

如果新设宗地内存在房屋等建(构)筑物或原宗地内的房屋等建(构)筑物发生新增、改扩建、重建、灭失等情形,则按照第二章要求开展房屋等建(构)筑物的权属调查。

(四)定着物界线未发生变化的不动产权属调查

对于界线未发生变化的定着物,采用内业核实和外业调查相结合的方法开展调查工作。

(1)对房屋等定着物发生买卖、交换、继承等情形,其材料齐全、规范,则可不到实地进行权属变更调查。

(2)内业核实时,如确认需要外业调查,则按照下列规定调查,并填写新的房屋等建(构)筑物调查表或林权调查表。不同情形处理的方法如下:①定着物权属现状与收集的材料完全一致的,按(1)的规定处理;②定着物权属、界限现状与权籍材料不一致,则按定着物界限发生变化的规定开展调查;③原来定着物权属来源中存在不正确内容的,则在权属来源材料的复印件上用红线划去,标注正确内容,并在标注处签字;④发现原房屋等建(构)筑物调查表中存在不正确内容的,则在原房屋等建(构)筑物调查表的复印件上用红线划去,标注正确内容,并在标注处签字;⑤发现房屋等建(构)筑物调查表或林权调查表中存在不正确的数据,应在房屋等建(构)筑物调查表或林权调查表的复印件上用红线划去不正确的数据,标注检测的正确数据,并在标注处签字。

二、不动产权籍日常变更测绘

(一)基本要求

不动产权籍变更测绘包括界址检查、界址放样与测量、房屋或林木等定着物变更测量、地形要素变更测量、面积量算或计算与变更等工作。应视具体情形,选择适宜的测量方法。

(1)对新增宗地及其房屋等定着物,应按照第四章的内容要求开展不动产测绘。

(2)对发生变化的界址,应根据变化的条件,分别开展界址检查、界址放样、界址测量和重新计算宗地面积等工作。如果宗地内的房屋等定着物以及地形发生变化,则对变化的部分进行测量并计算面积。

(3)对未发生变化的界址,需要外业调查时,主要开展界址检查和界址放样工作。如果宗地内的房屋等定着物以及地形发生变化,则对变化的部分进行测量并计算面积。

(4)经审查符合要求的测量成果,应及时更新到不动产权籍调查数据库中。应利用更新后的不动产权籍数据库编制宗地图或宗海图或房产分户图。

(二)界址检查与恢复

1. 界址检查

界址检查包括界址点、线及界标的检查和界址边长、坐标的检测等。

2. 恢复要求

如界标丢失、损坏或移位,应恢复原界址点位置,其要求如下:

(1)有解析坐标且精度满足第四章规定的,应按照原解析界址点精度的要求进行界址放样,并重新设立界标。

(2)只有图解坐标的,不得通过界址点图解坐标放样恢复界址点位置,应根据宗地草图、土地权属界线协议书、不动产权属争议原由书等材料,采用实地放样、勘丈等方法放样复位,重新设立界标。

(3)界址边长、坐标检测。本项检测仅针对解析法测量的边长或坐标。现场量取界址边长或测量界址点坐标，与原值相比较，其较差在第四章规定的允许误差范围内，则不修改原来数据；否则，分析记录原因，并将检测数据作为正确值使用。

3. 界址恢复方法

在认定变更界址点和用解析法更新前或因界址纠纷需做界址鉴定测量时，须以原地籍调查表、宗地图、界址点坐标册为依据，用内分、距离交会或放样等方法检查尚存有标志的界址点实地位置的正确性，纠正原勘丈和测量数据的错误，然后依据经检查核实实地位置正确的图根点、原界址点，用同样的方法恢复仍需保留的界址点上丢失或移位的界标。当变更界址点具有按申请变更者给定的条件解算坐标时，可用同样的方法确定其在实地的位置和设立界标。原为图解法，按预分割面积和等面积边界调整时，确定新界址点的实地位置。

用放样的方法检查、鉴定、定位界址点位置时，具体步骤如下。

设 A、B、C、P 点坐标已知，但 P 点界标丢失或需确定其实地位置(图 6-2)。

(1)由已知坐标反算 α_1、α_2、s_1，则 $\varphi=\alpha_1-\alpha_2$。

(2) A 点设站，盘左照准 B 点，水平度盘读数置零，顺时针旋转照准部至读数 φ，沿照准方向从 A 点起始量距 s_1，得到 P 点。

(3) B 点设站，盘左照准 A 点，水平度盘读数置零，顺时针旋转照准部至读数 $360°-\varphi'$，($\varphi'=\alpha'_2-\alpha'_1$)，再沿照准方向从 B 点起始量距 s_2，得 P 点。

(4)如两次所定 P 点位在限差之内，取两点连线的中点为 P 点位置。如误差较大，再于 C 点设站，定出 P 点，误差三角形符合规定要求时，误差三角形中心即为 P 点位置。

当不便直接丈量时：

(1)在遗失点 P 的概略位置 P' 钉桩，在 A、B、C 点采用交会等方法，测定 P' 点坐标。

(2)由 P' 点和 P 点坐标反算值。

(3)在 P' 点设站，盘左照准 A 点，水平度盘读数置零，顺时针旋转照准部至读数 $360°-\alpha_{P'A}+\alpha_{P'P}$，沿照准方向从 P' 点起始量距 d，定出 P 点位置。

当需用混凝土界址标桩恢复或埋设时，具体方法见图 6-3，即在 P 点外围打四根桩，又称骑马桩，并拉两根相互垂直的细线，使细线交点与 P 点重合，解开细线，挖坑后放入界标，再用细线检查和移动界标，最后固定界标。

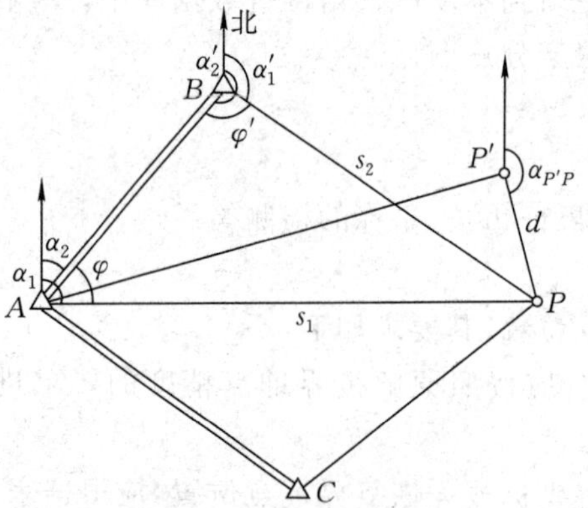

图 6-2　界址恢复示意

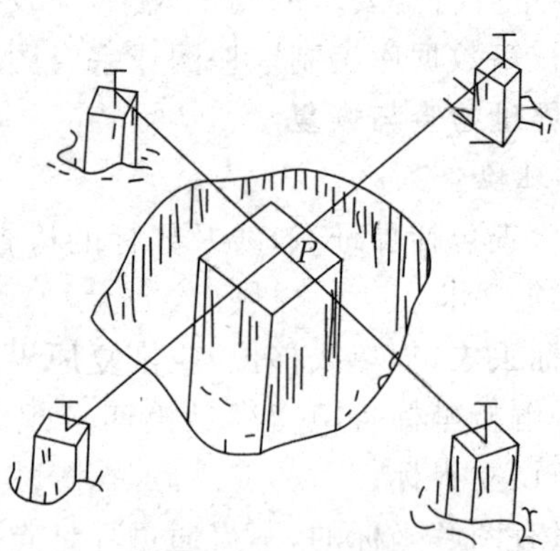

图 6-3　埋石恢复

(三)变更界址点的测定方法

更改界址的测量中,当土地发生分割或边界调整时,须测定新增界址点的位置,废弃界址点的点号不得再用。当土地发生合并时,只需保留原界址点中合并后新形成宗地的界址点位置,原则上可不重新进行变更测量。其具体方法如下。

原为解析法,依据检查的原界址点,丈量新增界址点对原界址点的距离,用内分法或距离交会法计算新增界址点坐标,必要时依据新布设的或原图根导线点,用极坐标或支导线法测定其坐标。也可按申请者给定的条件解算新增界址点的坐标(详见本章第 4 节)。

原为图解法,一般需要建立图根控制,甚至恢复或改造首级控制网,然后按解析法要求测定新增界址点的坐标。

解析界址点坐标册的变更,用红色细线划去废弃和错误的坐标,注出正确坐标值,编入新增界址点的坐标。原为图解法则须增编界址点坐标册。

(四)房屋等定着物的变更测量

对新增、改建、扩建、重建、灭失的房屋等建(构)筑物,按照第四章相关内容进行变更测量。变更测量完成后,应将变更测量的过程、方法以及相应的情况说明写入不动产测绘技术报告。

(五)地形要素变更测量

对宗地(海)内外的地物、地貌发生变化部分,按照第四章相关内容进行变更测量。变更测量完成后,应将变更测量的过程、方法以及相应的情况说明写入不动产测绘技术报告。

(六)面积计算与变更

变更测量后,宗地面积根据实际情况可采用坐标法或几何要素法计算。

面积变更的方法按照下列规定执行:

(1)面积变更采取高精度代替低精度的原则,即用高精度的面积值取代低精度的面积值。

(2)若原面积计算有误的,在确认重新计算或计算的面积值正确后,应以新面积值取代原面积值,并说明原因;变更前后均为解析法计算的面积(含房屋建筑面积),如原界址点坐标或界址点间距或房屋边长满足精度要求,则保持原面积不变;变更前为图解法计算的面积,变更后为解析法计算的面积,用解析法计算的面积取代原面积;变更前后均为图解法计算的面积,两次面积计算差值满足 $\Delta P \leqslant 0.0003 \times M \times \sqrt{P}$[$\Delta P$ 为两次面积较差(单位为 m^2),M 为地籍图的比例尺分母,P 为量算面积(单位为 m^2)]的规定,保持原面积不变;两次面积差值超限的,应查明原因,取正确值。

针对不动产分割的情形,分割后面积之和与原面积的差值满足规定限差要求的,将差值按分割面积比例配赋到变更后的不动产面积,如差值超限,则应查明原因并修正。

在地籍或房屋的调查表记事栏和不动产测绘技术报告中,应正确表述变更前后的面积及其变更原因,以及不动产分割前后的面积及其分割原因。

(七)日常不动产测绘技术报告的编制

日常不动产测绘工作结束应编制技术报告,报告内容包括宗地概况、测量技术依据、控制点坐标来源及坐标、高程系统、界址放样(检测)坐标来源和放样参数计算、外业测量界址点和控制点检测的方法和过程、界址点和控制点测量(放样)的方法和过程、界址点和控制点坐标检测成果表、界址点和控制点间距检测成果表、界址点和控制点测量成果表、宗地图、房产图及现场照片等。

(八)成果资料的审查、整理与归档

日常调查成果主要为文字成果、表格成果、图件成果,包括不动产权籍调查授权委托书、不动产权源材料、不动产权籍调查表、界址点坐标成果表、不动产测绘技术报告、宗地(海)图、房产分户图等。应按照下列规定进行成果审查与入库:

(1)不动产权籍调查成果应由不动产登记机构或授权机构审查。凡在前期审批、交易、竣工验收等行政管理中经相关行政职能部门和授权机构确认的且符合登记要求的成果,可继续沿用。

(2)审查的内容包括:①调查程序是否规范,即不动产权属调查、不动产测绘等是否按照有关规程规定的程序实施;②调查成果是否完整,即测绘材料、权籍材料、图件和表格材料等是否齐全;③调查成果是否有效,包含调查表中内容填写是否符合本规程要求、调查成果是否经过自检、界址边长和坐标的精度是否符合本规程的规定等;④调查成果格式是否符合规定要求;⑤调查成果是否正确保持宗地及其房屋等定着物之间的内在联系;⑥宗地图和房产分户图中的空间要素与相邻的界址、地物、地貌是否存在空间位置矛盾。

(3)审查的方法。主要是采用内外业复核的方法:①应充分利用已有数据库、信息系统、办文系统、电子政务系统审查调查成果;②应将调查机构提供的宗地图和房产分户图的电子数据导入已有的权籍空间数据库,查看其与相邻的界址、地物、地貌是否存在空间位置矛盾;③对权籍空间要素,如果室内无法判定其是否正确时,可到实地查看;④对调查成果存在的问题,应责成调查机构修改完善,直至成果合格为止;⑤成果入库和地(海)籍图更新。

成果通过审查后,审查部门或单位应将审查后的成果提交给不动产权籍调查数据库和成果管理机构,及时更新不动产权籍调查数据库。在完成不动产登记后,应及时更新不动产登记数据库和不动产权籍调查数据库。

不动产权籍调查工作结束后,应按照下列规定对成果进行整理和归档:

(1)调查成果经相关部门审查确认后,调查机构应以宗地为单位,按照统一的不动产权籍调查表、不动产测绘技术报告和不动产权籍图等成果样式,形成不动产权籍调查成果,提交纸质成果和相应的电子数据。

(2)调查成果应按照统一的规格和要求进行整理、立卷、组卷、编目和归档。

§6-4 按给定条件确定分割界址点的位置

本节介绍几种按给定条件确定分割界址点位置的方法。

一、按给定预分割条件确定分割界址点位置

初始不动产测绘时若采用图解法,此时被分割宗地无解析界址点坐标,则可根据给定的预分割面积和条件,利用丈量距离来确定分割点的实地和图上位置。

(一)三角形宗地的分割

(1)过三角形一顶点作一直线,预分割面积为 f。

如图 6-4(a)所示,设 $\triangle ABC$ 与 $\triangle ABD$ 同高。其面积分别为 F 和 f,则

$$\frac{1}{2}(\overline{AC}\cdot\overline{BE}):\left(\frac{1}{2}\overline{AD}\cdot\overline{BE}\right)=F:f$$

即

$$\overline{AC}:\overline{AD}=F:f,\quad \overline{AD}=\frac{\overline{AC}\cdot f}{F}$$

这样，从界址点 A 沿界址边 AC 丈量 AD 长度，即得分割点 D 的位置。

(2)过三角形一边的定点，作一直线，预分割面积为 f。

如图 6-4(b)所示，自定点 P 丈量 PA 距离，在界址点 A 设站测量 $\angle A$，则

$$f=\frac{1}{2}\overline{PA}\cdot\overline{AQ}\cdot\sin\angle A$$

$$\overline{AQ}=\frac{2f}{\overline{PA}\cdot\sin\angle A}$$

(3)分割线平行于三角形一边，预分割面积为 f。

如图 6-4(c)所示，设 ΔABC 面积为 F，按两相似三角形面积之比等于相应边平方之比。则

$$F:f=\overline{AC}^2:\overline{PQ}^2=\overline{AB}^2:\overline{PB}^2=\overline{BC}^2:\overline{BQ}^2$$

$$\overline{PB}=\overline{AB}\sqrt{\frac{f}{F}}$$

$$\overline{BQ}=\overline{BC}\sqrt{\frac{f}{F}}$$

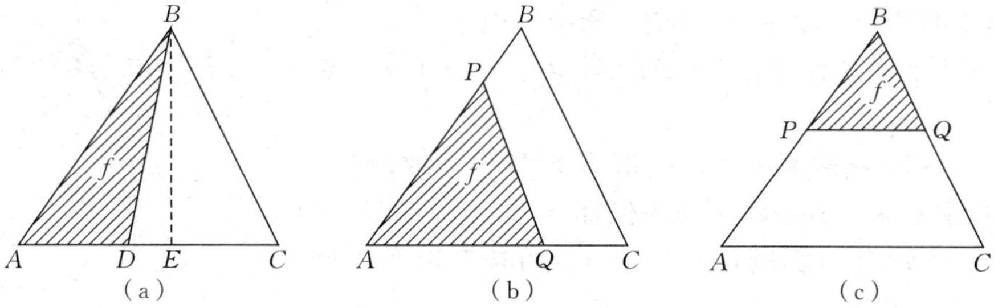

图 6-4　三角形地分割

(二)四边形分割

1. 梯形的平行分割

梯形的平行分割，其分割线平行于底边，预分割面积为 f。

如图 6-5 所示，设原梯形面积为 F，则分割面积与原面积之比为

$$M=\frac{f}{F}=\frac{(L_1+L_n)\cdot h_1}{(L_0+L_n)\cdot h}\tag{6-1}$$

分割梯形与原梯形侧边边长之比为

$$m=\frac{\overline{AP}}{AB}=\frac{\overline{DQ}}{\overline{DC}}=\frac{h_1}{h}=\frac{L_n-L_1}{L_n-L_0}\tag{6-2}$$

将式(6-2)代入式(6-1)得

$$M=\frac{f}{F}=\frac{L_n^2-L_1^2}{L_n^2-L_0^2}$$

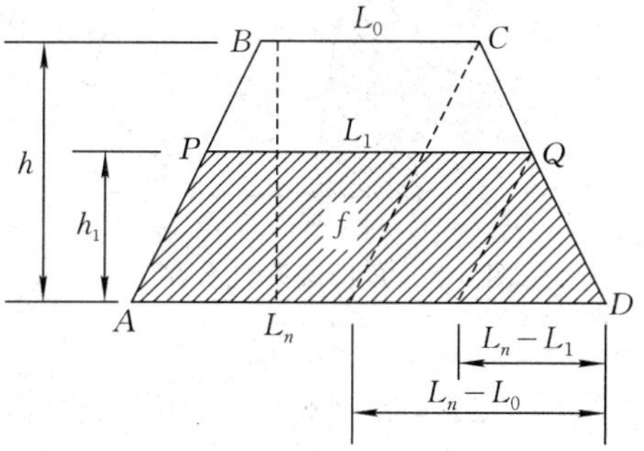

图 6-5　梯形的平行分割

即 $L_1=\sqrt{L_n^2-M(L_n^2-L_0^2)}$　　(6-3)

由式(6-3)求出 L_1 后,代入式(6-2) 求出 m,同时可求出

$$h_1=mh$$
$$\overline{AP}=m\overline{AB}$$
$$\overline{DQ}=m\overline{DC}$$

则 P、Q 点位置即可定出。

2. 四边形定点分割

分割线过任意四边形一边上任一定点,预分割面积为 f。

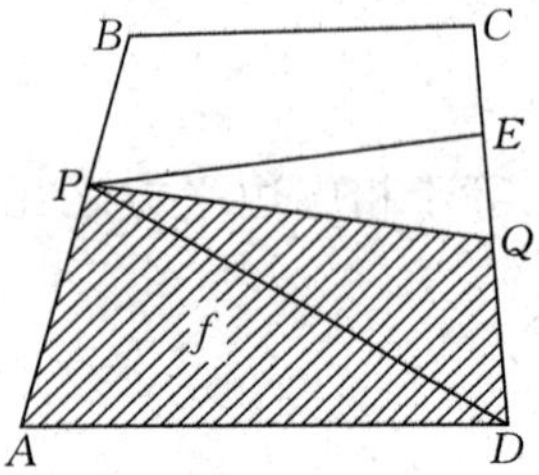

图 6-6　四边形定点分割

如图 6-6 所示,自定点 P 连$\overline{PD}$,计算 $\triangle APD$ 面积,设为 F。

(1) 如 $f>F$,则增加 $\triangle PDQ$,使 $\triangle PQD$ 面积为 $f-F$,Q 点定位如下

设有 P 并作$\overline{PE}\perp\overline{CD}$,则

$$f-F=\frac{1}{2}\overline{DQ}\cdot\overline{PE}$$

$$\overline{DQ}=\frac{2(f-F)}{\overline{PE}}$$

(2)如 $f<F$,则可依过三角形顶点作直线分割的方法进行分割。

3. 分割线平行于四边形一边

分割线平行于四边形一边,分割为预定面积 f。

如图 6-7 所示,过 B 作 $BE\,//AD$,计算 $\triangle BCE$ 面积,设为 F。

(1)当 $f>F$,则分割线在四边形 $ABED$ 内,可按梯形的平行线分割法,求出分割线 PQ 的位置。

(2)当 $f<F$,则分割线在 $\triangle BCE$ 内,可按三角形分割线平行于底的方法分割。

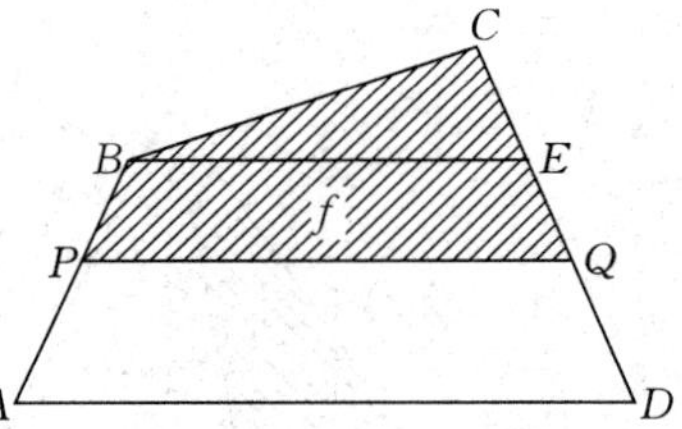

图 6-7　分割线平行于四边形一边

二、按给定预分割条件计算分割点坐标

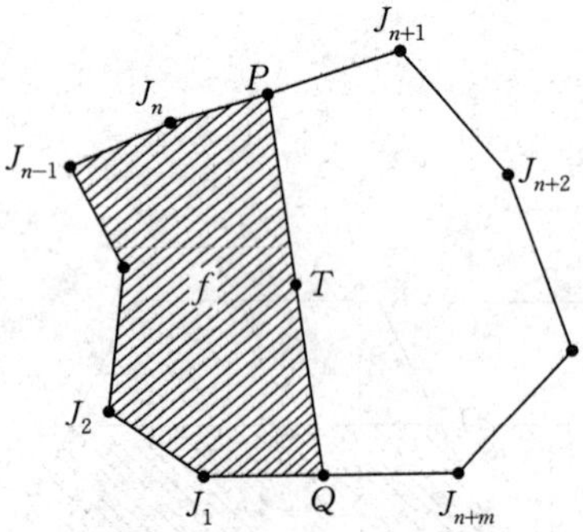

图 6-8　解析法宗地分割

当欲分割宗地的原界址点均有解析坐标,按给定条件用解析法解算分割点坐标。如图 6-8 所示,宗地被分割成两部分,预分割面积为 f。计算时,界址点编号从分割线端点 Q 后开始,按顺时针编号,预分割地块编号从 1 到 n。另一块编号从 $n+1$ 到 $n+m$。可获得基本公式为

$$y_Q=y_1+(x_Q-x_1)\tan\alpha_{1,n+m}\qquad(6\text{-}4)$$

$$y_P=y_n+(x_P-x_n)\tan\alpha_{n,n+1}\qquad(6\text{-}5)$$

由面积计算公式知

$$2f=x_P(y_Q-y_n)+x_Q(y_1-y_P)-x_1y_Q+x_ny_P+\sum_{i=1}^{n-1}(x_iy_{i+1}-x_{i+1}y_i)\qquad(6\text{-}6)$$

式中,$\alpha_{1,n+m}$、$\alpha_{n,n+1}$ 分别为分割点 Q、P 所在线段 1 至 $n+m$、n 至 $n+1$ 的坐标方位角,3 个方程式中(x_P,y_P)、(x_Q,y_Q) 为 4 个未知数,尚需给定第 4 个条件才能解算出 4 个未知数。

(一)分割线一端为定点

(1)假定 Q 点坐标(x_Q,y_Q) 为已知,从而解算式(6-5) 和式(6-6) 得

$$x_P=\frac{k_1-x_Qy_1+x_1y_Q+(x_Q-x_n)(y_n-x_n\tan\alpha_{n,n+1})}{(y_Q-y_n)-(x_Q-x_n)\tan\alpha_{n,n+1}} \tag{6-7}$$

式中

$$k_1=\left[\sum_{i=1}^{n-1}(x_{i+1}y_i-x_iy_{i+1})\right]+2f \tag{6-8}$$

然后用式(6-5)计算出坐标 y_P。

注意:式(6-8)右端第一项为负值;当 $n=1$ 时,预分割部分为三角形,$x_n=x_1$、$y_n=y_1$。

(2)假定已知的是 Q 点与 J_1 界址点的距离,则其坐标值为

$$\left.\begin{aligned}x_Q&=x_1+S_{J_1Q}\cdot\cos\alpha_{1,n+m}\\ y_Q&=y_1+S_{J_1Q}\cdot\sin\alpha_{1,n+m}\end{aligned}\right\} \tag{6-9}$$

式中,S_{J_1Q} 为界址点 J_1 至 Q 点的距离。或者也可按内分点公式计算出 Q 点坐标值。

(3)分割线的方位已知。

如果分割线的方向已知与界址点 u、v 所在界址线平行,则

$$\alpha_{QP}=\arctan\frac{y_v-y_u}{x_v-x_u} \tag{6-10}$$

如果分割线的方向与界址点 u、v 所在界址线垂直,则

$$\alpha_{QP}=\arctan\frac{y_v-y_u}{x_v-x_u}\pm\frac{\pi}{2}$$

而

$$\alpha_{QP}=\arctan\frac{y_P-y_Q}{x_P-x_Q} \tag{6-11}$$

将式(6-4)和式(6-5)代入式(6-11)得

$$x_Q=k_2+k_3x_P \tag{6-12}$$

式中

$$k_2=\frac{y_n-y_1+x_1\tan\alpha_{1,n+m}-x_n\tan\alpha_{n,n+1}}{\tan\alpha_{1,n+m}-\tan\alpha_{QP}} \tag{6-13}$$

$$k_3=\frac{\tan\alpha_{QP}-\tan\alpha_{n,n+1}}{\tan\alpha_{QP}-\tan\alpha_{1,n+m}} \tag{6-14}$$

当 $\tan\alpha_{QP}=\infty$ 时,即 PQ 线与 X 轴平行,k_2 等于 0,k_3 为不定解,界址点坐标须用后面的式(6-26)、式(6-27)和式(6-28)处理。

由式(6-4)、式(6-5)、式(6-6)、式(6-12)可解 (x_P,y_P)、(x_Q,y_Q)。先将式(6-4)、式(6-5)代入式(6-6)得

$$k_4+k_5(x_P+x_Q)+k_6x_Px_Q=0 \tag{6-15}$$

式中

$$k_4=k_1+x_1y_1-x_ny_n-x_1^2\tan\alpha_{1,n+m}+x_n^2\tan\alpha_{n,n+1} \tag{6-16}$$

$$k_5=y_n-y_1+x_1\tan\alpha_{1,n+m}-x_n\tan\alpha_{n,n+1} \tag{6-17}$$

$$k_6=\tan\alpha_{n,n+1}-\tan\alpha_{1,n+m} \tag{6-18}$$

由式(6-12)解出 x_Q，代入式(6-15)得

$$k_3k_6x_P^2+[k_5(k_3+1)+k_2k_6]x_P+(k_4+k_2k_5)=0$$

式中，x_P 有两个解，一个值和分割线与 P、Q 所在的界址线交点相对应；另一个值和分割线与它对面的界址线的交点相对应(无意义)。

如果 P、Q 所在界址线是相互平行的，则式(6-18) 中 k_6 等于 0。由上列方程解出 x_P，即

$$x_P=-\frac{k_4+k_2k_5}{k_5(k_3+1)}$$

x_Q、y_Q 和 y_P 的值可分别由式(6-12)、式(6-4)、式(6-5)求出。

(4)分割线过宗地内一定点。如果分割线过宗地内一定点 T，将有多条分割线满足此条件，因此，必须指定 P、Q 所在的界址边。

因 P、T、Q 在一条直线上，则

$$\frac{y_Q-y_P}{x_Q-x_P}=\frac{y_T-y_P}{x_T-x_P} \tag{6-19}$$

将式(6-4)、式(6-5)代入式(6-19)得

$$k_7x_Q+k_8x_P+k_6x_Qx_P+k_9=0 \tag{6-20}$$

式中

$$k_7=y_n-y_T+x_T\tan\alpha_{1,n+m}-x_n\tan\alpha_{n,n+1} \tag{6-21}$$

k_5 和 k_6 由式(6-17)和式(6-18)计算，解式(6-17)和式(6-16)得

$$k_8=y_T-y_1+x_1\tan\alpha_{1,n+m}-x_T\tan\alpha_{n,n+1} \tag{6-22}$$

$$k_9=-k_5x_T \tag{6-23}$$

$$x_Q=\frac{(k_4-k_9)+(k_5-k_8)x_P}{k_7-k_5} \tag{6-24}$$

再将式(6-24)代入式(6-15)得

$$k_6(k_5-k_8)x_P^2+[k_5(k_7-k_8)+k_6(k_4-k_9)]x_P+(k_4k_7-k_5k_9)=0 \tag{6-25}$$

解式(6-25)得出 x_P 的两个值，根据实际情况取其中一个值。坐标 y_Q、y_P 可用式(6-4)、式(6-5)分别解得。

以上讨论了在宗地分割时，采用解析坐标进行分割计算，从而直接算出分割点的解析坐标。在这里应注意一个问题：当 $\alpha_{1,n+m}$、$\alpha_{n,n+1}$ 等于 0°或 180°时，$\tan\alpha_{1,n+m}$、$\tan\alpha_{n,n+1}$ 等于 ∞。此时，用现有公式计算会得出一些未定义的量。可通过下述步骤来处理。

首先，原坐标轴按顺时针旋转一个任意角度 θ。相应于旋转后各界址点坐标值由式(6-26)计算

$$\left.\begin{aligned}x'_i&=x_i\cos\theta+y_i\sin\theta\\ y'_i&=-x_i\sin\theta+y_i\cos\theta\end{aligned}\right\} \tag{6-26}$$

式中，(x_i,y_i) 为界址点 J_i 在原坐标系中坐标，(x'_i,y'_i) 为 J_i 点在旋转后的坐标系中的坐标。

其次，分割线的新方位角 α'_{QP} 计算式为

$$\alpha'_{QP}=\alpha_{QP}-\theta \tag{6-27}$$

最后，再求旋转后的数据，就可直接应用于前面介绍的公式，计算出的 P、Q 点坐标与(x'_i,y'_i)坐标系相对应，必须换算到原坐标系中，换算式为

$$\left.\begin{aligned}x_Q &= x'_Q\cos\theta - y'_Q\sin\theta\\ y_Q &= x'_Q\sin\theta + y'_Q\cos\theta\end{aligned}\right\}\tag{6-28}$$

(二)多边形等积的平行分割

上面介绍的仅是一条分割线的宗地分割情况，在实际工作中，存在要将宗地等分为几部分的情况。

如图 6-9 所示，多边形 $ABCDE$ 各界址点坐标已知，作平行于 x 轴的直线将多边形面积三等分。

(1)自多边形各顶点作 ox 轴平行线 BB'、EE'、CC'，并计算各交点坐标。

(2)计算各三角形与梯形面积，并相加，与坐标计算面积核对。

(3)按题设大小与上述计算值作平行线 PQ 与 RS。

(4)依前述式(6-1)、式(6-2)、式(6-3)，计算出 M、m、L_1；再分别计算 P、Q 及 R、S 实地位置和坐标。

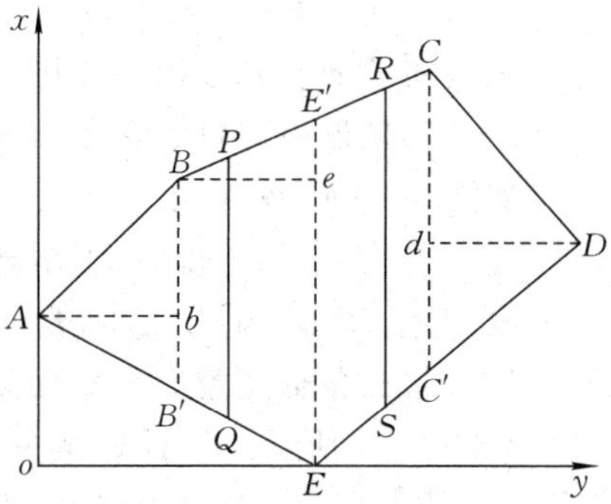

图 6-9　多边形等积分割

例：

如图 6-9 所示，各界址点坐标为 $A(2,0)$、$B(5,3)$、$C(6,8)$、$D(3,10)$、$E(0,6)$，试作 x 轴平行线将此多边形三等分。

解：

(1)自多边形各顶点作 x 轴平行线 BB'、EE'、CC'，并计算各交点坐标。

因 $\tan\alpha_{AE}=\dfrac{6-0}{0-2}=-3$，但 $\dfrac{Ab}{bB'}=\tan\alpha_{AE}$，故 $bB'=\dfrac{3}{-3}=-1$，得 B' 的坐标为(1,3)。同样可算得 E'、C' 坐标分别为(5.6,6)，(1.5,8)。

(2)计算各三角形与梯形面积，并检核，即

$$2P_{ABB'}=4\times3=12$$

$$2P_{BB'EE'}=(4+5.6)\times3=28.8$$

$$2P_{EE'CC'}=(5.6+4.5)\times2=20.2$$

$$2P_{DCC'}=4.5\times2=9$$

$$2P_{ABCDE}=70,\ P_{ABCDE}=35,\ \frac{P_{ABCDE}}{3}=11.667$$

(3)依题及上项计算值，估作平行线 PQ 与 RS。

(4)按式(6-1)、式(6-2)、式(6-3)求 PQ、RS 的位置，即

$$M_1=\frac{f}{F}=\frac{P_{BB'EE'}-\left(\dfrac{P_{ABCDE}}{3}-P_{ABB'}\right)}{P_{BB'EE'}}=\frac{14.4-5.667}{14.4}=0.60646$$

$$L_1=\overline{PQ}=\sqrt{5.6^2-M_1(5.6^2-4^2)}=4.695,\ m_1=\frac{5.6-4.695}{5.6-4}=0.5656$$

则

$$\overline{E'P}=m_1\sqrt{3^2+0.6^2}=1.730,\ \overline{EQ}=m_1\sqrt{3^2+1^2}=1.789$$

$$x_P=x_{E'}+m_1(5-5.6)=5.261,\ x_Q=x_E+m_1(1-0)=0.566$$

$$y_P = y_Q = y'_E + m_1(3-6) = 4.303$$

故 P、Q 点坐标分别为(5.261,4.303)、(0.566,4.303)。同理,可求出 R、S 的位置及坐标:$\overline{E'R} = m_2\sqrt{2^2+0.4^2} = 0.549$,$\overline{ES} = m_2\sqrt{2^2+1.5^2} = 0.672$。$R$、$S$ 点坐标分别为(5.708,6.538)、(0.403,6.538)。检核:用 P、Q、E、S、R 五个点计算面积为 11.669,表明计算正确。

三、等面积调整边界

宗地间等面积调整边界作图原理分述如下。

(一)三角形中界址线调整为平行于底边

如图 6-10 所示,有

$$P_{ABC} : P_{PBQ} = \overline{BL}^2 : \overline{BM}^2 = \overline{AB}^2 : \overline{PB}^2 = \overline{BC}^2 : \overline{BQ}^2$$

因 P_{ABC}、P_{BPQ} 均为已知,故可求出 BP 和 BQ 的值,P、Q 点位置也随之而定。

(二)将三角形调整为与之面积相等的平行四边形

如图 6-11 所示,$\triangle ABC$ 为原三角形,现要求调整为与原三角形面积相等的四边形。做法如下:丈量边长 AC 定出中点 D;丈量边长 AB 定出中点 E ;延长 DE 至 H,使 $EH = DE$,则四边形 $DHBC$ 即为所求平行四边形。

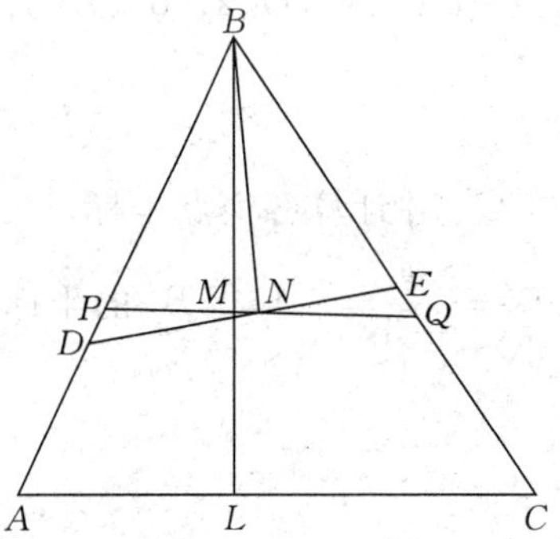

图 6-10　三角形调整

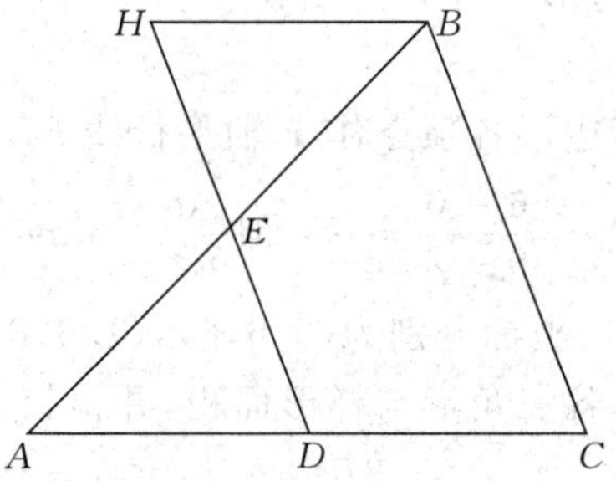

图 6-11　多边形边界调整

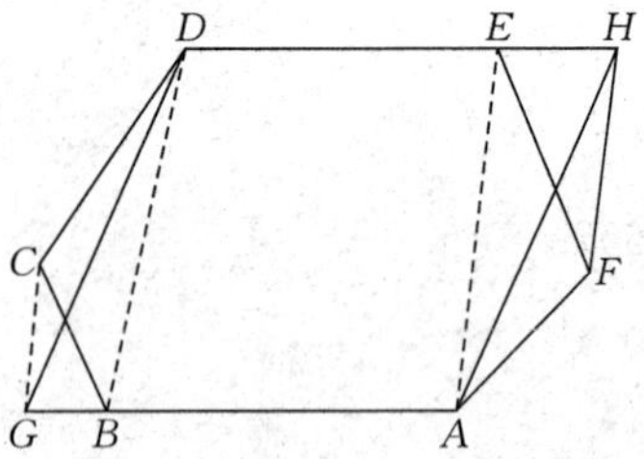

图 6-12　三角形调整为四边形

(三)在等面积条件下使多边形边数减少

如图 6-12 所示,$ABCDEF$ 为原六边形,现要求调整为与原六边形面积相等的四边形。做法如下:

(1)连接 BD,过 C 作 CG,使 $CG \parallel DB$,交 AB 延长线于 G。

(2)连接 AE,过 F 作 FH,使 $FH \parallel AE$,交 DE 延长线于 H。

因 $\triangle BCD$ 与 $\triangle BGD$ 同底同高,故面积相等;同理,$\triangle AFE$ 与 $\triangle AHE$ 面积也相等。故四边形 $AGDH$ 即为所求四边形。

同理,此六边形可以等面积换成另外几个四边形,根据需要的情况而定。

(四)任意两线间转折界址线调整为直线

如图 6-13 所示,AD、BC 间原界址线曲折蜿蜒,现要求将此界线调整为直线。做法如下:

(1)先假设调整界线为 PQ,并自 P 点起勘丈各界址点到 PQ 线的纵横支距。

(2)分别计算 PQ 与原界址线围绕面积:若 $P_1 = 2.5\ \text{m}^2$,$P_2 = 18.75\ \text{m}^2$,则 $P_2 - P_1 = 16.25\ \text{m}^2$。

如果按 PQ 为界，北面宗地多得土地 16.25 m^2，所以应将界线向北面宗地内推进，使多得的土地用以 PQ 为底、h 为高的三角形 PQ_1Q_2 偿还。

(3)令 $\overline{Q_1Q_2}=h=\dfrac{2(P_2-P_1)}{\overline{PQ}}=3.25\ \mathrm{m}$，即以 PQ_2 为新界线。则双方调整面积保持相等，Q_2 的位置可由 PQ 延长线上作垂线，其长度由 h 交 BC 来定。如用经纬仪测量 $\angle BQP$，则

$$QQ_2=\frac{h}{\sin(180°-\angle BQP)}$$

根据上述等面积调整边界原理和做法，用图解法确定调整后界址点的图上位置。如原界址点均有解析坐标，也可用解析法解算调整后界址点坐标。

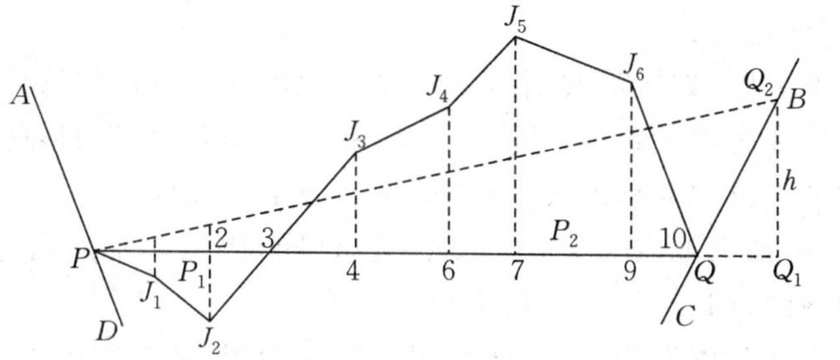

图 6-13　折线界址线的调整

§6-5　土地勘测定界

土地勘测定界(以下简称勘测定界)是指根据土地征用、划拨、出让、农用地转用、土地利用规划及土地开发整理复垦等工作需要，实地界定项目用地范围、测定界址位置、调绘土地利用现状、计算用地面积的技术服务性工作。随着国家用地管理制度的政策完善，建设用地的审批工作也日趋科学化、制度化、规范化，使项目用地依法、科学、集约和规范，严格控制非农业建设占用耕地，保障耕地制度的实施。土地勘测定界是不动产权籍日常管理工作的一项重要内容，也是规范用地审批的重要手段。

勘测定界与一般工程测量中的施工放样不同点在于：勘测定界侧重于不动产权籍管理的内容，且是在调查清楚用地范围内的土地权属、用地类型等基础上进行定界工作，其内容包括权属调查与测绘放样。其工作特点不仅表现在它的综合性与精确性，而且还要求具有法律的效力。因此，勘测定界必须符合国家土地、房地产和城市规划等有关法律的原则；符合不动产权籍信息管理、不动产权籍资料充分应用的原则，同时还应符合有效检核的原则。

一、土地勘测定界的工作程序

勘测定界的前期准备工作包括：组织协调、收集资料、实地踏勘、制订方案、制作底图，为勘测定界实际操作提供基础。在此基础上，进行实地调绘和室内作业，最后提交成果，接受检查验收，如图 6-14 所示。

(一)组织协调

勘测定界涉及勘界单位、用地单位、用地范围内各不动产权属单位，方方面面，应当相互协调与配合。因此，勘测定界应成立相应的协调机构，加强对项目工作的管理、协调，同时也可以

引入第三方进行项目监理和管理。具备勘测定界资格的单位,须持有用地单位或有权批准该项目用地的政府主管部门的勘测定界委托书,方可开展勘测定界工作。

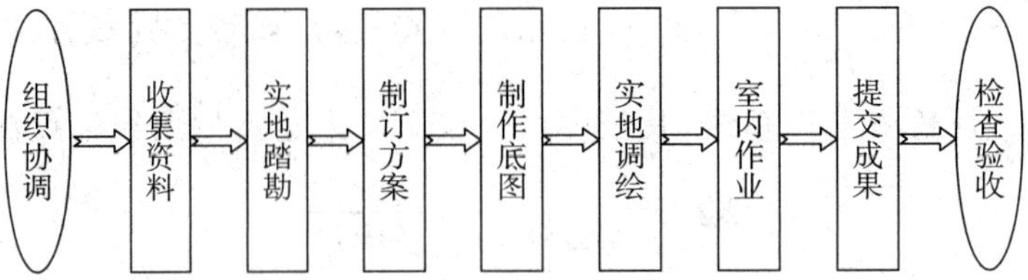

图 6-14 土地勘测定界工作程序

(二)收集资料

资料收集工作主要包括:

(1)建设项目批准文件,如城市规划区内建设用地规划许可证或选址意见书及规划用地范围图,批准的施工设计和有关资料,自然资源主管部门前期对项目用地的审查意见。

(2)有关政策性文件及用地批准文件,如征用土地批准文件。

(3)权属证明文件,如土地权属文件、土地承包合同(协议)、土地出让合同、用地单位的权源证明,集用地范围内建(构)筑物的产权资料等。

(4)基础资料如土地利用现状图、土地利用权属界线图、基本农田界线图、土地利用总体规划图、不小于 1∶2 000 的大比例尺地籍图和地形图、建设项目工程总平面布置图及相关资料,用地范围的控制网图、控制网技术设计书、平面控制点坐标、点之记等,同时还需收集已有的建设工程用地界址点坐标或定界有关资料等,作为放样元素计算所需要的资料。

(三)实地踏勘

在收集、分析有关资料的基础上,实地踏勘项目用地范围附近的各类控制点的标石完好情况与通视条件,对于线形和大型项目用地还应调查了解交通和地理等条件,以便制订合格的技术方案。

(四)制订方案

在实地踏勘掌握第一手资料的基础上,依据法规、政策,研究制订勘测定界调查作业方案,包括工作方案和技术设计。方案应体现科学与合理、实用与节约的原则,经论证与审核后付诸施行。

(五)制作底图

选择现势性好的大比例尺(一般不小于 1∶2 000,大型工程不小于 1∶1 万)土地利用现状图、地籍图或地形图,以其二底图蓝晒图或电子图编制工作底图。这是勘测定界调查的工作用图,是外业调查、转绘、面积量算、编制土地勘界图的基础图件。底图制作应进行图面整饰,保留用地范围内或适当外扩区域的地籍、地形要素。当现有地籍、地形要素不能满足要求时,应对界址附近和界址范围内的地形地物进行修测或补测。

(六)实地调绘

实地调查核实用地范围内的行政界线、权属界线、土地利用类型界线、基本农田界线、已批准的农用地转为建设用地的范围线。将其测绘或转绘于工作底图上,同时对现状土地利用类型进行调查核实。在调查核实的基础上,埋设界标,测绘界址点的解析坐标。

(七)室内作业

转入室内进行计算、编绘勘测定界图、面积量算,编制土地勘测定界技术报告书。

(八)提交成果

成果资料主要包括：

(1)勘测定界技术报告书。

(2)勘测定界图。

(3)勘测定界用地范围图。

(4)观测记录、计算手簿。

(九)检查验收

在承担勘测定界单位自检、互检的基础上，由有权批准该项目用地的自然资源主管部门组织检查验收。

二、野外实地调查

勘测定界的实地调查核心工作是权属调查和地类调查，其工作类似于土地利用现状调查，又兼有不动产权籍调查的内容。

(一)权属调查

勘测定界中的权属调查是对用地范围内土地权利人的土地权属来源、土地权利状况及其地块的位置、界址等情况的调查。调查成果经相关权利人认定，可以为不动产测量、权属审核和土地登记发证提供具有法律效力的文书凭证。

根据用地范围内的土地利用现状调查及土地登记的有关资料，将用地范围内的行政辖区界线、土地权属界线标绘到工作底图上。

其他土地权属界线的确认需要在当地主管部门的组织下，由相关权属单位有关人员按《第三次全国国土调查技术规程》(TD/T 1055—2019)、《地籍调查规程》(TD/T 1001—2012)、《确定土地所有权和使用权的若干规定》要求共同到现场指界、认界，将权属界线测绘到工作底图上。

建设项目规划设计确定的占用的土地，其用地界线与土地利用现状调查、不动产权籍调查认定的权属界线(土地权属界线协议书或地籍调查表认定的权属界线)一致时，即资料符合要求，具备土地权属定界条件，经复核无误的不再重新调查。据此，权属调查的作业流程可归纳为图 6-15。

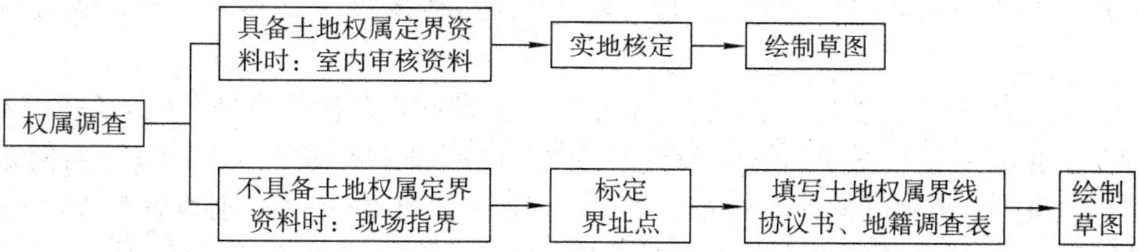

图 6-15　勘测定界权属调查作业流程

(二)地类调查

地类调查是利用第三次全国国土调查形成的土地利用现状图、地籍图，以及现势性强的地形图、像片平面图作为工作底图，通过实地判读、现场调查，将用地范围内及其周围的各地类界线标绘或测绘在工作底图上，标注二级地类编号，然后核实图上标注的地类及界线与实地情况的一致性，不一致的应在勘界技术报告及面积量算表中注明。

在地类调查的同时,实地调绘基本农田界线和农用地转用范围界线。

(1)基本农田界线调绘。利用工程建设项目用地范围所在的土地利用总体规划、基本农田保护区规划等资料,将用地范围内及其附近的基本农田界线测绘或转绘在工作底图上,确定项目用地占用基本农田的范围,并实地核定。

(2)农用地转用范围线调绘。如果项目用地占用土地利用总体规划经批准确定的农用地转用范围的农用地,则将用地范围内及其附近的已批准的农用地转用界线绘制在工作底图上。

三、勘界测量

有关控制测量的精度与密度已在第三章中介绍,勘界控制网应保证最后一级图根点能直接放样界址点坐标,其技术指标除满足《地籍调查规程》(TD/T 1001—2012)要求外,还应遵守《土地勘测定界规程》(TD/T 1008—2007)要求。

(一)界址点放样

一般采用两种方式将工程项目规划拟用地的界线、界点落实到实地:一是依照经实地调绘勘测定界工作底图上所标注的拟用地界点位置,利用已有的测区测量控制网点及相关明显地物点,在实地落实界址点位置;二是利用图解法在上述工作底图上量算出拟用地界址点图解坐标,计算出拟用地界址点相对于已知点的放样元素(即距离与方向),实地落实界址点位置。

如果建设单位提供拟用地界址点的解析坐标,则可根据控制点的坐标与界址点坐标直接计算出所需的放样数据。界址点位置实地落实后即埋设界址桩。界址桩埋设后,就可连接放线了。

界址点放样方法一般有极坐标法、前方交会法、关系距离法等。用极坐标法放样界址点时,控制点设站的仪器对中误差不得超过±3 mm,角度观测两个半测回,测站结束后须检查后视方向,其偏差不得超过±30″。距离测量用测距仪,距离一般不超过 200 m,个别放宽至 300 m,使用钢尺一般不超过 2 尺段。相邻测站至少应检测 1 个界址点。解析法测定界址点坐标相对于邻近图根点的点位中误差不得超过±5 cm;两相邻界址点间,由坐标反算距离与实地丈量距离的较差不得超过±10 cm,解析法测定的界址点坐标与原拟用地界址点坐标之差的中误差为±5 cm,允许误差为±10 cm。

(二)界址点解析坐标测量

在界标放样埋设后,须用解析法进行界址点测量,检核界址放样的可靠性及界址坐标的精度。

界址测量一般采用极坐标法,须在已知控制点上设站。角度半测回测定,经纬仪对中误差不得超过±3 mm,一测站结束后必须检查后视方向,其偏差不得超过±30″;距离测量可用电磁波测距仪或钢尺,使用电磁波测距仪时,距离一般不超过 200 m,个别放宽至 300 m,使用钢尺测量时较差一般不得超过 2 尺段。相邻测站至少应检测 1 个界址点。

解析法测定界址点坐标与相邻控制点的点位中误差应控制在±5 cm 范围内。

两相邻界址点间,界址边丈量中误差为±5 cm,坐标反算距离与实地丈量距离的较差为±10 cm。

(三)RTK 测量技术在土地勘测定界中的应用

在土地勘测定界测量中,利用 RTK 技术可实时地测定界桩位置,确定土地使用界限范围、计算用地面积。基于已有的坐标系、控制点施测的土地勘测定界成果具有不动产权籍调查成果相同的数学基础，可直接用于不动产权籍资料的变更。

利用 RTK 技术进行勘测定界放样是利用坐标直接放样，土地勘测定界中的面积量算，可由软件中的面积计算功能直接计算并进行检核。RTK 技术的应用避免了常规的解析法放样的复杂性，简化了建设用地勘测定界的工作程序，提高了测量速度和精度。

四、土地勘测定界成果的形成

在完成权属调查、地类调查和实地界址点放样以后，应编制土地勘界图及项目用地范围图，并进行面积量算与汇总。

（一）土地勘测定界图的编制

勘测定界图是用于建设用地审批的主要图件材料，也是量算项目用地占用各权属单位面积、基本农田面积、不同地类面积的基本图件。土地勘测定界图不但要保证图的数学精度，同时还要准确反映出用地周边的土地利用状况。土地勘测定界图以调查工作底图为基础，利用实测界址点坐标和实地调查测量的权属、地类等要素编制。土地勘测定界图编绘可用合适比例尺的地形图或地籍图作为底图编绘，也可以直接测绘而得。为了便于土地勘测定界图件资料的储存、管理、编辑和更新，应尽可能采用计算机进行数字图件处理。

1. 土地勘测定界图的内容

土地勘测定界图的主要内容包括：用地界址点和线，用地总面积；用地范围内各权属单位名称及土地利用类型代号；用地范围内各地块编号及土地利用类型面积；用地范围内的行政界线、各权属单位的界址线、基本农田界线、土地利用总体规划确定的城市和村庄集镇建设用地规模范围内农用地转为建设用地的范围线、土地利用类型界线，地物，文字注记、数学要素等。

2. 土地勘测定界图与用地范围图的编制

土地勘测定界图有编绘和直接测绘两种方法。如果没有现势性较好的地籍图或地形图，应在勘界前直接测绘地形图，作为调查工作底图及编制底图。在勘界调查后，将用地范围展绘到比例尺不小于 1∶1 万的土地利用现状图上，勘测定界图的比例尺一般不小于 1∶2 000，线状工程不小于 1∶1 万，并制作土地勘界用地范围图。该用地范围图是建设用地审批时所要求的，比例尺一般为 1∶1 万，为拟占用区域土地利用现状图。用地范围图应与勘测定界图、土地分类面积表的内容相一致。如有可能，应尽量采用计算机图形处理技术进行制作。

勘测定界图上项目用地边界线可根据用地范围的大小用 0.3 mm 红色实线表示，界址点用直径为 1 mm 的圆圈表示；基本农田界线使用绿色实线绘制，并注明基本农田；农用地转为建设用地范围线使用黄色实线绘制；土地利用类型界线使用直径 0.3 mm、点间距 1.5 mm 的点线表示。

勘测定界图上用地范围内每个权属单位均应在适当位置注记权属单位名称和面积，每个地块均应在适当的位置注记地块编号、土地利用类型号和面积。其注记方式如 $\frac{01}{0102}0.235\,6$，分母表示土地利用类型编号，分子表示该地块编号，右侧表示地块面积。

勘测定界图图式按照《地籍调查规程》（TD/T 1001—2012）及《土地勘测定界规程》（TD/T 1008—2007）执行。对以上两个规程未做规定的图式，应按照国家颁布的现行比例尺图式执行。

勘测定界图的平面位置精度、界址点或明显地物点相对于邻近图根点的点位中误差及相邻平面点的间距中误差，在图上不得超过表 6-1 规定。

项目用地范围涉及多幅图纸,应编绘图幅接合表。

表 6-1 勘测定界图的平面位置精度 单位:mm

图纸类型	平面位置精度	
	1∶500 比例尺	1∶1 000、1∶2 000 比例尺
薄膜图	±0.8	±0.6
计算机绘图、蓝晒图	±1.2	±0.8

(二)土地勘测定界面积量算和汇总

土地勘测定界面积量算和汇总的数据是用地审批中一项关键的数据。勘测定界面积量算内容包括项目用地面积、项目用地占用基本农田面积、用地范围内原不同权属单位及不同土地利用类型面积。

项目用地面积、用地内部原不同权属面积应用解析坐标法计算。用地内部不同土地利用类型面积可用解析坐标或图解坐标计算面积,也可以采用几何图形法、求积仪法量算面积。

在量算不同权属、不同土地利用类型面积的基础上,分别以市(县)、乡(镇)、村(组)为单位按不同的土地利用类型进行面积汇总,项目用地若占用基本农田,则基本农田保护区划内的土地和基本农田保护区划外的土地分别统计汇总。

坐标法计算面积须独立计算两次进行检核,计算公式如下

$$\left.\begin{aligned}P&=\frac{1}{2}\sum_{i=1}^{n}X_i(Y_{i+1}-Y_{i-1})\\P&=\frac{1}{2}\sum_{i=1}^{n}Y_i(X_{i-1}-X_{i+1})\end{aligned}\right\}\tag{6-29}$$

式中,P 为面积,单位为 m^2;(X_i,Y_i) 为界址点坐标,单位为 m;n 为界址点个数。

图解法量算面积须进行两次,较差在限差之内时,取两次量算的均值。两次面积量算的较差应满足

$$\Delta\leqslant 0.000\,3M\sqrt{P}\tag{6-30}$$

式中,P 为量算面积,单位为 m^2;M 为勘测定界图纸比例尺分母。

几何图形法计算面积的误差应满足

$$\Delta<2.04M_L/P\tag{6-31}$$

式中,P 为量算面积,单位为 m^2;M_L 为界址边量算的中误差绝对值,单位为 m。

利用勘测定界用地总面积控制用地范围内原不同权属单位或不同土地利用类型面积之和,当其相对误差小于 1/200 时,将误差按面积比例分配。

面积量算单位为 m^2,取至 $0.01\ m^2$。

(三)撰写土地勘测定界作业技术报告

勘测定界技术报告是勘测定界最后成果的体现,主要内容有:勘测定界技术说明、土地勘测定界表、勘测定界面积表、土地分类面积表、界址点坐标成果表、界址点点之记和用地地理位置图。上述内容按目录、表格、说明、略图装订成册。

勘测定界技术说明中应包括项目概述、勘测定界依据、施测单位及日期、勘测定界工作情况等内容。

土地勘测定界表主要填写内容包括用地单位名称及经办人、单位地址及主管部门、土地坐

落及用途、相关文件、图幅号、勘界单位的签注。勘界单位主管领导、项目负责人及审核人应在勘测定界表上签字。

勘测定界面积表是集中反映用地形式、用地数量的成果表。勘测定界面积表填写内容包括申请用地占用的集体土地及国有土地的总面积;申请用地占用农用地和建设用地以及未利用地的总面积;征用集体土地的总面积、国有土地划拨的总面积、国有土地出让的总面积、代征的集体土地总面积、由用地单位申请用地要作为规划道路的总面积、临时使用土地的总面积等。

用地地理位置图是反映整个用地范围、走向的示意图。用地地理位置图可以在小比例尺的地形图或城市旅游交通图等上进行绘制,要求点位间距、图形应大致近似,方向不能偏扭太大;须绘制出用地范围四周主要的建筑物和构筑物,如房屋、公路、铁路、河流、围墙走向等;须注记四邻单位名称、村镇名称等。在进行线性和较大工程的勘测定界工作时,可以利用较小比例尺的土地利用现状图或地形图作为底图,将用地范围线转绘到底图上。

(四)检查验收

勘测定界内业资料整理结束后,应提交土地勘测定界图、外业记录、计算手簿、控制网点图、平差计算等内外业资料及土地勘测定界技术报告书,供自然资源管理部门审查核定。

勘测定界成果实行二级检查一级验收制。一级检查为过程检查,在全面自检、互查的基础上,由作业组的专职或兼职检查人员承担。二级检查由施测单位的质量检查机构和专职检查人员在一级检查的基础上进行。

检查工作是勘测定界过程中的重要环节,应以《土地勘测定界规程》(TD/T 1008—2007)为依据,严格进行内外业检查,发现问题及时纠正。检查内容主要包括控制测量、细部测量、面积量算、勘测定界图和技术报告书等内外业观测记录计算资料及图件,实施单位须提供详细的自检报告。

勘测定界工作完成后,应按规程要求组织验收。承担机构将验收合格后的土地勘测定界成果资料一式三份,分别提交给用地单位呈报和审批该建设项目用地的政府土地管理部门。依法批准的建设项目用地范围、面积与呈报的不一致时,须根据审批结果对变化的部分重新进行勘测定界,经验收合格后重新提交资料。

思考与练习题

1. 不动产权籍日常调查与总调查的主要联系和区别是什么?
2. 什么是日常不动产测绘?它的技术、方法与总调查中的不动产测绘有何区别?
3. 不动产权籍日常调查的具体流程有哪些?
4. 宗地界址变化和未变化的情形分别有哪些?相应的不动产权属调查有何异同点?
5. 界址检查的流程是什么?
6. 界址恢复的技术方法有哪些?
7. 变更权属调查时如何进行宗地单元编号、宗地草图、地籍调查表的变更?
8. 土地勘测定界的目的、意义是什么?
9. 土地勘测定界分为哪几个阶段?
10. 土地勘测定界权属调查的程序、方法及要求是什么?

11. 土地勘测定界时,如何进行界址点的放样?界址点的放样有几种方法?

12. 土地勘测定界的成果资料包括哪些内容?

13. 设有1、2、3、4、5、6六个点所围成地块,现经过5点放样一直线55′,将地块分成两块面积相等的土地,试计算55′的距离和方向。该地块的总面积为157 250 m^2,地块各顶点坐标为

$x_1 = 6\,150.82$ m, $x_2 = 6\,036.90$ m,

$x_3 = 6\,215.76$ m, $x_4 = 6\,511.61$ m,

$x_5 = 6\,347.30$ m, $x_6 = 6\,333.77$ m;

$y_1 = 4\,382.09$ m, $y_2 = 4\,770.93$ m,

$y_3 = 5\,056.06$ m, $y_4 = 4\,912.10$ m,

$y_5 = 4\,785.69$ m, $y_6 = 4\,533.84$ m。

第七章　土地利用现状调查

§7-1　土地利用现状调查的概念

一、土地利用现状调查的目的、意义

土地利用现状调查的目的是，在最新土地利用成果基础上，全面细化和完善土地利用基础数据，掌握翔实准确的国土利用现状和自然资源变化情况，进一步完善土地调查、监测和统计制度，实现成果信息化管理与共享，满足生态文明建设、空间规划编制、供给侧结构性改革、宏观调控、自然资源管理体制改革和统一确权登记、国土空间用途管制、国土空间生态修复、空间治理能力现代化和国土空间规划体系建设等各项工作的需要。

二、土地利用现状调查的类型

土地利用现状调查，是指全国范围内为查清土地利用现状而进行的国土资源调查，重点是按土地利用现状分类，查清覆盖全国的各类用地的面积、分布及利用状况，汇总出各地类面积及土地总面积，调查、分析土地利用和土地权属中存在的问题，提出合理利用土地的建议。一般是指土地利用现状的初始调查。

土地利用变更调查，又称土地变更调查，是指在土地利用初始调查完成后，为了及时掌握土地利用变化情况，保持土地利用现状成果的现势性，开展的一项土地利用监测及更新调查工作。土地变更调查包括年度土地变更调查和日常土地变更调查。

年度变更调查是以每年 12 月 31 日为时点，按年度在辖区内全面开展土地调查，核实土地权属、用途、地类、面积、界址等动态变化状况，保持地籍资料的现势性。

日常变更调查是在日常地籍管理工作中，当出现诸如新增建设用地审批、土地整治项目竣工、农业产业结构调整、生态退耕等引起的土地利用变化时，对土地利用现状资料的实时更新维护。日常变更调查结果整理为反映本年度时点的现势数据，可作为年度变更调查的依据。

土地利用更新调查，是在土地利用资料陈旧和土地管理有新的调查要求时，以县(市、区)为基本调查单位，利用现势性强的图件资料作为工作底图，结合土地详查和土地变更调查等相关资料，对调查区的土地利用现状进行的全新实地调查，并在此基础上建设或更新土地利用数据库。同时，更新调查后的数据须与最近的土地变更调查数据进行衔接。

三、土地利用现状调查的任务与内容

土地利用现状调查主要任务是按照国家统一标准，在全国范围内利用遥感、测绘、地理信息、互联网等技术，统筹利用现有资料，以正射影像图为基础，实地调查土地的地类、面积和权属，全面掌握全国耕地、种植园、林地、草地、湿地、商业服务业、工矿、住宅、公共管理与公共服务、特殊用地、交通运输、水域及水利设施及其他用地等地类分布及利用状况，建立互联共享的

覆盖国家、省、地、县四级的集影像、地类、范围、面积、权属和相关自然资源信息为一体的土地利用现状数据库,完善各级互联共享的网络化管理系统。

土地利用现状调查的内容主要包括农村土地利用现状调查、城镇村庄内部土地利用现状调查、数据库建设、成果汇总等。

四、土地利用现状调查程序

土地利用现状调查主要程序为:准备工作、调查界线及控制面积确定、数字正射影像图制作及内业信息提取、土地权属调查、农村土地利用现状调查、城镇村庄内部土地利用现状调查、数据库建设、成果汇总、成果整理与分析、成果检查、成果归档等。

§7-2 土地利用现状调查准备

一、工作准备

(一)制订方案

各地根据本地区实际情况,编制本地区土地利用现状调查方案。内容包括调查区基本概况、目标任务、技术路线与工作流程、调查准备工作、内业数据处理、外业实地调查、内业整理建库、成果质量控制、调查主要成果、计划进度安排、组织实施等。

(二)组织准备

成立以本级政府主要领导为组长、各相关部门负责人为成员的土地利用现状调查领导小组,负责组织实施土地利用现状调查的各项工作。

(三)人员培训

在开展土地利用现状调查前,对参加调查的人员进行培训,明确调查任务和主要内容、统一地类标准和成果要求、规范作业程序和调查方法、确定调查原则和工作纪律,保证调查工作进度,确保调查成果质量。

(四)舆论宣传

通过报纸、电视、广播、网络等媒体和自媒体等渠道,大力宣传土地利用现状调查对促进国民经济发展和社会进步,重视生态文明建设、提升资源节约利用、加强耕地和环境保护重要社会意义,提高全社会对土地利用现状调查工作重要性的认识,为土地利用现状调查营造良好的外部环境。

(五)开展试点

调查前组织开展试点工作。试点区须具有典型性、代表性,验证技术路线、技术方法的可行性,为开展土地利用现状调查探索经验,进一步完善技术方案、技术标准。

二、资料准备

(一)基础调查资料

1. 界线资料

包括国界线、陆地(含海岛)与海洋的分界线、行政区域界线等资料。

2. 遥感资料

近期航空、航天遥感图件和数据等资料。

3. 基础地理信息资料

地形图、数字高程模型、地名等基础地理资料。

(二)权属调查资料

包括农村集体土地所有权确权登记成果，城镇国有建设用地范围外的国有土地使用权登记成果，土地权属界线协议书、土地权属界线争议原由书等调查成果，以及其他相关权属资料。

(三)地类调查资料

包括原土地利用现状数据库、地籍调查数据库、已有土地利用图、调查手簿、田坎系数测算原始资料、林地调查数据库、草地调查数据库、湿地调查数据库等地类调查相关图件、表格、文本和数据库等。

(四)土地管理有关资料

包括永久基本农田、土地利用规划、建设用地审批、土地整治、土地执法、耕地分等定级评价资料等图件、数据和文字报告资料。

(五)控制点成果资料

包括调查区内及附近地区的国家高等级控制点成果及地方自行布设的高等级控制点成果。收集的控制点成果应包括 1980 西安坐标系、2000 国家大地坐标系下同名点成果。

(六)其他有关资料

包括农村土地承包经营权确权登记、地理国情调查、水利河流湖泊管理范围划界、交通部门道路调查、城市开发边界成果、自然保护区等成果资料。

三、仪器、工具和设备准备

包括卫星导航定位测量设备、卷尺、计算机、平板电脑、移动通信设备、手持激光测距仪、全站仪、软件系统，以及交通工具等。

四、调查界线及控制面积确定

(一)调查界线确定

调查界线使用各主管部门确定的界线。

(1)国界线依据中华人民共和国外交部提供的最新勘界及联检成果确定。

(2)沿海陆地及岛屿零米等深线，依据相关主管部门提供的最新海洋基础测绘成果。

(3)海岸线即陆海分界线以大潮平均高潮线为准。

(4)省、地、县级调查界线，依据各级民政部门行政区划相关文件确定。因成图精度等客观因素造成调查界线与数字正射影像图(DOM)相对位置产生位移的，由省一级统一组织，依据行政区域勘界成果中有关界址的描述，对调查界线进行调整以使之与 DOM 匹配，经界线双方民政部门同意并提请省级民政部门审核确认后作为最终调查界线。单方不得擅自调整调查界线，双方有异议的也不得调整调查界线。

(5)乡(镇)级调查界线，依据县级人民政府相关文件确定。

(二)控制面积确定

(1)依据调查确定的坐标系、比例尺和调查控制界线，制作标准分幅控制界线图，以图幅理论面积为控制,计算图幅内各区域控制面积(即破幅面积)。

(2)依据标准分幅控制界线图制作调查区域图幅理论面积与控制面积接合图表,计算调查区域控制面积。调查区域控制面积为调查区域内所有整幅和破幅图幅面积之和。

五、数字正射影像图(DOM)制作

(一)DOM 制作

平面控制点采用 GNSS 接收机等仪器实测,或从分辨率、比例尺优于预校正遥感影像的已有 DOM、地形图上采集。

(二)DOM 制作单元

DOM 以县级辖区为制作单元,按照外扩不少于 50 个像素,沿最小外接矩形裁切。根据县级辖区内影像间镶嵌和接边情况,通过镶嵌线、接边线及外围县级行政界线组成的若干矢量闭合面,并在每个闭合面内记录所使用影像的基本属性信息,作为 DOM 影像信息文件。

六、内业信息提取及调查底图制作

(一)内业信息提取

1. 内业信息提取内容

以县级行政辖区为单位,在最新 DOM 基础上,按照土地利用现状分类,依据影像特征内业逐地块判读土地利用类型,提取土地利用图斑。

2. 内业信息提取方法

1)农村

根据区域自然地理、地形地貌特征、植被类型及土地利用结构、分布规律与耕作方式等情况,建立调查区典型地类解译标志。

依据地类解译标志和影像特征,逐地块分析 DOM 纹理、色调、区位、附着物和周边环境,按照土地利用现状分类,判读提取土地利用图斑,并对比原土地利用现状数据库地类,提取变化图斑。

2)城镇

按照土地利用现状分类,依据城镇权籍调查成果中的宗地用途,结合影像特征,综合判定土地利用类型,合并土地利用类型一致的宗地,初步调绘城镇内部土地利用图斑。

(1)特大型的企事业单位,内部土地利用类型明显不同且分割界线明显的,可以依据土地利用现状分类划分成多个图斑。

(2)城镇内部的快速路、主干路、次干路及支路等市政道路用地按照城镇村道路用地图斑调查。

(3)行政机关、企事业单位、住宅小区等内部道路归并到坐落图斑。

(4)临街门面等归并到周边相邻图斑。

(5)城镇内部符合上图面积要求的耕地、种植园用地、林地、草地、其他土地等按照土地利用现状调查。

(6)城镇内部全部图斑,属于城市的标注“201”,属于建制镇的标注“202”。

3)村庄

按照土地利用现状分类,依据村庄权籍调查(宅基地及集体建设用地使用权调查等)成果,结合影像特征，综合判定土地利用类型，初步调绘村庄内部土地利用现状图斑。

(1)村庄内部超过上图面积的耕地、种植园用地、林地等土地按照土地利用现状调查。

(2)房前屋后不够上图面积的空地、晒场、树木及宅基地之间的通道等可归并到相邻宅基地图斑。

(3)穿越村庄的公路、河流、铁路等，不宜作为村庄内部图斑进行调绘。

(4)村庄内部的全部图斑应标注“203”属性。

(二)调查底图制作

以县级行政辖区为单位，在 DOM 上套合内业提取的土地利用图斑、变化图斑、区县行政界线、权属界线、地名注记等，以工程文件形式制作电子调查底图。

城镇村庄内部，以 DOM 为基础，结合权籍调查、地名地址及地形图等资料，采用数据转换、抽取或数字化等方法，制作土地利用现状调查底图。

§7-3　土地利用现状调查

一、土地权属调查

(一)土地权属调查的任务

土地权属调查的任务是将已完成的集体土地所有权确权登记和城镇国有建设用地范围外国有土地使用权登记成果落实在土地利用现状调查成果中，结合相关资料，对权属发生变化的土地开展补充调查。

(二)土地权属调查的方法

将农村集体土地确权登记数据库中确定的权属界线转绘到调查底图上。城镇以外的独立国有土地使用权界线，依据集体土地所有权调查成果转绘到调查底图上。城镇内部的国有土地使用权界线不开展调查上图。城镇内部街道行政界线开展调查上图。

在权属界线上图过程中，因成图精度等客观因素，部分权属界线与遥感影像产生位移的，可根据协议书记载转绘至遥感影像相关位置，避免产生细小图斑。

权属调查原则上以各行政村为基本单位开展，土地权属状况或界址发生变化的，按照权籍调查的相关技术要求开展补充调查后上图。

二、农村土地利用现状调查

(一)地类调查

1. 地类图斑划分

(1)单一地类的地块，以及被行政区、城镇村庄等调查界线或土地权属界线分割的单一地类地块为图斑。城镇村庄内部同一地类的相邻宗地合并为一个图斑。

(2)地类图斑编号统一以行政村为单位，按从左到右、自上而下由“1”开始顺序编号。

(3)地类图斑按土地利用现状分类末级地类进行划分。

(4)调查界线、土地权属界线分割的地块应划分为图斑。

(5)沿海地类图斑的陆地侧地类界线应与海岸线一致。

2. 图斑中地类认定

(1)依据土地利用现状分类,按照图斑的实际利用现状认定图斑地类。

(2)对原有可调整地类,实地现状为耕地的,按照耕地调查;实地现状为非耕地的,经所在县级自然资源主管部门和农村农业主管部门共同评估认为仍可恢复为耕地的,按照可调整地类调查;实地现状为非耕地的,且难以恢复为耕地的,按实地现状调查。

(3)批而未建的建设用地按照实地利用现状调查认定地类。

(4)根据《土地管理法》,对临时使用的土地,按实际使用范围调查为建设用地,并将实际占地范围以及批准文号以单独图层方式进行上图。其中,工程建设附属的临时用地按用地工程主体的地类调查,临时勘探及采矿用地方式改革试点的临时用地按采矿用地调查。临时用地的认定依据是实地已建设,并且临时用地合同(协议)经依法批准且在有效期内,未经批准或不在有效期内的,不得在单独图层表示。

(5)对于废弃的公路、铁路和尾矿,分别按公路用地、铁路用地和采矿用地调查,并增加标注"废弃"属性。

(6)对于未拆除到位和拆除未复耕或复绿等地块,依据原建构筑物认定地类,并将"拆除未尽"范围以单独图层方式进行上图。其中,属于建设用地拆除未尽的,按建构筑物对应的二级地类调查;属于设施农用地拆除未尽的,按设施农用地调查;属于临时用地拆除未尽的,按建设用地调查,并在"临时用地"和"拆除未尽"单独图层表示。实地已复耕或复绿的,按现状调查。

(7)已批准为建设用地的光伏用地按建设用地调查,未批准的光伏用地按地表地类调查,并在光伏用地图层表示。

3. 图斑中地类调查方法

依据调查底图,实地调绘图斑边界,核定其地类,修正内业提取的图斑边线。调绘图斑的明显界线与数字正射影像图上同名地物的移位不大于图上 0.3 mm,不明显界线的不大于图上 1.0 mm。

对影像上未能反映的新增地物应进行补测,在有条件的地区应采用仪器补测法,使用高精度测量设备进行补测,在条件不具备的地区也可采用简易补测法。补测地物点相对邻近明显地物点的距离中误差绝对值,在平地、丘陵地不应大于 2.5 m,在山地不应大于 3.75 m,最大误差不超过 2 倍中误差。

外业遵循"三到"(走到、看到、问到)原则,并对其掌握的信息全面如实记录。

(二)线状地物调查

1. 线状地物类型

铁路、公路、农村道路、沟渠等线状地物作为图斑调查,坐落单位、权属单位、地类均一致以及宽度、走向基本一致的,划为一个线状地物图斑上图。

2. 线状地物调查要求

线状地物调查应充分利用交通、水利等部门相关资料,保证道路和水系的连通性。线状地物发生交会时,保持地面线状地物连续表示。对于农村道路、过街天桥等线状地物跨越公路、铁路等,应保持公路、铁路贯通。线状地物平面交互时,应保持高等级的道路贯通。线状地物穿过隧道时,线状地物断在隧道两端。

线状地物边界应依据影像特征调绘,对宽度较小的农村道路或沟渠等影像不能准确调绘的,可依据原有单线线状地物的走向和宽度以图斑形式上图。

对调查为公路用地或铁路用地的图斑，提取公路或铁路的路面范围，按照单独图层方式录入土地利用现状调查数据库。对公路用地图斑，若道路有路肩则提取至道路路肩外缘，如道路无路肩则提取至路面铺桩位置或者路面硬化外缘［不含路堤（堑）边坡、道沟］；对铁路用地图斑，提取至铁路路肩外缘。对高架的公路、铁路提取垂直投影范围。

（三）田坎调查

1. 田坎调查方法

田坎调查采用系数扣除方法进行调查。采用高精度调查区域，田坎也可以按照图斑调查，但应保证省级调查精度标准统一。田坎系数测算应通过省级统一组织测算。

2. 田坎系数测算

1）耕地坡度分级

耕地分为五个坡度级（上含下不含）。坡度小于或等于2°的视为平地，其他分为梯田和坡地两类。耕地坡度分级及代码见表7-1。

表7-1　耕地坡度分级及代码

坡度分级	≤2°	＞2°～6°	＞6°～15°	＞15°～25°	＞25°
坡度级代码	1	2	3	4	5

2）耕地坡度分级面积计算

数据库建成后，依据数字高程模型（DEM）生成坡度图，套合耕地图斑，生成耕地坡度图，计算不同坡度级的耕地面积。

3）耕地田坎系数测算规定

（1）坡度大于2°时，测算耕地田坎系数。

（2）按耕地分布、地形地貌相似性等特征，对完整省（自治区、直辖市）辖区分区。区内按不同坡度级和坡地、梯田类型分组，选择样方，测算系数。样方应均匀分布，每组数量不少于30个，单个样方不小于0.4 hm^2。

（3）实测样方中的田坎面积，计算样方田坎系数，即田坎面积占扣除其他线状地物后样方面积的比例，数值用百分数（%）表示。

（4）当同组样方田坎系数相对集中、最大值不超过最小值的30%时，取其算数平均数作为该组田坎系数。

三、城镇村庄内部土地利用现状调查

（一）城镇内部土地利用现状调查

参考城市地形图单位注记、土地审批、土地供应、土地登记、土地整治、自然资源执法监察和其他相关资料，结合实地勘察，核实城镇土地利用现状图斑的准确性。针对外业核实发现的问题，修正城镇土地利用现状图斑边界和地类属性等内容。

（二）村庄内部土地利用现状调查

利用村庄地籍调查、土地登记、土地承包经营权登记、林权登记、土地整治、自然资源执法监察和其他相关资料，结合实地勘察，核实村庄内部土地利用现状图斑的准确性。针对外业核实发现的问题，修正村庄内部土地利用现状图斑和地类属性等内容。

四、海岛调查

对照经国家有关部门编制的《中国海域海岛标准名录》等资料开展海岛调查与统计。海岛范围调查至零米等深线。

有常住居民的海岛,应实地调查;调查地图覆盖到的海岛,调绘到底图上;调查地图覆盖不到的海岛,依据国家海洋信息中心提供的海岛数据确定其位置,对海岛名称、地类和面积等进行统计汇总。

五、图斑举证

(一)图斑举证内容

使用带定位功能和方向传感器的手机或平板电脑,利用"互联网+举证软件",拍摄包含图斑实地卫星定位坐标、拍摄方位角、拍摄时间、实地照片及举证说明等综合信息的加密举证数据包。

(二)图斑举证要求

地方实地调查认定地类与国家内业判读地类不一致的图斑,原则上必须全部实地举证;对影像未能反映、地方补测调查的新增地物须全部实地举证。

重点地类变化图斑原则上由地方全部实地举证。包括相对原地类新增的建设用地和设施农用地图斑,原有耕地内部二级地类发生变化的图斑,原有农用地调查为未利用地的图斑等。

涉及军事用地的图斑不举证;对城镇村内部涉及建设用地细分类型的图斑,无须举证;对于因纠正精度或图斑综合等原因造成的偏移、不够上图面积或狭长地物图斑,可不举证;对原有线状地物面状化的图斑,可不举证;未硬化且未贯通的农村道路未调查上图的,可不举证;对同一条道路或沟渠等线性地物的图斑,可选择典型地段实地举证,其他地段备注说明;无人类生活活动的区域,如沙漠、戈壁、冰山、森林等无人区,影像可以判断地类的,可不举证;对依据遥感影像特征能够准确认定为住宅小区、规模化工厂、水工建筑等新增建设用地的,可不举证。

举证照片应在实地拍摄,拍摄方向正确,应能够举证说明调查地类与影像特征不一致区域的土地利用情况。举证照片包括图斑全景照片、局部近景照片、建构筑物内部和农用地及未利用地的利用特征照片三类。

六、土地利用现状图斑衔接

(一)衔接内容

以调查底图为基础,依据影像辅助实地调查,对不同行政界线两侧公路、铁路和河流等重要地物进行接边,确保重要地物的贯通性;对影像反应明显的地物界线进行接边,保证同名地物的一致性;对地类、权属等属性信息进行接边,保证水库、河流、湖泊、交通等重要地物调查信息的一致性。

以调查底图为基础,对城镇村庄调查范围与农村土地利用现状调查范围、国有土地图斑与国有土地图斑、国有土地图斑与集体所有土地图斑、集体所有土地图斑与集体所有土地图斑、城镇村庄道路图斑与农村道路图斑等界线位置与属性内容进行衔接。

(二)城镇村庄范围界定

城市即城市居民点,是指市区政府、县级市政府所在地(镇级)辖区内的,以及与城市连片的商业服务业、住宅、工业、机关、学校等用地。包括其所属的，不与其连片的开发区、新区等建成区，以及城市居民点范围内的其他各类用地（含城中村）。

建制镇即建制镇居民点，是指建制镇辖区内的商业服务业、住宅、工业、学校等用地。包括其所属的，不与其连片的开发区、新区等建成区，以及建制镇居民点范围内的其他各类用地（含城中村），不包括乡政府所在地。

村庄即农村居民点，是指乡村所属的商业服务业、住宅、工业、学校等用地，包括农村居民点范围内的其他各类用地。

城市、建制镇、村庄范围按照集中连片的原则划定。

（三）衔接要求

当行政界线两侧明显地物接边误差小于图上 0.6 mm、不明显地物接边误差小于图上 2.0 mm 时，双方各改一半接边；否则双方应实地核实接边。

城镇村庄土地利用现状调查范围和界线与农村土地利用现状调查范围和界线、城镇村庄内部土地利用现状图斑和农村土地利用现状图斑的地类均应做到无缝衔接。

城镇村庄内部土地利用现状图斑与农村土地利用现状图斑相互衔接时，应以低精度图斑界线服从高精度图斑界线位置为原则，在允许误差范围内，应综合考虑图斑衔接的圆滑性和协调性。

城镇村庄道路与农村道路相互连通时，应各自独立划定图斑，同时要保持道路表现时的完整性；对不同行政区界线两侧公路、铁路和河流等重要地物进行接边，要确保重要地物的贯通性。

七、土地利用现状数据库建设

（一）数据库内容

土地利用现状数据库主要包括土地权属、土地利用现状、基础地理、数字正射影像图（DOM）、数字高程模型（DEM）等信息，具体内容参考最新土地利用现状数据库标准。

（二）建库要求

以完整县级行政辖区为单位，依据土地利用调查结果，建立一体化的土地利用现状数据库。土地利用现状调查、权属调查数据应一体化建库，确保各类土地利用数据成果的衔接。

土地利用现状数据库建设应同步建设数据库管理系统。数据库管理系统可以管理土地利用现状调查数据、权属调查数据、遥感影像等栅格数据和与之关联的属性数据，支持土地利用现状公开格式，具有数据导入导出、格式转换、编辑处理、查询、统计、汇总、制图、输出，以及更新等功能，可实现各级土地利用现状数据库之间的互联共享和及时更新。

基于县级土地利用现状数据库，建立市（地）级、省级、国家级各级土地利用现状数据库，并建立相应的数据库管理系统。

（三）建库方法

1. 图形数据采集

（1）根据外业调查结果，以各类调查界线为控制，结合内业资料进行图形矢量化工作，形成全区域所有调查要素的数字化成果。对于电子化外业数据，直接导入数据库中。

（2）要素采集界线与调查界线的移位不应大于图上 0.2 mm。

（3）数据应分层采集，并保持各层要素叠加后协调一致。

（4）公共边只需矢量化一次，其他图层可用拷贝方法生成，保证各层数据完整性。

(5)数据采集、编辑完成后,应使线条光滑、严格相接、不能有多余悬挂线。所有数据层内应建立拓扑关系,相关数据层间应建立层间拓扑关系。

2. 属性数据采集

按照数据库标准规定的数据结构,通过数据转换或人工录入等方式输入属性数据,并进行校验和逻辑错误检查。

(四)面积计算

图斑面积与图斑地类面积一致,按田坎系数扣除的耕地图斑面积除外。图斑面积按照椭球面积计算公式计算。

(五)数据库质量检查

数据库建设完成后,按照数据库质量检查规则,开展数据库质量检查。数据库质量检查内容一般包括数据完整性、逻辑一致性、拓扑正确性、属性数据准确性、汇总数据正确性、元数据检查等六个方面。

§7-4 土地利用现状调查成果归总

一、统计汇总

(一)统计内容

利用土地利用现状数据库中的土地利用现状调查数据和土地权属调查数据进行统计,获取土地利用现状分类、权属性质、耕地坡度分级、图斑标注等各类统计报表。主要包括土地利用现状一级分类面积汇总表、土地利用现状分类面积汇总表、土地利用现状一级分类面积按权属性质汇总表、城镇村及工矿用地面积汇总表、耕地坡度分级面积汇总表、林区范围内种植园用地汇总统计表、耕地种植类型面积统计表、灌丛草地汇总情况统计表、工业用地按类型汇总统计表、可调整地类面积汇总表、耕地细化调查情况统计表等。

(二)统计要求

(1)以行政辖区为单位,统计调查界线范围内的土地(含飞入地)。

(2)各地类面积之和等于辖区调查控制面积。

(3)因小数位取舍造成的误差应强制调平。

(三)数据汇总

在县级数据统计基础上,逐级开展市(地)级、省级、国家级数据汇总。

无县级归属的海岛参与省级汇总,无省级归属的海岛参与国家汇总。

(四)成果分析

在土地利用现状调查、土地权属调查等调查成果基础上,开展相关分析工作。

二、图件编制

以土地利用数据或土地利用缩编数据为基础,统一采用国家规定的图式图例,编制各级土地利用图件和专题图件。

土地利用挂图分为县级、地级、省级、国家级土地利用挂图。挂图成图比例尺根据制图区域的大小和形状确定,县级一般选为1∶5万～1∶10万,地级一般选为1∶10万～1∶25万,省级一般选为1∶50万～1∶100万,国家级一般选为1∶400万～1∶600万。

在各级土地利用挂图的基础上，编制各级专项调查的专题图集。

三、文字编写

在调查成果分析的基础上，编写包括工作情况、技术方法、数据库建设、成果分析等内容的文字报告。文字报告可统筹编写或单独成册。

四、成果检查

成果检查包括县级自检、省级预检、国家级核查。

(一)检查内容

(1)权源材料、手续、界址点位置、界线走向、权属界线协议书以及调查表等检查。

(2)地类划分、地类标注、图斑界线、田坎系数、举证照片以及外业调查记录等检查。

(3)土地利用现状数据库结构、内容、精度、逻辑关系以及数据库管理系统相关功能及运行情况等检查。

(4)统计汇总数据、各种图件及文字报告等检查。

(二)检查要求

1. 县级自检

县级对调查成果进行100%全面自检。

2. 省级预检

采用计算机自动比对和人机交互检查方法，比对提取原土地利用现状数据库和土地利用成果之间的差异图斑，重点检查差异图斑调查地类与影像及举证照片的一致性，根据内业核查结果开展外业实地核查，对外业图斑进行认定，并利用移动外业设备拍摄图斑实地照片。根据内外业检查结果，组织调查成果整改。

内业抽检不少于30%的城镇村庄内部土地利用现状调查成果。

3. 国家级核查

国家级核查重点针对建设用地、农用地调查为未利用地等重点类型图斑，以及调查地类与国家内业提取地类不一致的图斑。内业核查以遥感影像和举证照片为依据，采用计算机自动比对和人机交互检查方法，进行逐图斑内业比对，检查图斑地类、边界与影像及举证照片的一致性。

五、成果归档

按照档案管理的有关要求，对调查过程中形成的图、表、文档、数据库等成果资料及时进行整理归档。

§7-5　土地变更调查

一、土地变更调查程序

我国土地变更调查由自然资源部统一组织，每年度的变更调查工作开展前，国家根据年度土地资源管理工作重点、特点以及对土地变更调查的要求，结合实际情况，制定本年度土地变更调查总体方案，以统一技术方法和标准，明确工作重点和要求。在此基础上全面部署工作，开展全国的土地利用土地变更调查,统一时点为每年的 12 月 31 日。

土地变更调查充分利用航空航天遥感技术,以正射影像为基础,以地理信息系统、卫星导航定位测量等为辅助技术手段,采用内外业相结合的调查方法,调查土地利用变化和用地管理等情况。

土地变更调查程序如图 7-1 所示。

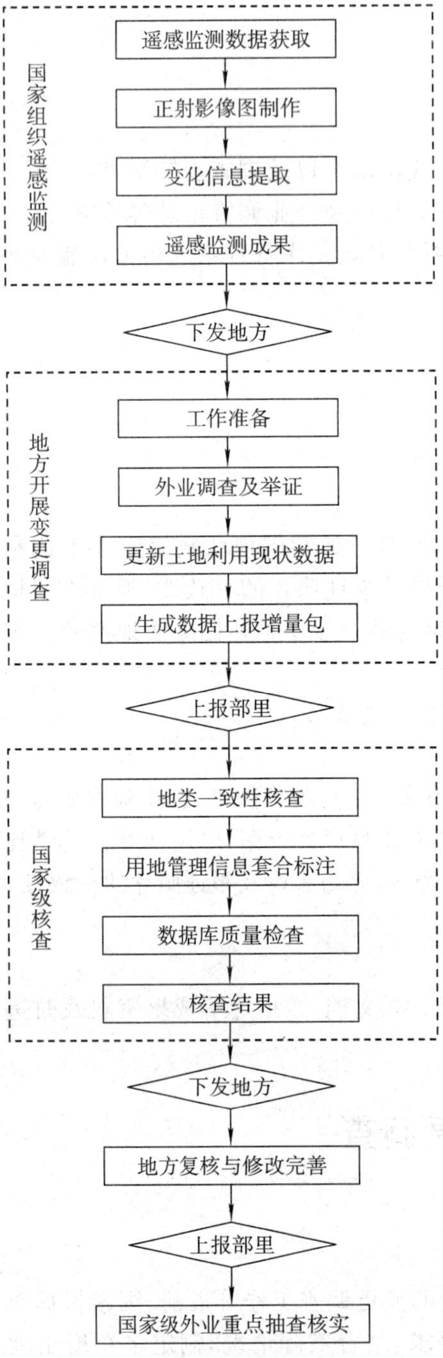

图 7-1　土地变更调查程序

目前,我国土地变更调查从程序上可以概括为"三下两上"模式。一下,国家将遥感监测成果及时下发地方。一上,地方实地开展调查及举证工作,获取辖区每一块变化图斑的地类、面积、权属和界线等信息,并进行上图、入库,将变更图斑成果报自然资源部。二下,国家组织专业队伍对地方上报的变更调查成果,依据遥感监测底图及举证照片,逐图斑核查,将核查发现的疑问图斑下发给地方,并限期复核修改反馈。二上,地方对下发的疑问图斑,逐一核实确认,修改变更调查记录,并将复核及修正的结果报部认可。三下,国家组织专业队伍对地方核实仍有疑问的,再次组织人员进行实地抽查核实。

(一)准备工作

1. 遥感监测资料获取

自然资源部统一获取覆盖全国的本年度最新遥感影像数据,加工制作成分县(市、区)的遥感正射影像图,并与上一年度遥感影像图和土地利用现状数据库叠加,监测本年度新增建设用地占用、产业结构调整、灾害毁地、土地整治、生态退耕等土地利用变化情况,提取疑似变化图斑,形成年度遥感监测成果(遥感正射影像图、遥感监测图斑、遥感监测图斑信息核实记录表等),下发给各县(市、区)辅助开展土地变更调查。

2. 界线调整

国界、省界的调整,由自然资源部统一负责修改,地方不得更改。

大陆、海岛与海洋分界线发生变化的,由省级自然资源主管部门,依据最新的遥感影像,将调整后所涉及的图幅矢量数据和相关影像数据以及说明材料报自然资源部,经确认后作为当年变更调查的初始数据库省级界线。

县级行政区域界线发生调整的,由省级自然资源主管部门将调整后涉及界线调整的所有县级国土调查数据库和相关说明材料报自然资源部备案,作为当年变更调查的初始数据库。

3. 制订方案

各地可参照自然资源部的总体方案，结合当地实际情况，因地制宜制订本地的土地变更调查方案。

4. 资料及设备准备

县级自然资源主管部门收集整理土地管理方面的相关资料，准备调查所需的有关设备。资料主要包括上一年度国土调查数据库，本年度土地利用计划下达和执行情况，基本农田划定和调整相关图件、数据，建设用地占用、土地整治、农业结构调整、灾毁耕地、生态退耕、违法用地和查处等方面的资料。调查所需仪器设备主要包括GNSS接收机、全站仪、钢(皮)尺、计算机及软件系统，以及交通工具等。

5. 制作外业调查底图

各县(市、区)依据本地区土地利用总体规划、年度新增建设用地审批、土地整治补充耕地情况、基本农田调整、土地违法及查处等各类用地管理信息的批准文件、范围界线等相关资料，与自然资源部下发的本年度遥感监测影像、新增建设用地变化图斑及上一年度土地利用现状数据库等成果数据进行空间叠加，形成外业调查底图。未及时接收到本年度国家遥感监测成果的，以上一年度土地调查数据库为基础，叠加上述内容，形成外业调查底图。

(二)变更调查实施

土地变更调查包括地类调查、权属调查、基本农田上图和用地管理信息套合标注。

地类调查是指地方以本年度实地变化为依据，开展土地利用变化情况调查，保证图件、数据、实地三者一致；权属调查是指地方以本年度征地数据、土地登记数据等为依据，开展土地权属单位、权属性质及权属界线变化情况调查；基本农田上图是指地方依据基本农田划定成果及基本农田占用(减少)、补划(调整)等资料，对基本农田变化情况上图；用地管理信息套合标注是指国家将用地管理信息与土地利用现状变更结果空间叠加，自动分类标注新增建设用地和新增耕地管理信息，计算各分类面积。

(三)土地利用现状数据库更新与上报

县级土地利用现状数据库的更新与上报采用变更增量包的方式。变更增量包是基于基态更新模型的更新数据方式，将数据变化内容打包生成变更增量的数据包，用于对基态数据的更新，可以大幅度减少更新数据存储所占用的空间。

具体步骤如下：

(1)县级自然资源主管部门利用土地变更调查软件，按照国家有关数据库更新标准和要求，对年度内发生变化图斑进行逐地块变更，形成县级土地利用现状数据库，并生成年度变更增量数据及年度变更调查统计报表。

(2)县级自然资源主管部门将生成的增量数据、变更调查统计报表及其他相关数据导入国家统一下发的更新数据上报软件，对增量数据进行校核与质量检查后，将检查记录、增量数据、统计报表及其他相关数据打包生成县级年度更新数据包，逐级上报，并更新各级土地利用现状数据库。

(四)变更调查成果国家级核查

国家统一组织，依据遥感影像对地方上报的土地变更调查成果开展地类一致性核查；利用综合监管平台，对土地变更调查成果进行管理信息套合标注；按照数据库质量控制标准和要求,对分县土地利用现状数据库进行全面质量检查;将地类一致性核查结果、用地管理信息套合标注结果、国家级数据库质量检查结果下发地方。

(五)地方复核与数据库修改完善

各地按照国家级地类一致性核查结果、用地管理信息结果、国家级数据库质量检查结果,采用内外业相结合的方法,逐一核实确认疑问图斑的地类。同时,按照国家下发的数据库质量检查意见,修改完善县级土地利用现状数据库。

省级自然资源主管部门负责对地方复核后的县级土地变更调查成果进行检查,检查通过后上报自然资源部。

(六)国家级外业核查

为确保最终变更结果的真实准确,国家组织对地方复核成果再次开展进一步的审查,确定重点地区,开展国家级外业核查及重点抽查核实,通报重点抽查结果,对弄虚作假等问题严重的地区,采取约谈、问责、移交有关部门等方式严肃处理。

(七)国家级数据库更新与汇总分析

国家组织对通过国家数据库质量检查,并按核查要求完成地类整改且统计面积无误的县级土地利用现状数据库成果,进行国家级数据库入库更新,形成最新国家级土地利用现状数据库。

以地方上报的变更调查数据及更新后的国家级数据库为基础,国家组织开展变更调查数据汇总工作,形成全国土地变更调查数据成果。

二、土地变更调查内容与方法

(一)土地变更调查内容

根据土地变更调查有关规定,开展土地利用及权属变化情况调查,查清土地利用实地变化和土地权属变化情况。具体内容包括监测图斑核实、新增建设用地调查、新增耕地及田坎调查、农用地变未利用地调查、新增可调整地类调查、可视为补充耕地的园地调查、国家生态退耕调查、其他变化地类调查、图斑举证等。

(二)土地变更调查方法

1. 土地利用变化情况的调查方法

依据制作的外业调查底图,对照实地现状,逐地块对国家下发的遥感监测图斑及属性信息进行逐一核实、调整和补充调查及举证,并核实建设用地批准范围内的土地建设情况,调绘实地建设范围和地类,填写国家下发的遥感监测图斑信息核实记录表、农用地变更为未利用地图斑核实记录表等图斑信息核实报表。对于遥感监测图斑未变更或部分未变更的,各地应结合遥感监测图斑类型,在遥感监测图斑信息核实记录表中填写未变更理由;对于农用地变更为未利用地图斑的,填写农用地变更为未利用地图斑核实记录表;对于新增设施农用地、临时用地图斑的,填写设施农用地图斑信息核实记录表、临时用地图斑信息核实记录表;对于拟拆除图斑的,填写拆除图斑核实记录表。

对于影像不清晰或影像未反映的新增地物,根据本地区实际情况,可采用遥感监测、卫星定位测量和其他测量方法开展补充调查,详细记录变化图斑的形状、范围以及变化地类等内容。确认变化的信息,作为更新土地利用现状数据库的依据。

1)遥感监测补测法

遥感监测补测法基本步骤：

(1)按《第三次全国国土调查技术规程》(TD/T 1055—2019)中的底图生产技术规定，制作本年度航空或航天遥感正射影像图。

(2)将正射影像图与上一年度土地利用现状图套合，叠加各种变化界线、属性信息，通过目视，对与上一年度土地利用现状图上不一致的各种信息进行解译和标注，形成外业调查工作底图。

(3)对外业调查工作底图上的变化信息，依据实地现状进行全面核实、调整和补充调查后确认，作为更新土地利用现状数据库的依据。

2)外业补测法

实地测量，即实测新增地物界线上主要拐点坐标，对于不规则界线，应适当加密拐点，以充分反映新增地物几何形状；连接各拐点，获得新增地物界线和范围；将实测的新增地物拐点坐标输入土地利用现状数据库，作为更新土地利用现状数据库的依据。

同时，也应充分利用日常地籍管理中所收集到的新增建设用地占用、产业结构调整、灾害毁地、土地整治、生态退耕等有关土地利用变化的图件资料，将图件资料上与调查有关的变更图斑，标绘到上一年度的土地利用现状图上，得到当年的土地利用现状图。应将标绘后的土地利用现状图带到实地进行核实，当标绘内容与实地一致时，进行变更；不一致时，按实地现状进行修改后变更。

2. 基本农田上图方法

依据基本农田划定成果以及基本农田占用(减少)、补划(调整)等资料，调整数据库中基本农田图斑的位置和范围，按照《第三次全国国土调查技术规程》(TD/T 1055—2019)更新形成基本农田数据层，汇总形成基本农田面积汇总表。

3. 用地管理信息套合标注方法

1)新增建设用地图斑套合标注

用地管理信息内容如下：

(1)农用地转为建设用地管理信息，包括国务院审批建设用地(单独选址、城市分批次)、省级人民政府批准建设用地、城市用地实施方案等备案的空间数据和属性数据。

(2)城乡建设用地增减挂钩项目建新区、工矿废弃复垦利用项目建新区、低丘缓坡等未利用地开发项目场地平整区等空间数据和属性数据。

套合标注方法如下：

(1)土地变更调查新增建设用地图斑与用地管理信息空间位置基本重合，标注为“本年度批准本年建设”(B)。其中，属于之前年度批准用地的，分别标注为“B+年度”。

(2)新增建设用地图斑与用地管理信息空间位置未重合，标注为“本年度未批先建”(W)。

(3)农转用批准用地空间范围(年度批准建设用地空间范围扣除范围内现状为建设用地的图斑)与本年度土地变更调查新增建设用地图斑进行比对，批准建设用地信息空间范围超出新增建设用地图斑的部分，标注为“本年度批准本年度未建设”(P)。P图斑作为单独的图层保存。

2)新增耕地管理信息套合标注

用地管理信息内容如下：

(1)已验收土地整治项目的空间位置和属性数据。

(2)城乡建设用地增减挂钩项目中的拆旧区、工矿废弃复垦项目拆旧区空间位置和属性数据。

套合标注方法如下:

(1)新增耕地图斑与历年增减挂钩拆旧项目区、工矿废弃地复垦项目区套合,基本重合的分别标注为"增减挂钩新增耕地"(ZJG)和"工矿废弃地复垦新增耕地"(GKF)。

(2)对未标注为ZJG、GKF的新增耕地图斑,与已验收的土地整治项目区套合,基本重合的分别标注为"往年验收本年变更新增耕地"(ZZWB)和"本年验收本年变更新增耕地"(ZZB)。

(3)对未标注为ZJG、GKF、ZZWB、ZZB的新增耕地图斑,变更前地类为园地、林地、草地或坑塘水面等农用地的,标注为"农业结构调整增加耕地"(TZ)。

(4)对上述标注以外的新增耕地图斑,标注为"其他方式增加耕地"(QT)。

三、图斑举证

(一)地方对遥感监测图斑和重点变更图斑进行举证

使用统一的"互联网+举证软件",实地拍摄包含定位坐标和拍摄方位角等信息的举证照片,加密报送至国家统一举证平台。

(二)举证要求

(1)原则上遥感监测图斑都需要举证,对于依据遥感影像特征能够准确认定为住宅小区、规模化工厂并在数据库中变更为建设用地的,以及面积较小或地处偏远实地举证确有困难的图斑可不举证。

(2)需要举证的重点变更图斑包括自主变更新增建设用地图斑、灾毁耕地图斑和农用地变更未利用地照片。其中,自主变更的新增建设用地图斑主要是指遥感监测图斑范围外,自主调查新增的建设用地图斑,依据监测图斑调查新增的建设用地图斑无须重复举证。

(3)对于需要举证的图斑为同一条道路或沟渠等线性地物,可选择其中1~2个典型图斑进行实地举证,其他图斑备注说明。

(4)举证照片包括图斑全景照片、局部近景照片、利用特征照片。图斑全景照片1~2张,照片应能反映图斑整体利用情况;局部近景照片1~3张,照片应能具体说明图斑实地利用现状,特别是对图斑地类与图斑影像特征明显不一致的区域,应拍摄局部近景照片,对影像特征与图斑地类明显一致的可不拍摄局部近景照片;利用特征照片0~1张,对需要拍摄具体种植作物等特征照片来说明情况的,应拍摄作物特征照片。

四、土地利用变化情况分析报告编写

在完成变更调查实施与土地利用现状数据库更新后,须编写土地利用变化情况分析报告,主要内容包括如下几个方面。

(一)本年度各地类变化情况

统计区域内各地类的总量变化情况,特别是耕地、新增建设用地、基本农田等利用类型变化的具体数量等信息。

(二)耕地数量增减变化情况及分析

1. 耕地减少去向分析

建设占用耕地状况:对当年建设占用耕地和数量,分当年批准建设、批而未用、未批先建三种情况进行具体分析。

农业结构调整占用耕地状况:对当年农业结构调整占用耕地、基本农田的类型和面积进行具体分析。

生态退耕状况:主要说明当年生态退耕还林、还草、还湖数量和原因。同时,要结合生态退耕分析辖区内坡耕地数量变化情况。

可调整地类状况:对当年可调整地类占用耕地、基本农田的类型和面积进行具体分析。

灾毁耕地状况:主要说明灾毁耕地的原因、灾毁程度(可复垦和难以复垦)及分布区域等。

2. 耕地增加来源分析

分别说明土地整理、土地复垦、土地开发等补充耕地状况,并说明农业结构调整变为耕地状况。

3. 建设用地增减变化情况分析

(1)建设占用农用地、未利用地情况。对建设占用农用地、未利用地,分当年批准、批而未用、未批先建三种情况进行重点分析。

(2)建设用地变为农用地和未利用地的类型、数量及分析。

(3)新增建设用地以及建设占用农用地、耕地的数量与年度的土地利用计划执行情况进行分析,对差距较大的要详细说明。

(4)耕地总量平衡、占补平衡及年度用地计划执行情况分析。

耕地总量平衡状况:全省及各县市现有耕地数量同《土地利用总体规划》要求的耕地保有量进行对比分析。

占补平衡状况:主要说明全省耕地占补平衡及按建设项目占补平衡的状况。

年度用地计划执行情况:主要做法和经验及存在的问题。

4. 检查抽查情况

内外业检查的方式方法,检查抽查变更图斑的数量、质量等情况,是否做到了图件、数据、实地的一致。

5. 有关政策、措施和建议

结合耕地、建设用地等增减情况的分析,针对土地利用中存在的问题及变化趋势,提出土地整理开发、土地执法督察、自然资源管理等方面的政策调整、有效措施和合理化建议,为政府决策提供准确的数据支撑。

五、主要成果

土地变更调查形成的主要成果包括遥感监测成果、外业调查成果、数据库成果、各类监测图斑核实报表、各类统计汇总表及文字报告成果。其中遥感监测成果包括正射影像图及遥感监测图斑;外业调查成果包括外业调查工作底图、新增地物补测数据、外业举证数据包;数据库成果包括更新后的土地利用现状数据库及更新数据包;监测图斑核实报表包括遥感监测图斑信息核实记录表、农用地变更为未利用地图斑核实记录表、设施农用地图斑信息核实记录表、临时用地图斑信息核实记录表、拆除图斑核实记录表;统计汇总表包括土地变更调查记录表、土地变更一览表、土地利用现状变更表、农村土地利用现状一级分类按权属性质统计汇总表、耕地坡度分级面积统计汇总表、基本农田面积统计汇总表等;文字报告成果包括土地利用变化情况分析报告、城镇村土地利用数据分析报告。

§7-6 土地利用遥感动态监测

一、土地利用遥感动态监测概念

(一)土地利用遥感动态监测含义

遥感,广义地说,是指在不直接接触的情况下,对目标物或自然现象远距离感知的一种探测技术。狭义而言,是指在高空或外层空间的各种平台,运用各种传感器(如摄影仪、扫描仪和雷达等)获取地表的信息,通过数据的传输和处理,从而实现研究地面物体的形状、大小、位置、性质及其环境的相互关系的一门现代化应用技术科学。通常所说的遥感指的是狭义上的航天遥感。

土地利用遥感动态监测是指运用遥感、土地调查等技术手段和计算机、监测仪等科学设备,以土地利用调查的数据和图件作为本底资料,对土地利用的动态变化进行全面系统的监测与分析,为土地利用数据变更、土地资源监管及为土地管理决策提供准确及时的土地利用数据。土地利用动态遥感监测是自然资源大调查的重要组成部分,也是自然资源管理的重要手段和有效措施。监测内容可以包括由于自然或人为因素引起的土地利用变化。土地动态监测是为完成土地管理任务服务的。

(二)土地利用遥感动态监测特点

随着高光谱遥感、微波遥感、高分辨率影像和多源信息复合、遥感图像自动识别与分类,以及与地理信息系统、卫星定位测量的集成技术由实验研究进入实际应用阶段,特别是遥感影像及数据处理商业化程度加大,遥感技术得到更加深入、全面的应用和发展。土地利用遥感动态监测作为自然资源部门的一项重要工作,也有了突飞猛进的发展。由于遥感对地观测技术具有覆盖面广、宏观性强、快速、多时相、信息丰富等优点,利用遥感技术进行土地利用动态监测是一种行之有效的方法。

利用卫星遥感技术进行土地利用动态监测,在影像上可以监测到监测地区地类及其变化情况,克服了因地形、气候、交通等条件给人类实地调查造成的困难;高分辨率遥感数据应用与信息自动分类技术应用提高了监测的精度;计算机应用技术、解译分析、影像融合和影像增强处理技术的发展利用,可以在很短的时间和较少投入的情况下得到大量丰富、珍贵 的信息资料,完成各种动态监测任务。

(三)土地利用遥感动态监测目的与任务

1. 主要目的

随着航空航天技术的发展与成熟,利用卫星遥感技术进行土地利用动态监测成为自然资源管理一项重要举措。其目的包括:①复核土地变更调查数据;②为配合土地执法检查提供技术支持;③为监测城镇土地利用规模发展提供数据依据;④检查土地利用规划执行情况;⑤检查年度土地利用执行情况;⑥辅助更新土地利用数据库与图件。

2. 任务

土地利用遥感监测的任务包括：①监测年度各类土地利用变化情况，重点监测新增建设用地与非耕地情况；②辅助开展土地变更调查，复核土地变更调查，辅助更新土地利用现状图；③监测城镇土地利用规模发展和土地利用总体规划执行情况，为自然资源管理提供最新的土地利用动态信息。

3. 作用

土地利用遥感监测的作用包括：①保持土地利用有关数据的现势性，保证信息能不断得到更新；②通过动态分析，揭示土地利用变化的规律，为宏观管理提供依据；③能够反映土地利用总体规划实施状况，为规划管理及时反馈相关信息；④对一些重点指标进行定时监控，设置预警界线，为政府制定有效政策与措施提供服务；⑤及时发现违反土地管理法规的行为，为土地监察提供目标和依据等。

(四)土地利用遥感动态监测内容

土地利用遥感动态监测是指以遥感手段为技术依托，对土地资源和土地利用实施宏观动态监测，及时发现实地发生的变化，并作出相应的分析。其主要内容包括以下几个方面。

1. 土地利用变化的动态信息

包括区域土地利用变化的类型、位置和数量等信息，特别是耕地、居民点及工矿用地的变化以及闲置土地等。通过建立对建设用地规模扩展和耕地变化情况的监测体系，分析土地利用的变化趋势和年度土地利用面积平衡情况，可以核查土地变更调查数据的真实程度。

2. 耕地总量的动态平衡情况

为实现耕地总量动态平衡的宏伟目标，必须有计划地开展土地整治工作。通过遥感监测可以准确地掌握区域的土地整治情况与耕地变化的情况。

3. 农业用地内部结构调整情况

农业用地内部结构调整反映土地利用用途的变化，及时掌握这些信息可为土地利用用途管制及农用地的管理服务。

4. 基本农田保护区状况

基本农田保护区是国家为保证粮食安全而划定的一定数量的优质耕地，规定长期不得占用。通过遥感监测，可以及时掌握基本农田保护区占用情况，更有效地进行基本农田保护管理，切实保护耕地资源。

5. 监测结果分析

土地利用遥感动态监测是一种技术手段，可以获取土地利用的动态变化情况，但其关键是变化结果的分析。在监测结果获取的基础上，需对监测结果进行分析，形成监测报告，为土地管理提供决策依据。监测结果分析的主要内容有：

(1)地类变更分析。主要对土地总面积变化的分析，以及耕地、园地等各类土地面积变化的分析。各地类在变更中，变更涉及的增减面积、实际增减面积(即减去同地类之间变化的面积)、净增减面积、变化量占同地类总面积的比重等。

(2)权属变更分析。地类变化分析要具体落实到地类的变化，但其前提是掌握权属性质的变化，包括国有土地、集体土地的所有权、使用权的变化，以及土地纠纷调解情况。

(3)耕地变化动态分析。耕地动态变化分析不仅要较详细地反映耕地减少的原因和耕地增加的来源，而且要分析减少原因的合理性和增加耕地的力度。这些分析不能单独从数量上进行比较分析,应根据地区特点作出分析,为以后土地管理提供有价值的意见。

(4)土地利用结构变化分析。土地利用结构变化是反映土地资源在人类利用行为干预下的土地利用发展趋势。依据地域差异规律,选择好当地土地资源利用方向是社会经济发展中研究的重要问题。结构变化分析的重要指标是各类用地结构中所占的比重。

二、土地利用遥感动态监测技术

(一)技术路线

土地利用动态遥感监测自1999年列入新一轮国土资源大调查土地资源监测调查工程至今,土地利用动态遥感监测工作目前已实现制度化和产业化,形成了一套比较完整的以遥感监测土地利用变化为核心的技术路线和技术流程,解决了遥感图像处理、土地利用分类和变化信息提取、GNSS外业调查、基于地理信息系统的监测信息后处理等环节的关键技术问题,构建了科学、实用及产业化的土地利用遥感监测体系。

(1)采用多时相、多元遥感数据,通过选取最佳波段组合的多光谱影像,与高分辨率的全色影像融合,产生兼有高分辨率和多光谱信息特点的新影像,突出反映土地利用类型要素信息,对监测区域进行全覆盖监测。

(2)充分利用计算机自动处理技术运用多种图像处理方法提取变化信息及土地利用分类信息,并结合人机交互处理技术进行检核和修改,减少信息提取的错误率,有效保证了土地利用分类和变化信息提取的效率和准确度。

(3)充分利用土地利用及相关图件,采用栅格数据与矢量数据相结合方法,将1∶1万地形图的数字栅格地图(digital raster graph, DRG)、土地利用现状图的DRG、标准的数字正射影像图(DOM)等和土地调查土地利用数据库相结合,形成矢量与栅格数据一体化的信息管理文件,减少了识别土地利用变化图斑、辅助更新土地利用现状图及土地利用状况等外业调查的工作量。

(4)在内业判读和处理的基础上,外业核查每个变化图斑,并验证光谱特征图斑,核实遥感监测分类信息,收集相关统计数据,确保遥感监测结果的可靠性和准确性。

(5)利用地理信息技术进行遥感监测后处理、统计汇总和信息表达,建立图形与属性的空间对应关系和多边形的拓扑关系,形成土地利用动态遥感监测数据库。

(二)技术程序

土地利用遥感动态监测是应用遥感技术,监测土地利用及其动态变化的一种方法,其技术程序包括遥感数据获取、遥感数据预处理与融合、变化信息提取、外业核查、变化信息后处理等步骤,如图7-2所示。

(三)年度土地利用遥感动态监测技术方法

土地利用遥感监测是土地利用变更的基础,遥感监测形成的遥感正射影像图、遥感监测图斑和遥感监测图斑信息核实记录表等成果,直接用于年度土地利用变更调查。土地利用遥感监测每年由自然资源部统一组织,统一获取各类最新遥感影像数据,统一制作覆盖全国不同尺度的遥感正射影像图,统一开展遥感监测工作。充分考虑全国不同地区的经济社会发展速度和土地利用变化的具体情况,采用不同分辨率的遥感影像。对于社会经济发展快速、土地利用变化较快、年度建设用地增加突出、耕地面积减少明显的重点地区,宜优先采用优于1 m分辨率全色多光谱遥感数据为主数据源;对于经济社会发展相对较快的次重点地区,宜采用优于

2.5 m分辨率全色多光谱遥感数据；对于社会经济发展速度适当、变化不太快的一般地区可采用优于5 m左右分辨率的遥感影像数据；对于西部沙漠、戈壁和藏北无人区，采用10 m以上分辨率的卫星遥感数据即可满足变更调查要求。

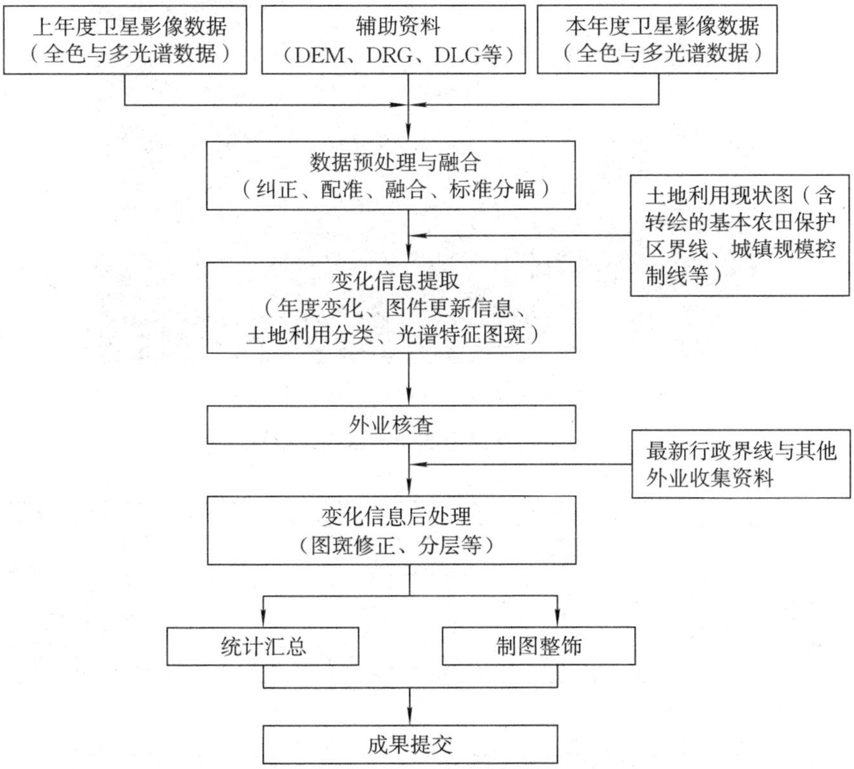

图7-2　土地利用遥感监测技术程序

1. 土地利用遥感监测影像图制作

根据监测目标，选择适当尺度的遥感数据源，以已有土地调查成果为控制基础，结合高程数据或数字地面模型(digital terrain model, DTM)，通过正射纠正、配准、融合、镶嵌、裁切，制作土地利用遥感监测影像图。

2. 监测图斑提取

监测图斑的提取通常有两种方法：一是土地调查数据库与影像对比法，二是影像对比法。

土地调查数据库与影像对比法是将本年度正射影像图与上一年度土地利用现状图套合，叠加收集到的各种变化界线、属性信息，通过目视或计算机软件辅助功能，逐个地类图斑与遥感影像对比，对与上一年度土地利用现状图上不一致的各种信息进行解译和标注，发现并勾绘监测图斑。

影像对比法是将本年度和上一年度正射影像图进行空间叠加，采用以人机交互为主的信息发现和提取办法。在信息提取时，利用图像差值、变换和融合等图像处理技术将发生变化的部分从背景影像中显现出来，通过一定的算法或人机交互解译将发现的变化信息提取出来，从而发现并提取监测图斑，如图7-3所示。

在土地利用变更调查中，监测图斑重点是新增建设用地图斑和疑似新增建设用地图斑，为便于实地核查，提取监测图斑的同时应填写遥感监测图斑信息核实记录表，如表7-2所示。

图 7-3　影像对比法监测图斑提取示例

表 7-2　遥感监测图斑信息核实记录表

省（区、市）　　　　市　　　　县（区）　　　　　　　　　　　　　　第　　页　共　　页

国家组织遥感监测生产单位填写下发									地方根据变更调查结果填报				
序号	行政代码	监测图斑号	监测图斑类型	中心点坐标		时相		监测面积（亩）	变更地类	变更范围	原因类型	照片编号	说明
				X	Y	前	后						
(1)	(2)	(3)	(4)	(5)	(6)	(7)	(8)	(9)	(10)	(11)	(12)	(13)	(14)
监测图斑个数：			监测图斑面积合计：										

3. 遥感监测图

根据土地利用遥感监测的工作内容和要求，遥感监测成果除遥感监测图斑信息核实记录表外还有遥感正射影像图和遥感监测图斑。

思考与练习题

1. 土地利用现状调查的目的、类型、内容分别是什么？
2. 土地利用现状调查要做哪些准备工作？
3. 简述土地利用现状调查地类图斑的定义及调查方法。
4. 土地利用现状调查过程中需要做哪些工作？
5. 土地利用现状调查需要归总哪些成果？
6. 土地变更调查的内容是什么？
7. 简述土地变更调查中用地管理信息套合标注方法。
8. 简述土地利用遥感动态监测的主要内容和方法。

第八章　不动产权籍调查项目管理

§8-1　不动产权籍调查工程项目管理的概念

项目管理是指系统地进行项目的计划、决策、组织、协调与控制的活动。它是为限期实现一次性特定目标，对有限资源进行计划、组织、指导、控制的系统管理方法。项目管理又分为宏观、中观和微观管理三个层次。宏观管理是国家一级的项目管理；中观管理是部门一级的项目管理，包括制定部门的投资战略和投资计划、项目优先顺序，以及支持这些战略顺序的政策、项目的安排、审批和验收等；微观管理是项目一级管理，即涉及项目的鉴别、决策、准备和实施等。

项目的最终成果和目的通常用目标来表示，项目目标一般分为成果性目标与约束性目标。前者可以表达为该建设项目的功能性要求，例如不动产权籍调查与测量与之相应的一系列技术经济指标。后者通常也称为约束条件或限制条件，通常指项目进度、费用及质量标准三项内容。这两个目标是不可分的，脱离了约束条件，目标就难以确定，所以项目管理要同时把约束条件作为它必须实现的目标，也就是技术方案审核中的目标控制。此外，约束性目标三项主要内容也是不可分割的。项目目标的明确性主要是指成果和限制条件必须有充分明确的完整说明。如项目本身须有完整的方案、设计与说明、质量要求与标准、工期、造价等。

这里所说的项目有其特定内涵。作为管理对象，通常是指在一定的资源、工期和规定的质量标准约束下，具有特定目标的一次性完成的事业。不动产权籍调查与测量项目适用于工程项目管理的各项内容。

不动产权籍调查与测量项目是我国实行不动产权籍管理和智慧化管理的基础工程，是保持不动产权籍资料包括数量、质量、权属关系等基本信息时效性的主要途径。不动产权籍调查与测量项目是一项面广量大、政策性和技术性都很强的综合性的系统工程，必须精准实施，确保项目质量。为达此目的，必须加强不动产权籍调查与测量项目的科学管理。

不动产权籍调查与测量工程项目管理内容涉及面很广，总体上包括四个方面：一是法律方面，与项目有关的法规、政策，以及其他政府规范性文件；二是行政方面，从可研立项到投资支付，政府部门都要履行项目审批手续；三是经济方面，财政、审计部门对经费投入使用的监管；四是科技方面，从技术设计、项目实施直到检查验收，每一步都有技术管理的内容要求。随着项目管理的机制创新和社会化服务的发展，不动产权籍调查与测量项目管理许多事项委托给第三方即社会中介机构负责，并以制度形式加以固定。

简言之，不动产权籍调查与测量工程项目管理贯穿于项目实施的全过程，从项目可研论证、工作方案、技术设计审查，到资金投放、审计，内外作业直至检查、验收，每一个阶段、每一个步骤甚至每一项工作都离不开管理。其中，最重要的是在技术设计方面实行审核制，业务运作方面实行监理制，以及项目委托方面实行招投标制。这也是本章介绍的重点内容。

一、项目的技术方案审核

不动产权籍调查与测量,需要政府或其主管部门批准立项。立项的要件是通过可行性论证。项目批准立项后,首先是对工程技术方案的审查。技术方案是实现工程项目进度、质量、费用三个目标控制的前提,它不仅是使工程达到优质、高效的基础文件,经审批后的技术方案也是工程招投标的依据。方案编制时应充分考虑到先进的生产技术和作业单位的具体情况。编制一份高质量的技术方案,编写者不仅要具有较高的专业理论水平和实践经验,还应有良好的道德素养。

二、项目的工程招标

不动产权籍调查与测量工程项目招标和投标是社会化服务的一项内容,这是公平公正承接政府的工程并防止腐败的重要举措。项目招标业务委托专业机构实施。

工程招标由发包者设定标底,然后邀请若干投标者通过秘密报价竞争。从中择优达成交易协议,这就是发包。交易双方按协议实现"标的"。招投标中的"标"通常就是"标的"。在工程招标中"标的"指的是拟发包工程项目内容的"标明"。

项目的招标形式可划分为两大类:全过程招标与分阶段招标。全过程招标即从项目建议书开始,包括可行性论证与技术方案、调查测量作业设计、实施,直到资料归档实行一次性招标承包,其"标的"是项目的全部工作;分阶段招标即根据项目实施的不同阶段内容分拆标段,分别招标承包。对于可行性论证与技术方案的招标承包,通常不公开招标,由业主向若干单位(专业咨询、建设监理单位、设计机构等)发出邀请函和提供项目的有关文件,这些单位据此编制可行性研究报告的报价单。业主从中选择资信卓著、报价合理者与之签订合同。制订技术方案的单位应完全从科学、客观的角度制订出技术先进、切实可行的,既满足生产要求,又经济合理的方案,这是工程项目取得效益,实现目标控制的关键。

工程项目招标方式有公开招标、邀请招标、协商议标和指定投标单位四种,根据工程项目的规模和实现情况而定。

三、项目的工程监理

不动产权籍调查与测量工程项目实施过程中,一般都引进监理机构实施全程监理。工程监理的行为主体是工程监理企业,带有独立性、社会化、专业化特点。工程监理的实施需要业主的委托和授权。工程监理是有明确依据的工程建设行为。工程监理适用于工程建设投资决策阶段和实施阶段,但目前主要是工程建设实施阶段。工程监理是微观性质的监督管理活动。

工程监理是针对工程项目所实施的监督管理活动,是围绕工程项目而进行的。因此不动产权籍调查与测量工程项目工程监理范围是,监理土地等不动产权属调查工作,包括到现场指界的权利人、委托代理人的身份核对,对界址点、线位置的确认,地类、用途的判定,丈量数据精确程度、草图内容真实性等方面的监视;监理土地等不动产测量工作包括控制点、界址点标志埋设、控制网测量、界址点坐标测量等地籍要素测量的情况;监理内业工作包括各种图件的制作,文字资料的编写,数据统计与数据库建设等资料齐全情况和形成的质量情况等。监理过程中,如发现不符合技术设计要求的问题,现场要求改正。解决不了的报请委托方处理。

§8-2　不动产权籍调查工程项目技术方案

前述不动产权籍调查与测量工程技术方案的重要作用，技术方案包括项目实施的工作方案、技术设计书（可行性研究报告）等文件。其中技术设计书是基础性文件，因此对技术设计书的审查就显得更加重要。

技术设计的目的是根据有关法规、规程，结合调查区的实际情况，对地籍调查、房屋调查进行具体设计，制订切实可行的技术方案，作为指导初始不动产权籍调查实施的主要技术依据，以保证调查成果符合有关技术规程要求和获得最佳的社会效益和经济效益。技术设计书需要审核的主要内容如下。

一、调查区概况

调查区概况内容包括：任务名称、目的、内容、地理位置、行政隶属、范围、面积、实施单位、计划完成日期；简要说明与调查工作有关的经济地理特征、用地特点、困难程度（每平方千米宗地数）；现有资料的分析和可利用程度；调查工作的作业依据。

二、权属调查的实施和要求

（1）权属调查实施的准备包括工作用图编制的方法；调查区范围的确定和划分；不动产权籍编号的规定；调查通知单的发送；进行实地调查的步骤及必须履行的手续；争议土地的调处；界标类型的选项和设置要求，以及确定界址点实地位置的有关事宜。

（2）不动产权籍调查表（包括共用宗）各项内容的填写说明。绘制宗地草图、房屋分层分户图和丈量距离的方法和要求。

（3）权属调查队伍的组织与培训等内容。

三、不动产测量的实施与要求

（一）基本控制测量

基本地籍控制网坐标系统的选择、控制范围、起算数据精度、布网方案、基本精度和主要技术要求；选点、埋石的要求；水平角观测和距离测定所采用的仪器、方法、精度和限差要求；成果的记录、整理、检核和平差的计算方法。

（二）图根控制测量

图根测量的方法、布设方案、主要设计要求、选点埋石要求、观测采用的仪器和限差要求、平差方法；起算数据的正确性、可靠性；椭球参数、投影参数和坐标转换参数计算；精度要求；成果资料的完整性、规整性。

（三）权籍测量

地籍测量的方法、解析界址点测定的方法和要求、界址点坐标册的编制、地籍图比例尺、分幅与编号、精度要求。地籍原图、宗地图的测绘方法、内容和要求。宗地面积量算的方法、限差、取位；宗地面积汇总表与土地分类面积统计表的编制要求。

（四）房屋测量

房屋测量的方法、界址点测定的方法和要求、分层分户图比例尺、编号与精度要求。房屋建筑面积计算的取舍、方法、限差、取位。

四、计划安排和保证质量的措施

根据调查区实际投入的人力,安排好各工序的起止时间;申报工作、权属调查、测量工作间的衔接和保证质量的措施。

五、应提交的资料和成果的检查验收

编制出一份能够通过审查的技术设计书必须具有详细基础资料。这些资料包括以下几种。

(一)权籍资料

(1)土地征收、用地审批、农用地转用,以及土地整治、勘测定界等材料。

(2)历史形成的各类不动产登记材料。

(3)履行指界程序形成的调查表、权属界线协议书等不动产权籍调查成果。

(4)县级以上人民政府或相关行政主管部门的权属争议调解书或裁定书。

(5)县级以上人民政府或相关行政主管部门的批准文件、处理决定。

(6)县级以上司法机关的判决书、裁定书或调解书。

(7)房屋等建(构)筑物的竣工验收资料、普查资料、买卖合同、登记资料,以及附着物的权籍材料。

(8)身份证、户口簿、社会信用代码证等权利人身份证明材料。

(二)测绘资料

包括航空正射影像、航天正射影像、地形图、控制网点和其他已有图件等。

(三)历史专项资料

历年的调查、普查、规划等材料,包括文字报告、图件(如现状图、地籍图、房产图等)、数据库等。

(四)社会经济资料

包括行政区划、自然地理、社会经济、标准地名地址等材料。

现场查勘是必不可少的,只有亲眼见的才有真正的感知,才能对上述资料进行仔细分析、评价。掌握调查区内有关不动产权籍调查的实际情况和资料可利用程度,为编写符合实际的高质量方案奠定基础。

§8-3 工程项目的招投标

一、工程项目招标投标的重要性

工程项目实行招标投标,有利于开展公平竞争,激励先进,推动科学技术发展,鞭策后进,督促淘汰陈旧、低效、落后的技术与管理方法,是管理制度的一项重大改革。2017 年 12 月 27 日,第十二届全国人民代表大会常务委员会第三十一次会议审议通过修改后的《中华人民共和国招标投标法》第三条规定,在中华人民共和国境内进行下列工程建设项目包括项目的勘察、设计、施工、监理以及与工程建设有关的重要设备、材料等的采购,必须进行招标:

(1)大型基础设施、公用事业等关系社会公共利益、公众安全的项目。

(2)全部或者部分使用国有资金投资或者国家融资的项目。

(3)使用国际组织或者外国政府贷款、援助资金的项目。

建设单位(或受建设单位委托的监理单位)在工程项目承发包阶段主要工作是:计算标底、审查标书,以及谈判确定合同价。但是,为了在工程项目的整个建设期内有效地控制投资,作为项目管理者,熟悉有关招标、投标的制度与程序,掌握招标文件和标书的编制原则和方法,是提高项目管理水平,完成投资目标控制的重要前提条件之一。

二、工程项目招标投标工作内容

招标发包与投标承包是一对矛盾统一体的两个不同侧面。

作为建设单位,它是拟建项目的发包者。如采用招标方式出包工程项目,则它又是拟建项目的招标者。对于项目的招标发包者,若委托建设监理或咨询机构进行发包,则受委托单位即为招标发包代理人。同理,申请投标并递送报价书的单位就成为投标者,而只有中标并与招标单位签订了合同的投标单位才是承包商(或投标承包者)。

三、工程项目招标投标的程序

程序是工作中必须遵循的先后次序。按照客观规律的要求,有计划、有步骤、分阶段地完成一项工作,才能收到预期的效果。

工程项目的招标一般可分为准备阶段、招标阶段和决标成交阶段,见图 8-1。招标阶段包括发布招标通知书或邀标函,其主要内容包括工程项目名称、地点及联系人、工程主要内容、工期和质量要求等。决标成交阶段包括开标、评标和决标以及签订承包合同。

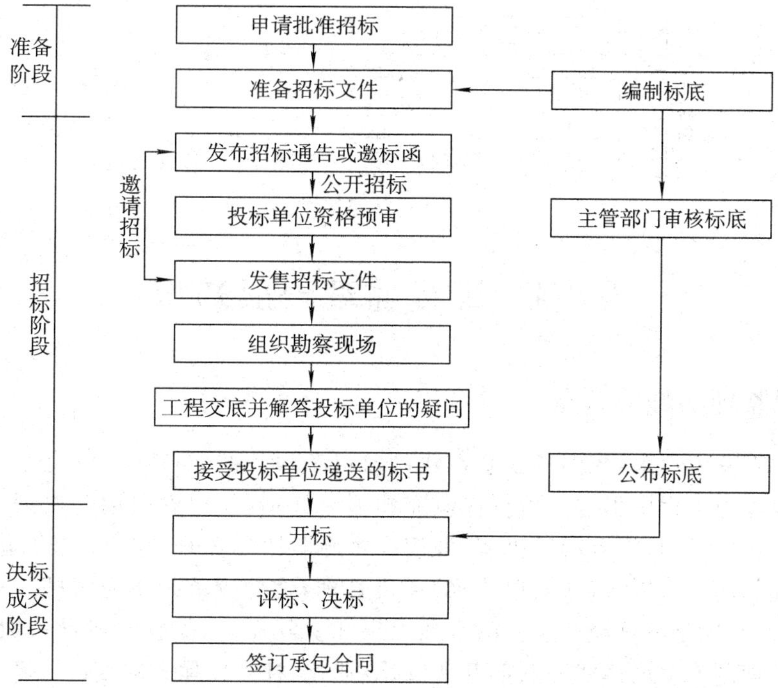

图 8-1　招标程序

投标程序包括依招标通告或邀标函,申请参加适宜的投标,并在规定的时间内报送投标申请书,接受技术资格审查。经审查合格后即可收到(或购买)招标文件。参加招标单位组织的现场勘察,在修改、落实承包方案和投标报价后填写投标书。标书内容有综合说明,工程的单价、单项造价和工程总包价,达到工程质量的等级和保证措施与方法,施工组织和进度,交工时间等。招标投标程序见图 8-1 和图 8-2。

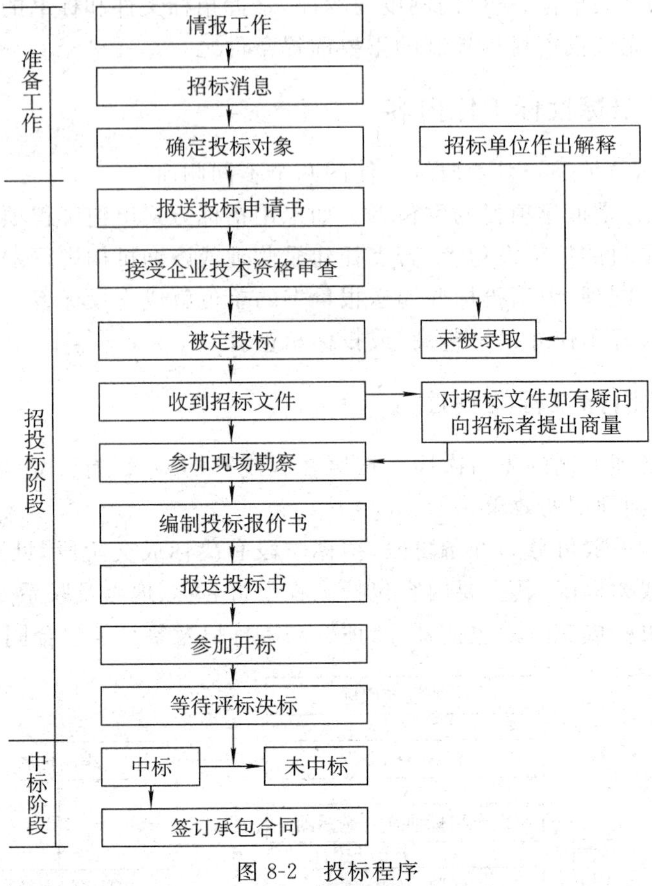

图 8-2 投标程序

§8-4 工程监理一般知识

一、工程监理实施的背景

新中国成立 70 多年来,我国各项基本建设取得了很大的成就,从 20 世纪 80 年代起引进了竞争机制,在基建工程中引进了可行性研究和项目评估,使建设前期的决策更趋于科学化。实践证明,仅有竞争机制,没有约束机制,即没有实施阶段的监理,仅有乙方(施工企业或承包商)的项目法施工而没有甲方(建设单位)的项目管理,这种改革是不完善的,不匹配的。因此建设监理制度的诞生是市场经济发展的必然结果和实际需要,是我国建设领域的一项重大体制改革,它是管理制度从旧模式向新的开放的、专业化、社会化模式转变的飞跃。

国际咨询工程师联合会(Fédération Internationale des Ingénieurs-Conseils,FIDIC)组织

编制了《土木工程施工合同条例》等文件。它是国际公认的对工程项目建设、运行、总结的精华。世界银行、亚洲开发银行等国际机构的有关文件中均采用FIDIC条例。FIDIC条例加强了工程项目建设管理，它的核心都是围绕着工程项目的咨询、监理而作出的规范性文件，我国不少地区不动产权籍调查项目也开始引入建设监理制度，这是不动产权籍调查管理逐步成熟的良好开端，但也还有不少问题尚需在实施中完善。

建设工程项目的建设过程，包括项目决策、项目设计、项目施工和项目验收四个大的阶段。也有将项目招标和工程保修划分出来作为单独的一个阶段。原国家计划委员会将基本建设程序概括为分阶段的审批程序，工程监理也相应为上述阶段的全过程监理。

二、工程监理的含义与监理对象

工程监理是针对工程项目所实施的监督管理活动。工程监理的实施需要接受业主的委托和授权以确定工程监理范围。具体来说就是根据工程项目文件和有关工程建设的法律法规、技术标准、合同条款等，运用组织措施、经济措施、技术措施、合同措施，代表建设单位对工程承包企业的行为和责任权利进行必要的协调和约束，提供专业化服务，保障工程建设有序进行，以实现项目投资的微观监督管理。

工程监理的对象是工程建设承包企业，实施工程监理行为主体是工程监理企业，带有独立性、社会化、专业化特点。工程监理适用于工程建设投资决策阶段和实施阶段，但目前主要是工程建设实施阶段。

三、工程监理的性质

工程监理具有服务性、科学性、公正性、独立性的性质。

1. 服务性

工程监理是高智能、有偿技术服务行为。对于承建单位的直接生产、建设单位的直接投资，监理单位提供的是技术服务。

2. 科学性

监理的专业化特点要求提供科学性服务。

监理单位应该拥有足够数量的、业务素质合格的监理工程师，科学的管理制度、先进的监理理论和方法，要积累足够的技术、经济资料和数据，拥有现代化的监理手段。

3. 公正性

监理单位一方面为委托方服务，另一方面对待被监理方能够站在第三方的立场上公正地解决和处理问题。

4. 独立性

监理单位作为独立的专业公司，是根据监理合同履行自己权利和义务的服务方，监理过程中，运用自己的理论、方法、手段，根据监理合同和自己的判断，独立开展工作。

四、工程监理实施的原则

1. 公正、独立、自主原则

监理工程师在工程监理中必须尊重科学、尊重事实，组织各方协同配合，维护有关各方的合法权益。

2. 权责一致原则

监理工程师承担的职责应与业主授予的权限相一致。

3. 总监理工程师负责制的原则

总监理工程师是工程监理全部工作的负责人,在监理工作运行中,形成以总监理工程师为核心的监理体系。

4. 严格管理、热情服务原则

依照程序和制度,认真履行职责,严格监理。为业主提供多方位、多层次的服务,维护业主正当权益。

5. 综合效益原则

保障业主的经济效益,同时考虑社会效益和环境效益。

五、监理单位监理的主要业务内容

根据原建设部建监〔1995〕第737号文件《工程建设监理规定》中社会监理单位监理的主要工作内容可由表8-1表示。

表8-1 社会监理(监理人员)的工作内容

阶段	工作内容
A建设前期	可行性研究
	参与设计任务书的编写
B设计阶段	提出设计要求,组织评选设计方案
	协助选择勘察设计单位,商签勘察设计合同并组织实施
	审查设计和概(预)算
C施工招标阶段	准备与发送招标文件,协助评审投标书,提出决标意见
	协助建设单位与承建单位签订承包合同
	协助建设单位与承建单位编写开工报告
	确认承建单位选择的分包单位
	审查承建单位提出的施工组织设计、施工技术方案和施工进度计划,提出改进意见
	审查承建单位提出的材料和设备清单及其所列的规格与质量
D施工阶段	督促、检查承建单位严格执行工程承包合同和工程技术标准
	调解建设单位与承建单位之间的争议
	检查工程使用的材料、构件和设备的质量,检查安全防护设施
	检查工程进度和施工质量,验收分部分项工程,签署工程付款凭证
	督促整理合同文件和技术档案资料
	组织设计单位和施工单位进行工程竣工初步验收,提出工程竣工验收报告
	审查工程结算
E保修阶段	负责检查工程状况
	鉴定质量问题责任
	督促保修

六、监理人员

(一)监理人员的组成

监理人员一般由总监理工程师、总监理工程师代表和监理工程师组成。这里所指的监理人员不是狭义地指个人，而是广义地指监理组织的任务、职责和权力。监理人员的任务可归纳为“三控制”“两管理”“一协调”，即工期控制（T）、质量控制（Q）、费用控制（C）、合同管理、信息管理、组织协调。其中心任务是实现三个目标控制，即 T、Q、C（注意：不是全面质量管理的 TQC）。它构成了项目监理的总目标。

监理人员的各项任务应贯穿在实施阶段的全过程，如表 8-1 所示，各项控制工作按一定工作程序各负其责，有条不紊，贵在连续和及时。在表 8-1 中列举的监理单位工作内容，也是监理人员的工作内容。

（二）监理人员的职责和权力

监理人员的职责可归纳为“监督、协调和服务”。按 FIDIC 文件，监理人员应履行合同规定的职责，行使合同规定或者合同中必然隐含的权力。监理人员的职责是严格履行合同，其权力要视业主授予多少权限而定。通常业主会赋予监理人员较多权力以利于监理人员完成监理重任。例如在施工阶段的诸多责权中，最重要的是质量否决权和计量支付的签字认可权。这也是监理人员的至高威望所在。相反，由于监理人员的失职使业主蒙受损失，监理人员应负经济和法律的责任。

1. 总监理工程师的职责和权力

总监理工程师的职责包括确定项目监理机构人员的分工和岗位职责；主持编写或审查项目监理方案、项目监理实施细则，并对项目监理机构的日常工作负责；审查实施单位的资质，并提出审查意见；检查和监督监理人员的工作，根据项目的进展情况进行人员调配，对不称职的人员调换其工作；主持监理工作会议，签发项目监理部的文件和指令；审定实施单位提交的技术设计书、开工报告、进度安排、技术总结和变更文件等，并填写技术设计书监理审查表；签发项目的开（复）工通知单、停工通知单、合同款支付证书和报验申请单；组织编写并签发监理月报、监理工作阶段报告、专题报告和项目监理工作总结及其他重要文件；主持或参与项目质量事故的调查；组织整理项目的监理资料。

2. 总监理工程师代表的职责和权力

总监理工程师代表负责总监理工程师指定或交办的监理工作。按照总监理工程师的授权，代表行使总监理工程师的部分职责和权力。负责管理项目监理机构的日常工作，即“三控、两管、一协调”；协助审查实施单位的资质，并提出审查意见；检查实施单位投入工程项目的人力、设备及其使用状况，并做好测绘项目实施单位现场机构及人员统计表和项目投入软硬件登记表等记录；主持或参与监理工作会议；组织编写会议纪要、监理月报、监理工作阶段报告；负责或参与起草监理方案、监理细则、监理报告等各类文字报告材料；主持或参与项目质量事故的调查；组织整理项目的监理资料；完成总监理工程师交办的其他任务。

3. 监理工程师的职责和权力

监理工程师负责按照监理方案、监理实施细则或设计书等要求参与监理工作的具体实施；服从总监理工程师代表的工作安排并受其监督和考核；做好自身工作记录及自身资料的保管或上交；对监理过程中发现的问题及时向总监理工程师代表汇报；实施监理检查，并填写监理检查记录表；实施旁站监理时，填写旁站监理表；对监理资料进行收集、汇总及整理归档等；完成总监理工程师代表交办的其他任务。

（三）监理工程师的素质要求

监理工程师属于高度知识型的职业，其必须具有高于一般专业技术人员的专业技术知识和丰富的实践经验,且懂得国家有关法规和制度,有丰富的管理知识与经验。此外还须懂得经济管理,以协助业主编标、招标和评标,进行合同实施的监督和管理。因此,监理工程师必须具有高于、严于一般工程师的条件,包括学历、实践经历、资格考试合格。由于监理工程师从事职业的特殊性,在职业道德方面还应有较高的素养。美国土木工程学会规定的道德准则有:正直、公平,尽力为雇主服务;努力提高职业能力并维护信誉;运用自己的知识和技术造福于人类。我国的一些部门监理单位管理办法中对政治素质与职业道德都有具体的要求。

§8-5 不动产权籍调查工程监理

一、不动产权籍调查工程监理的目的、意义

不动产权籍调查工程监理是一种技术服务性质的活动,目的是促进项目的良好实施,力求在计划的投资、进度和质量三项目标控制下,完成不动产权籍调查工程。

不动产权籍调查包括地籍调查、房屋调查、不动产测量、数据库建设等方面,是一项面广量大、政策性和技术性都很强的综合性系统工程,又是我国实行智慧化管理的基础工程,现势性、准确性、规范性要求非常高。通过近几年的实践表明,为加强不动产权籍调查的组织与技术管理,保证工程进度、成果质量和尽量节约成本,有必要设立或聘请专门机构对各类不动产权籍调查工作进行认真的、全面的监理工作。为了加强不动产权籍调查的进度、质量、技术及组织实施等方面管理,规范不动产权籍调查工程的监理工作,以下监理细则可供业主、作业队、监理方共同遵照执行。

(一)不动产权籍调查工程监理工作目的

不动产权籍调查工程监理的目的就是要实现工程项目目标控制,也就是控制经过科学规划所确定的工程项目的投资、进度和质量三项目标。简言之就是"三控、两管、一协调",即控制投资、控制进度、控制质量,合同管理、信息管理,协调各方关系。其中,控制质量是当前不动产权籍调查工程监理工作中心任务。

(二)不动产权籍调查工程监理的原则与依据

1. 不动产权籍调查工程监理原则

监理工作是一项原则性和技术性很强的工作,在整个监理过程中,必须遵循以下原则:

(1)维护国家和集体利益,遵章守法,坚持诚信、公正、科学的原则进行监理工作。

(2)严格执行有关法律、法规、规范和各种技术标准,履行监理合同中规定的义务和职责。

(3)坚持公正的立场、科学的态度和实事求是的精神,处理监理工作中发生的各种问题。

(4)坚持按监理合同的规定向业主提供技术服务。

(5)不泄露所监理项目各方认为需要保密的事项,不接受可能导致不公正判断的报酬。

2. 不动产权籍调查工程监理依据

(1)国家相关法律、法规及政策文件。

(2)相关技术标准、规程、规范。

(3)调查项目工作方案与技术设计。

(4)业主的有关要求。

二、不动产权籍调查工程监理方法

不动产权籍调查监理的基本方法是由目标规划、动态控制、组织协调、信息管理、合同管理有机构成的方法体系。

(一)目标规划

目标规划是指围绕不动产权籍调查工程投资、进度和质量目标，通过调查研究、分析归纳而确定的计划安排、管理措施等项工作。目标规划是目标控制的基础和前提，只有做好目标规划工作才能有效地实施目标控制。

不动产权籍调查工程目标规划过程是一个由粗而细的过程。它随着工程的进展，分阶段地根据可能获得的工程信息对前一阶段的规划进行细化、补充和修正，它和目标控制之间是一种交替出现的循环链式关系。

(二)动态控制

动态控制是在完成项目过程中，通过对过程、目标和活动的动态跟踪，全面、及时、准确地掌握工程信息，定期地将实际目标值与计划目标值进行对比，如果发现或预测实际目标偏离计划目标，应采取措施加以纠正，以保证计划总目标的实现。

动态控制贯穿于整个监理过程。工程分不同的阶段进行，控制就要在不同的阶段开展；工程在不同的空间展开，控制就要针对不同的空间来实施；计划伴随着工程的变化而调整，控制就要不断地适应计划的调整；随着工程的内部因素和外部环境的变化，监理工作就要不断地改变控制措施。监理人员只有把握工程项目的动态性，才能做好目标的动态控制工作。

不动产权籍调查监理动态控制方法有：审查、旁站、巡视、平行检验等。

审查是在实施监理过程中，对实施单位报送的有关项目的技术文件、进度计划、实施计划和项目成果资料等进行审查，并提出审查意见。符合要求后，实施单位才能开展相应工作。审查分为程序性审查和实质性审查。

程序性审查是从程序上审查项目是否符合要求，手续是否齐全，资料是否完整以及资料编制、签字盖章是否符合规范要求。例如对实施单位的检查记录和检查报告实施程序性审查。

实质性审查主要是从内容、方法、行文格式等是否符合规范标准要求进行审查。例如对技术设计文件要进行实质性审查。

旁站是在重要产品或关键工序测量过程中，由监理人员在现场进行的监督活动，须填写旁站监理表记录。项目监理部应根据项目特点和实施单位的实施计划，确定需要旁站的关键工序和隐蔽工序计划并书面通知实施单位。旁站须做好旁站记录和拍照，按照“谁旁站谁记录”的原则，真实及时记录，并与监理日志一致。

巡视是监理人员在项目实施过程中现场进行的定期或不定期的巡查活动。巡视内容主要包括：实施单位作业人员是否按照技术设计和标准规范作业；实施单位作业人员安全生产防护措施是否符合要求；实施单位管理人员和作业人员是否持证上岗。巡视须做好巡视记录，记录巡视时间、地点、人物、巡视内容和问题等情况。巡视发现的问题，监理人员应根据问题严重程度分别给予口头通知、签发监理指令、签发停工通知等，并及时报给业主单位。

平行检验是利用一定的检查或检测手段，在实施单位自检的基础上，按照一定的比例独立进行检查或检测的活动。平行检验的抽样数量一般规定在5%～10%。

(三)组织协调

组织协调就是将监理组织作为一个整体来研究和处理,对所有的活动及力量进行连接、联合、调和的工作。在监理过程中,监理人员要不断进行组织协调,它是实现项目目标不可缺少的方法和手段。

组织协调的内容很多,可分为以下几种。

(1)人际关系的协调:主要解决人员和人员之间在工作中的联系和矛盾。

(2)组织关系的协调:主要解决监理组织内部的分工与配合问题。

(3)供求关系的协调:包括项目实施中所需人力、资金、设备、材料、技术、信息等供给,主要解决供求平衡问题。

(4)配合关系的协调:主要是与业主、作业队的协调,解决配合中的同心协力问题。项目生产的协调,监理过程中要紧扣技术设计书及合同相关文件,严格把关,及时协调业主单位与实施单位在生产过程中出现的矛盾。验收阶段的协调,对验收中检验单位或业主单位提出的问题,应督促其采取补救措施。质保阶段的协调,成果交付使用后,对业主单位提出的整改要求,监理工程师将展开调查,查清缺陷原因,明确责任,审核实施单位的整改计划,并监督实施。

(5)约束关系的协调:主要是了解和遵守国家及地方政策、法规、制度方面的制约。

(6)会议的组织协调:主要是组织协调召开首次工作例会、技术设计评审会、监理交底会、技术交底会、日常工作例会和检查验收会。

(四)信息管理

信息管理是指监理人员对所需要的信息进行收集、整理、处理、存储、传递、应用等一系列工作的总和。信息是控制的基础,没有信息,监理就不能实施目标控制。监理人员在开展监理工作时要不断地预测或发现问题,要不断地进行规划、决策、执行和检查,而做好这每一项工作都离不开相应的信息。

在工程项目控制信息中的信息资料大致可分为三类:第一类是项目设计阶段所拥有的原始信息资料;第二类是运行过程反馈的实际信息资料;第三类是对上述两种信息资料加工处理而形成的比较资料。

(五)合同管理

监理方在监理过程中的合同管理主要是根据监理合同的要求对合同的签订、履行、变更和解除进行监督、检查,对合同双方的争议进行调解和处理,以保证合同的全面履行。

合同管理对于监理单位完成监理任务是必不可少的。合同对参与项目的各方行为起到控制作用,同时又具体指导工程如何操作完成。所以,从这个意义上讲,合同管理起着控制整个项目实施的作用。

监理工程师在合同管理中应主要进行以下几个方面的工作:①协助业主签订有利于目标控制的工程建设合同;②对签订合同进行系统分析;③建立合同目录、编码和档案;④对合同的履行进行监督、检查;⑤做好防止索赔和处理索赔工作。

三、不动产权籍工程监理内容与程序

(一)不动产权籍调查工程监理内容

(1)控制测量监理:包括技术设计、外业采集、内业计算及技术总结等过程监理与成果监理。

(2)不动产权属调查监理:包括技术设计、土地和房屋权源资料、权属调查草图、权籍调查表、作业成果及技术总结等过程监理与成果监理。

(3)不动产测绘监理：包括技术设计、宗地界址和房屋测量精度、面积量算、不动产权籍图及技术总结等过程监理与成果监理。

(4)数据库建设：包括不动产权籍数据库的设计、建立过程、数据成果及技术总结等监理。

(5)其他内容：①参与起草、讨论、修改技术设计书、数字化不动产权籍图测绘作业指导书及其他有关技术规定；②代表业主对各作业方进行协调、组织、指导及培训，并对作业方的组织、人员、设备、管理模式、进度等进行监督；③配合业主对作业各方的工程组织、实施、质量等进行综合评定，并配合业主做好方案论证、报批、成果验收及技术管理、成果管理等工作；④配合业主组织召开工程管理例会及技术协调会。

(二)不动产权籍调查工程监理内容

不动产权籍调查工程监理通常采用全程监理方法，监理方将全程参与，从项目规划、项目设计、工程实施、竣工验收，到成果移交等全过程，其监理程序见图 8-3。

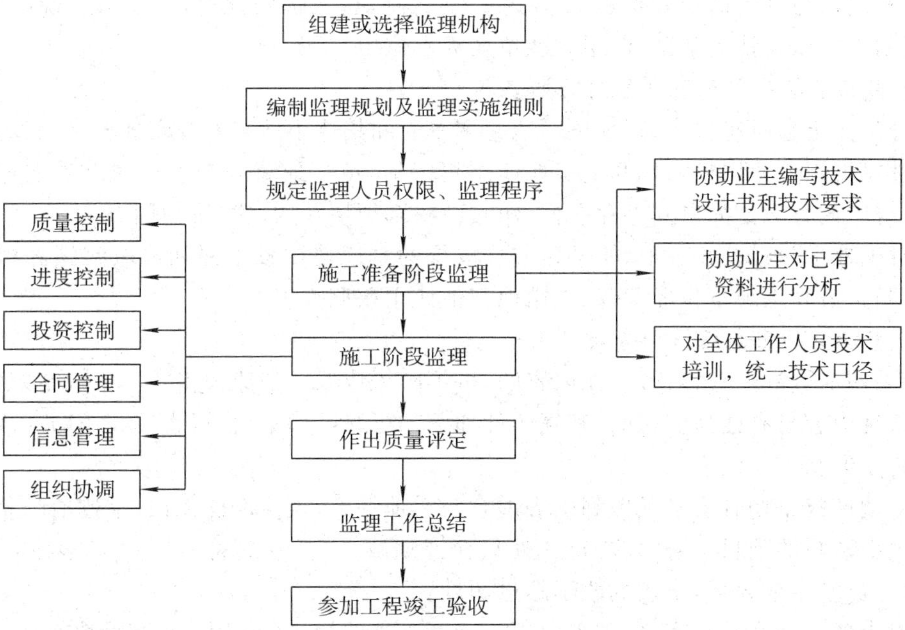

图 8-3　不动产权籍调查工程监理

§8-6　不动产权籍调查与测量成果资料

不动产权籍调查与测量工作结束后，成果经相关部门审查确认后，调查机构应以宗地为单位，按照统一的不动产权籍调查表、不动产测量报告和不动产权籍图等成果样式，进行编写、制作和整理，形成不动产单元调查成果，提交纸质成果和相应的电子数据。

以总调查模式开展的调查工程，还需要编写项目技术总结和项目工作总结。

一、不动产权籍调查与测量成果分类

(一)总调查成果

不动产权籍调查成果包括文字、图件、簿册和电子数据等材料。文字材料包括工作方案、

技术方案(技术设计书)、工作报告、技术报告等;图件材料包括工作底图、地籍图、宗地图、不动产单元图等;簿册材料包括不动产权籍调查外业记录手簿、控制测量原始记录与平差材料、不动产测绘原始记录、不动产权籍调查表册、各级质量控制检查记录材料等;电子数据包括不动产权籍调查数据库、数字地籍图、数字宗地图、数字房产图、影像数据、电子表格。

(二)日常调查成果

日常调查成果主要为文字成果、表格成果、图件成果,包括不动产权籍调查授权委托书、不动产权源材料、不动产权籍调查表、界址点坐标成果表、不动产测量报告、宗地图、房产分户图等。

二、不动产权籍调查与测量成果内容与要求

(一)不动产权籍调查表

不动产权籍调查表由封面、地籍调查表、土地承包经营权和农用地其他使用权调查表、集体土地所有权宗地分类面积调查表、房屋调查表、构(建)筑物调查表,以及填表说明组成。不动产权籍调查表以宗地为基础,以不动产单元为单位填写。

1. 不同的不动产单元填写不同的调查表

(1)对集体土地所有权宗地,须填写地籍调查表和集体土地所有权宗地分类面积调查表。

(2)对建设用地使用权宗地和宅基地使用权宗地,填写地籍调查表。如果其上存在房屋,则须填写房屋调查表。如果其上存在构(建)筑物,则须填写构(建)筑物调查表。

(3)对土地承包经营权宗地、非承包方式取得的草原使用权宗地和水域滩涂养殖权宗地,填写地籍调查表和土地承包经营权、农用地其他使用权调查表。

2. 采用活页的形式填写调查表

表格采用活页的形式,对整页无内容的,可不归入成果。如原表格式与本方案规定的表格式一致,并且内容没有任何变化的,其复印件加盖“复印件”印章后,可直接利用归入成果。

3. 填写要求

(1)不动产权籍调查表必须做到图表内容与实地一致,表达准确无误,字迹清晰整洁。

(2)表中填写的项目不得涂改,每一处只允许划改一次,划改符号用“ \ ”表示,并在划改处由划改人员签字或盖章,全表划改不超过两处。

(3)表中各栏目应填写齐全,不得空项。确属不填的栏目,使用“ / ”符号填充。

(4)文字内容使用蓝黑钢笔或黑色签字笔填写,也可采用计算机打印输出;不得使用谐音字、非规范汉字或缩写名称;签名签字部分须手写。

(5)项目栏的内容填写不下的可另加附页。宗地草图可以附贴。凡附页和附贴的,应加盖相关单位部门印章。

(二)不动产测量报告

不动产测量报告主要反映技术标准执行、技术方法、程序、测量成果、成果质量和主要问题的处理等情况,是长期保存的重要技术档案。主要内容包括概述、测量技术依据、控制测量、界址测量、其他要素测量、图件编制、房屋面积测算、质量评价、成果目录、成果附件。

三、不动产权籍图

不动产权籍图包括地籍图及不动产单元图等,其中不动产单元图主要包括宗地图和房产

分户图(房产平面图)等。

(一)地籍图

地籍图的内容包括行政区划要素、地籍要素、地形要素、数学要素和图廓要素。

1. 行政区划要素

主要指行政区界线和行政区名称。

2. 地籍要素

包括地籍区界线、地籍子区界线、土地权属界址线和界址点、图斑界线、地籍区代码、地籍子区代码、宗地号(含土地权属类型代码和宗地顺序号)、地类编码、坐落地址等。

3. 地形要素

包括房屋等建(构)筑物、道路、水系、植被、地理名称、高潮位线、低潮位线等。界址线依附的地形要素(地物、地貌)应表示,不可省略。可根据需要表示地貌要素,如等高线、高程注记、悬崖、斜坡、独立山头等。

4. 数学要素

包括内外图廓线、内图廓点坐标、坐标格网线、控制点、比例尺、坐标系统等。

5. 图廓要素

包括分幅索引、密级、图名、图号、制作单位、测图时间、测图方法、图式版本、测量员、制图员、检查员等。

(二)宗地图

以地籍图为基础,利用地籍数据编绘宗地图。

(三)房产分户图

以宗地图为基础,以幢、层、套、间为单位,绘制房产分户图。

(四)不动产索引图的编制

为便于检索和使用,不动产权籍调查工作结束后,应以县级行政辖区为单位编制不动产索引图。

四、项目技术总结

总调查结束后,需编写项目技术总结,它是全面反映实际调查方法、成果的质量状况、经验总结的重要资料,并作为技术档案长期保存。技术总结由承担任务的调查单位编写。技术总结的主要内容如下。

(一)概　述

(1)调查区概况:地理位置、行政隶属、用地特点、宗地密度等。

(2)调查工作依据、政府文件、技术规程等。

(3)队伍状况、权属调查承担单位和人员及培训情况。地籍测量承担的单位、技术力量、使用的仪器设备情况。

(4)列表说明各工序完成的起止日期和投入的力量。

(5)完成的主要成果:调查区的面积和各类土地面积,完成权属调查的宗地数(单位、个人),调处权属纠纷件数;宗地面积汇总表和土地分类面积统计表的份数等。

(二)权属调查实施情况

(1)权属调查的程序。

(2)实施准备(工作图、调查范围的确定和划分、不动产单元和界址点号编制规定等)。

(3)界址点实地位置确定、界标的类型、设置和管理情况。

(4)丈量界址边长等长度的工具、方法、精度及宗地草图的绘制方法。

(5)不动产权籍调查表填写、各种证件、签章等情况。

(三)平面控制测量的实施情况

(1)坐标系统的选择,起始点施测的单位、日期、等级、精度、可靠性。

(2)平面控制点布设的方法、等级、基本精度指标和主要技术要求。

(3)控制点的埋设和埋石点的数量,点之记和办理托管手续情况。

(4)施测仪器的检验情况。

(5)观测方法,观测成果的记录、整理和校核情况,平差计算的方法。

(6)列表说明实际控制网的结构和精度统计:如导线网的总长、平均边长、最短和最长边长;闭合环和结点数,结点间的最短和最长距离;环的方位角和坐标闭合差及相对闭合差(按 $0 \sim W/3 \sim W/2 \sim W$ 间隔统计,W 为限差);测角中误差、最弱相邻点位中误差或最弱点的点位中误差。

(四)不动产测绘实施情况

(1)不动产要素测量的方法、宗地界址点、房屋界址点测定的方法和精度情况。

(2)地籍图比例尺、分幅与编号方法、精度指标、内容表示、测绘方法,以及宗地图制作方法。

(3)宗地面积量算的方法、限差,以及宗地面积汇总和分类统计结果。

(4)房屋分层分户图比例尺、精度指标、内容表示、测绘方法。

(5)房屋建筑面积量算的方法、限差。

(五)不动产权籍数据库建设情况

(1)数据库设计和建立的流程、方法。

(2)数据入库与质量检查情况。

(3)数据库管理的功能和后续的应用。

(六)质量检查结果评述

对质量检查的结果给予公正合理的评述,并总结经验、吸取教训,提出合理化建议。

五、项目工作报告

不动产权籍调查(总调查)工作完成后,自然资源主管部门要编写不动产权籍调查工作报告,反映调查工作的组织实施全过程,须归档长期保存,其主要内容包括:

(1)基本情况。调查区的行政隶属、地理位置、面积;自然和社会经济状况;宗地密集程度、用地特点。

(2)工作组织。领导小组、实施单位领导、工作人员的分工,承担调查工作的单位,组织实施的管理工作和建立的管理制度。

(3)计划和实际完成的时间、经费。

(4)调查工作的流程、完成工作量及质量评价。

(5)组织工作的体会、存在问题、教训及建议。

六、成果的整理与归档

不动产权籍调查工作结束后，应对成果进行整理和归档。

(一)成果整理

不动产权籍调查成果经相关部门审查确认后，调查机构应以宗地为单位，按照统一的不动产权籍调查表、不动产测绘技术报告和不动产权籍图等成果样式，形成不动产权籍调查成果，提交纸质成果和相应的电子数据。

(二)成果归档

不动产权籍调查成果应按照统一的规格和要求进行整理、立卷、组卷、编目和归档。

§8-7　不动产权籍调查成果检查验收

成果检查验收是不动产权籍调查的最后一道工序，是不动产权籍调查与测量目标实现的重要环节。做好这一阶段的工作，对于保证不动产权籍调查测量成果质量，满足调查和技术要求十分必要。按照规程规定，总调查成果实行三级检查、一级验收的“三检一验”制度，即作业员的自检、作业队(组)的互检、作业单位的专检和不动产确权登记主管部门的验收。

一、检查验收要求

(1)“三检”工作由作业单位组织实施，接受不动产行政主管部门的监督和指导。

(2)三级检查和一级验收的结果和过程应形成完整的检查验收记录，专检和验收结束后应编写检查(验收)报告。总调查成果的验收由省级不动产确权登记主管部门组织实施或由其委托设区市不动产确权登记主管部门组织实施。

(3)各级检查验收中发现的问题，必须做好记录并提出处理意见，交给被检验单位进行改正。检查验收工作完成后，应编写检查报告。

(4)检查结束后应及时对成果进行整理，并装订成册归档入库。

二、检查验收内容

(一)不动产权属调查成果检查验收的内容

(1)地籍区、地籍子区的划分是否正确。

(2)权源文件是否齐全、有效、合法。

(3)不动产权属调查确认的权利人、权属性质、用途、年限等信息与权源材料上的信息是否一致。

(4)指界手续和材料是否齐备，界址点位和界址线是否正确、有无遗漏，设立界标是否规范。

(5)不动产权籍调查表填写内容是否齐全、规范、准确，与地籍图上注记的内容是否一致，有无错漏。

(6)宗地草图与实地是否相符，要素是否齐全、准确，四邻关系是否清楚、正确，注记是否清晰合理。

(7)不动产单元代码是否符合要求，有无重、漏。

(二)不动产测绘成果检查验收的内容

1. 控制测量

(1)坐标系统的选择是否符合要求。

(2)控制网点布设是否合理,埋石是否符合要求。

(3)起算数据是否正确、可靠。

(4)施测方法是否正确,各项误差有无超限。

(5)各种观测记录手簿记录数据是否齐全、规范。

(6)成果精度是否符合规定。

(7)材料是否齐全。

2. 界址点测量

(1)观测记录及数据是否齐全、规范。

(2)界址点成果表有无错漏。

(3)界址点、界址线和地物点精度是否符合规定。

3. 不动产权籍图测绘

(1)地籍图、房产分户图、不动产单元图上的宗地、房屋、地形等要素有无错漏;图上表示的各种不动产权籍要素与不动产权籍调查结果是否一致。

(2)地籍图、房产分户图、不动产单元图精度是否符合规定。

(3)房屋及地类号、结构、层数、坐落地址等有无错漏。

(4)图幅编号、坐标注记是否正确。

(5)各种符号、注记是否正确。

(6)图廓整饰及图幅接边是否符合要求,索引图的绘制是否正确。

(7)各种面积计算或计算方法及结果、分类面积汇总是否正确。

三、成果检查验收方法

(一)成果检查方法

1. 自检

自检是作业员在作业过程中或作业阶段结束时对作业质量的检查。自检比例为100%。

2. 互检

互检是下一工序的作业队(组)对上一工序的作业成果进行的全面检查。互检的检查比例,内业为100%,外业可根据内业检查发现的问题进行有针对性的重点检查,但实际操作的检查比例不得低于30%,巡视检查比例不得低于70%。

3. 专检

专检是由作业单位质量管理机构组织的对成果质量进行的检查。专检的检查比例,内业为100%,外业实际操作的检查比例不得低于20%,巡视检查比例不得低于40%。专检除按照规定的内容进行检查外,还应检查全检记录、技术方案执行情况、总结报告、工作报告等是否符合要求。

(二)成果验收方法

1. 成果抽检和质量评定

内业随机抽检5%~10%,外业实际操作的抽检比例视内业抽检情况决定,但不得低于

5%。根据抽检情况进行质量评定。对抽检发现的问题，作业单位应积极采取解决措施，及时进行返工。如果问题较多或较严重，质量评定为不合格的，要求作业单位整改后再申请验收。

2. 不合格情形

有下列情况之一的，应评定为不合格，不予验收，返回整改后再申请验收。

(1)作业中有伪造成果行为的。

(2)实地界址点设定不正确比例超过5%的。

(3)控制网点布局严重不合理，或起算数据有错误，或控制测量主要精度指标达不到要求的。

(4)界址点点位中误差或间距中误差超限或误差大于2倍中误差的个数超过5%的。

(5)面积计算错误的宗地数或幢数超过5%的。

验收组应出具验收报告和存在问题的书面处理意见。要求内容具体、表述清晰、数据准确、结论可靠。验收报告一份交给被检单位，一份由不动产登记机构存档。

四、地籍调查成果的检测要求

初始地籍调查成果必须依一定比例进行内、外业的检查，针对每一项内容，可有不同的检查方法和要求。

(一)解析界址点点位误差检测

检查界址点点位误差时，要求野外重新施测解析界址点的坐标(表8-2)来进行比较。

表8-2　解析界址点点位误差检测表

界址点号	测量坐标		检测坐标		比较结果		
	x/m	y/m	x'/m	y'/m	Δx/m	Δy/m	Δs

注：测量坐标是指作业组测量的界址点坐标，检测坐标是指检查员测量的界址点坐标，Δ_s为界址点点位误差，解析测量的房角点精度检测可参照表8-2执行。

表8-2中较差为

$$\Delta s=\sqrt{\Delta x^2+\Delta y^2} \tag{8-1}$$

若检测精度较高于原测量精度，检测值可视为真值时(例如：原测时用J6仪器半个测回，检测时用J2仪器一个测回，且比原测时对中、瞄准等精度都高)，界址点点位中误差为

$$m=\pm\sqrt{\frac{\sum\Delta s^2}{n}} \tag{8-2}$$

$$|m|\leqslant 5\ \text{cm}\quad(7.5\ \text{cm}) \tag{8-3}$$

较差允许误差为

$$|\Delta_{允}|\leqslant 10\ \text{cm}\quad(15\ \text{cm}) \tag{8-4}$$

通常，检测精度与原测精度相同时，界址点点位中误差为

$$m=\pm\sqrt{\frac{\sum\Delta s^2}{2n}} \tag{8-5}$$

$$|m|\leqslant 5\ \text{cm}\quad(7.5\ \text{cm}) \tag{8-6}$$

较差允许误差为

$$|\Delta_{允}| \leqslant 10\sqrt{2}\ \text{cm} \quad (15\sqrt{2}\ \text{cm}) \tag{8-7}$$

注：括注中数值适用于城镇街坊内部隐蔽界址点。

(二)宗地草图的精度检测

1. 界址点间距误差

检查该项误差时，通常是用原勘丈距离或相应的解析反算边长(原测坐标的)与检测距离或由检测坐标反算的边长比较(表 8-3)。

表 8-3 界址点间距误差检测表

街坊号	宗地号	界址点号		原测距离/m	比较距离/m	较差 Δ/cm	Δ^2
							$\Sigma\Delta^2=$

注：比较距离系指解析反算边长或检测距离；界址点按街坊统一编号时，"宗地号"栏可不填写。

一般情况下，均视原测距离与比较距离是同精度的。检查了 n 条边时，间距中误差为

$$m = \pm\sqrt{\frac{\sum\Delta^2}{2n}} \tag{8-8}$$

$$|m| \leqslant 5\ \text{cm} \quad (7.5\ \text{cm}) \tag{8-9}$$

较差允许误差为

$$|\Delta_{允}| \leqslant 10\sqrt{2}\ \text{cm} \quad (15\sqrt{2}\ \text{cm}) \tag{8-10}$$

2. 界址点与邻近地物点关系距离误差

检查该项误差时，除了须注意在表 8-4 中"点号"栏内注记号邻近地物点号不应带"J"外(通常邻近地物点也可按街坊或图幅统一编号，如 12、98 等)，其余均同界址点间距的检查。对于没有实测坐标的界址，要着重检查界址点与其邻近地物间的关系。

(三)地籍图的图面精度检测

界址点间距误差：检查该项误差时，通常用图解距离与相应的解析反算边长、检测距离或宗地草图上注记的原测距离进行比较(表 8-4)。

表 8-4 地籍图的图面精度检测表

街坊号	宗地号	点　号		原测距离/m	比较距离/m	较差 Δ/cm	Δ^2
							$\Sigma\Delta^2=$

检查了 n 条边，间距中误差为

$$m = \pm\sqrt{\frac{\sum\Delta^2}{n}} \tag{8-11}$$

$$|m| \leqslant \frac{0.3M}{10}\ \text{cm} \tag{8-12}$$

图上中误差为

$$m_{图} = \frac{m}{M} \times 10\ \text{mm} \tag{8-13}$$

$$|m_{图}| \leqslant 0.3\ \text{mm} \tag{8-14}$$

式中，M 为成图比例尺分母对应的数值。

间距允许误差为

$$|\Delta_{允}| \leqslant 0.6\ \text{mm} \tag{8-15}$$

思考与练习题

1. 工程项目为什么要实行招标投标？
2. 工程项目的招标方式有哪些？
3. 为什么说编写不动产权籍调查技术方案必须在收集分析资料和实地踏勘的基础上进行？
4. 如何编写技术设计书？
5. 工程监理的含义是什么？
6. 试述在不动产权籍调查工程中实现监理的必要性与可行性。
7. 试述不动产权籍调查工程中各阶段(前期设计、工程招标、实施与维护阶段)论述监理工作的内容。
8. 试述业主、监理人员、承包商三者的关系。
9. 监理人员的核心任务、职责、权利和职业道德是什么？
10. 如何对不动产权籍调查成果进行检查验收？
11. 控制测量及细部测量的技术总结有哪些内容？权属调查的技术总结内容是什么？
12. 不动产权籍调查归档的成果内容包括哪些？
13. 如何对不动产权籍调查成果进行质量评定？

第九章　不动产权籍数据库与信息系统建设

§9-1　不动产权籍信息的概念

信息是客观世界的真实反映，它是一个抽象的概念。从计算机处理角度来看，信息可以理解为事物的特征及诸事物之间的相互关系的抽象反映。数据是表示和记录信息的文字、符号与图像的组合，信息是以数据来表现，而数据是表达信息的手段。

不动产权籍信息指的是记载不动产的权属、位置、界址、面积、用途等基本状况的图簿册及数据库，主要包括土地、房产、海域(含无居民海岛)和林权等权籍调查信息。

一、不动产权籍信息的功能

我国现阶段的不动产权籍，已经从单纯的产权登记拓展到税收、银行和司法查询等服务功能，同时，它还为政府部门制定土地开发利用计划、经济发展目标、土地管理政策、环境保护政策等宏观决策提供基础资料和科学依据。在现代西方发达国家，不动产给政府、企业和个人提供规划和管理方面的多种直接信息或间接信息，成为国家上层建筑的重要组成部分。概括起来，不动产权籍信息具有以下功能。

(一)地理功能

不动产权籍信息表征的是一种与不动产相关的地理专题，不动产权籍所包含的不动产权籍图形和相关的几何数据，不但精确表达了一块地(包括附着物)的空间位置，而且还表达了所有不动产单元之间在空间上的相互关系。不动产权籍所具有的能提供地块空间关系的能力，称之为地理信息功能。

(二)产权功能

不动产权籍具有较强的法律性，它能在土地及其附着物为标的物的产权活动中提供法律性的证明材料，保护不动产所有者和不动产使用者的合法权益，避免不动产的产权纠纷。随着信息技术的普及，目前主要通过不动产权籍信息来记载不动产产权。

(三)管理功能

采用信息技术进行资源的存储、管理和查询分析是目前的一种必要手段，有利于行政管理效能的提升。目前不动产权籍管理工作的开展、不动产登记业务的办理都离不开不动产权籍数据库和信息系统，因而不动产权籍信息具有管理功能。

(四)决策功能

不动产权籍信息中提供的多要素、多层次、多时态的不动产的自然状况和社会经济状况，是国家编制国民经济计划、制定各项规划的基本依据。

不动产权籍信息服务可分为对内服务和对外服务。对内服务是指不动产权籍信息在自然资源管理部门内相关业务中的应用，如空间规划、建设用地报批、土地利用与供应等，要解决的是信息的标准化和统一底图建设问题。对外服务是指实现不动产管理机构与公安、民政、财政、税务、工商、金融、审计、统计等部门之间的信息共享交换，服务于社会征信体系的建立健全和市场经济制度的完善。对外服务要解决的一是提供什么样的信息，必须进行广泛的不动产权籍信息共享需求调查和服务标准制定，建立信息共享机制，明确信息共享内容、方式和技术流程；二是怎样从现有数据库中提取这些信息，涉及数据挖掘、数据仓库等技术；三是提供信息查询服务的前提，必须解决信息使用的法律法规依据、权限设定和个人隐私的安全保密问题。

二、不动产权籍信息的特征

不动产权籍信息一般具有三个方面的特征。

（一）空间特征

用于描述事物或现象的地理位置，又称几何特征、定位特征，如界址点、界址线等。

（二）属性特征

用以描述事物或现象的特性，即用来说明“是什么”，如事物或现象的类别、等级、数量、名称等。

（三）时间特征

用于描述事物或现象随时间的变化，如不动产单元的设立、灭失、界址调整及其不动产信息的变更等。

据此，不动产权籍信息呈现出以下几个特点：信息量大、内容多、涉及面广、图形和数据一一对应，构成一个有机整体；信息变化快，为了保持不动产权籍信息的现势性，必须不断进行更新；不动产一旦登记，其不动产权籍信息便具有法律效力，故必须保证不动产权籍信息的准确性；不动产权籍信息服务面广，政府部门和个人都是它的服务对象；查询应当十分方便。

三、不动产权籍数据的类型

不动产权籍信息是通过不动产权籍数据来表达。根据不动产权籍信息的特征，可以将不动产权籍数据归纳为三类。

（一）几何数据

描述空间数据的空间特征的数据，也称位置数据、定位数据，即说明“在哪里”，如用（X，Y）坐标来表示。

（二）属性数据

描述不动产权籍信息的属性特征的数据，也称非几何数据，即说明“是什么”，如不动产类型、权利类型、不动产坐落和价格等。

（三）关系数据

描述空间数据之间的空间关系的数据，如空间数据的相邻、包含等，主要是拓扑关系，拓扑关系是一种对空间关系进行明确定义的数学方法。

此外，还有元数据，它是描述数据的数据。在不动产权籍数据中，元数据说明空间数据内容、质量、状况和其他有关特征的背景信息，便于数据生产者和用户之间的交流。

四、不动产权籍数据要素内容

为了有效地组织、管理和利用不动产权籍信息，首先就应当对不动产权籍信息进行科学的分类，并建立相应的要素数据分层标准。根据《不动产登记数据库标准》，不动产权籍要素的分层如表 9-1 所示。其中,行政区划、地籍分区数据包括行政区、地籍区、地籍子区空间数据;宗地数据包括所有权宗地、所有权宗地界址线、所有权宗地界址点、使用权宗地、使用权宗地界址线、使用权宗地界址点、宗海、宗海界址线、宗海界址点等空间信息;房屋数据包括自然幢、构筑物信息。

表 9-1 不动产权籍要素分层表

序号	层名	子层名	层要素	几何特征	属性表名	约束条件
1	行政区划	省/县/乡	行政区	面	XZQ	必选
			行政区界线	线	XZQJX	必选
			行政要素注记	注记	ZJ	必选
2	地籍分区	地籍区	地籍区	面	DJQ	必选
		地籍子区	地籍子区	面	DJZQ	必选
3	不动产单元	所有权宗地	所有权宗地	面	ZDJBXX	必选
			宗地注记	注记	ZJ	可选
			界址线	线	JZX	必选
			界址线注记	注记	ZJ	可选
			界址点	点	JZD	必选
			界址点注记	注记	ZJ	可选
		使用权宗地	使用权宗地	面	ZDJBXX	必选
			宗地注记	注记	ZJ	可选
			界址线	线	JZX	必选
			界址线注记	注记	ZJ	可选
			界址点	点	JZD	必选
			界址点注记	注记	ZJ	可选
		宗海(含无居民海岛)	宗海	面	ZHJBXX	必选
			宗海注记	注记	ZJ	可选
			界址线	线	JZX	必选
			界址线注记	注记	ZJ	可选
			界址点	点	JZD	必选
			界址点注记	注记	ZJ	可选
		房屋	自然幢	面	ZRZ	必选
			构筑物	面	GZW	必选
		其他定着物	面状定着物	面	MZDZW	可选
			线状定着物	线	XZDZW	可选
			点状定着物	点	DZDZW	可选
4	栅格数据	栅格数据	航空数字正射影像图	栅格	SGSJ	可选
			数字栅格地图	栅格	SGSJ	可选

§9-2 不动产权籍数据库建立与更新

不动产权籍数据库是信息平台建设的核心,是按照特定策略组织存储的覆盖各级不动产权籍数据的数据集合。不动产权籍数据库来源于各级不动产权籍数据,包括不动产统一登记制度实施前和统一登记制度实施后的数据。数据库建立的总体思路方法为:遵循不动产登记数据库标准，设计数据库框架，明确数据库结构等内容；对经过检查整理并建立关联关系的各类不动产登记数据，以宗地、宗海为基础，以不动产单元为基本单位，进行整合、编码、入库，形成内容完整、关联紧密的不动产登记数据库，完整、准确地记录每一个不动产单元的“前世今生”。

一、不动产权籍数据采集与转换

（一）不动产权籍数据的采集

数据采集过程就是利用一定的仪器和设备，获取有关的不动产权籍要素的数据，并按照规定的格式存储在相应的记录介质上或直接传输给数据处理设备的过程。

（二）不动产权籍数据的转换

不动产权籍数据的转换包括数据格式转换、投影变换与坐标系转换等。

1. 数据格式转换

数据格式转换就是利用专门的数据转换程序将某种格式的数据进行转换，变成另一种数据格式数据，这是当前地理信息软件共享数据的主要办法。一般地，数据格式转换采用以下三种方式。

1）关联表转换

在两个软件系统之间通过关联表，直接将输入数据转换成输出数据。这种方法是记录之间的转换，由于它是针对记录逐个地进行转换，只对小的转换量才有意义；由于它是针对记录逐个进行转换，没有存储功能，因此不能保证转换过程中语义的正确性。

2）转换器转换

另一种转换方法是通过转换器实现。转换器是一个内部数据模型，转换器通过对输入数据的类型及值按照转换规则进行转换，得到指定的数据模型及值。与使用关联表相比，转换器转换具有更详细的语义转换功能，也具有一定的存储功能。

3）基于空间数据转换标准的转换

无论采用关联表还是采用转换器进行直接转换，它仅仅是两系统之间达成的协议，即两个系统之间都必须有一个转换模型，而且为了使另一个系统和该系统能够进行直接转换，必须公开各自的数据结构及数据格式。为此，可采用一种空间数据的转换标准来实现地理信息系统数据的转换，转换标准是一个大家都遵守并且很全面的一系列规则。转换标准可以将不同系统中的数据转换成统一的标准格式，以供其他系统调用。

2. 投影变换与坐标系转换

当系统所使用的数据是来自不同地图投影时，需要将一种投影的几何数据转换成所需投影的几何数据，这就需要进行地图投影变换。不动产权籍管理信息系统中一般采用高斯-克吕格投影，需要能实现 3°带与 6°带等之间的变换关系。地图投影变换的实质是建立两平面场之间点的一一对应关系。假定原图点的坐标为 (x,y)（称为旧坐标），新图点的坐标为 (X,Y)（称为新坐标），则由旧坐标变换为新坐标的基本方程式为：$X=f_1(x,y)$；$Y=f_2(x,y)$。

在不动产权籍管理信息系统中，全部空间信息从输入到输出产品，中间要经过多次坐标变换，因为它们在不同的阶段处于不同的坐标系。如数据获取和图形输出要进行设备相对坐标与用户坐标之间的变换，数据入库和数据检索要进行用户坐标与数据库坐标之间的变换，而图形交互编辑要进行屏幕坐标与数据库坐标之间的变换。这些转换是图形平台或地理信息系统平台所必须具备的功能。此外,坐标系转换还存在1980西安坐标系、2000国家大地坐标系、地方坐标系等之间的转换,相关内容在第三章已详细介绍。

二、不动产权籍数据整合模式

不动产权籍数据整合指的是通过对不动产包含的土地、房产等已有的空间信息整理,参照比例尺、属性结构、空间参考以及精度等指标,在保证拓扑无错误、属性值域正确、信息表达一致等前提下,考虑到数据管理、存储、更新等因素,将整合后的空间数据和非空间数据进行关联,用宗地编号把宗地和不动产单元进行关联,用不动产单元编号将不动产和不动产权利关联,并与已有土地、房产、林权、海域等原有不动产登记簿建立有效关联,形成按指定格式分别存储的土地、房产、林权、海域等不动产登记空间数据库。同时,对整合原有登记信息系统的空间参考信息等关键性原始数据进行保存和归档。

(一)集中数据整合模式

集中数据整合一般以工程项目的形式进行,在短期内完成,其成果作为后续工作的本底数据。数据整合主要分为工作准备、规范化梳理、数据整理、整合落宗和数据检查入库五个阶段,如图9-1所示。以房地产数据为例,在收集土地、房屋登记数据的基础上,进行无效数据清洗和有效数据规范化梳理、逻辑关系重建,理清每栋、每套房屋的物理属性、产权现状和产权变化情况,建立、完善和规范楼盘表。如果现有数据无法建立楼盘表,则通过外业勘查进行数据补充录入,完成楼盘表的构建和物理组栋。以此为基础,将房屋与土地通过图形空间拓扑关系进行关联,并在房屋层追加宗地统一代码,对部分不能一一对应关联的房屋,由不动产登记和勘测部门联合进行外业勘测处理,完成房屋落宗。最后,对数据质量进行检查,将检查无误的数据导入不动产数据库中,完成集中数据整合入库。

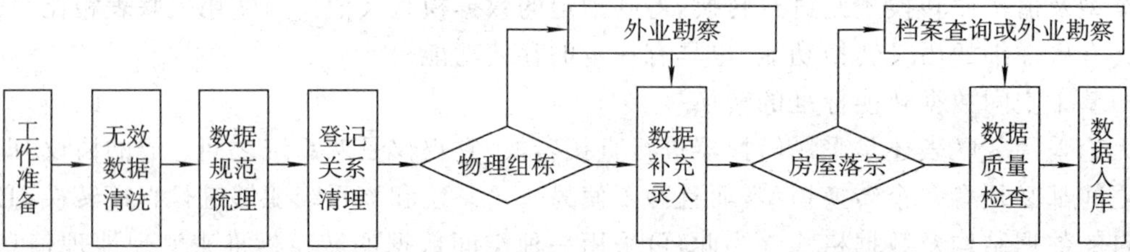

图9-1 集中整合技术流程

(二)日常更新整合模式

集中、主动式的数据整合工程虽然能够在短期内实现区域内各类登记数据的整合集成,但数据整合的质量很难完全符合登记业务办理需要,特别是历史遗留数据问题,还要在日常登记运行中逐步解决。日常数据更新是以集中数据整合后的数据库为底库,对日常工作中涉及的登记数据进行变更和维护,通过日积月累的滚动更新,逐步提高房地数据整合的质量。日常数据的滚动更新是统一审核工作模式下的主要整合方法,也是一项长期的工作。

三、不动产权籍数据质量控制与入库

数据质量控制主要是针对入库的数据进行空间和属性的检查,排除数据逻辑上的错误,并人工进行数据整理的工作,主要包括图形检查、属性检查、图属一致性检查、接边检查、数据整理等,其流程如图9-2所示。

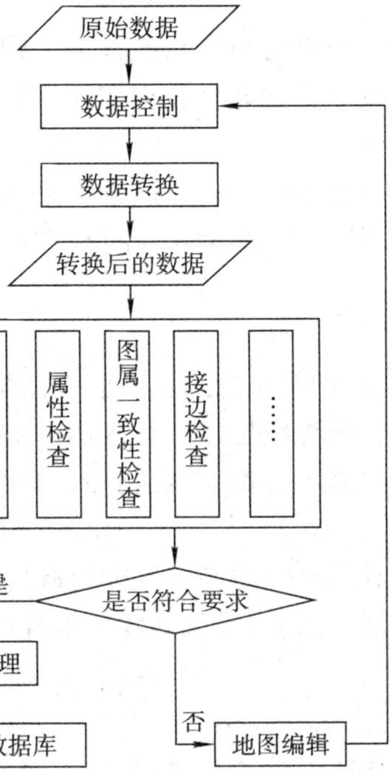

图 9-2　数据质量控制流程

(一)图形检查

图形数据在采集与转换的过程中可能会产生各种各样的错误，使得图形数据在进行拓扑运算的时候出现错误，必须进行图形检查。

图形数据检查可以分为面状要素检查、线状要素检查、点状要素检查、图形拓扑检查等，如图 9-3 所示。

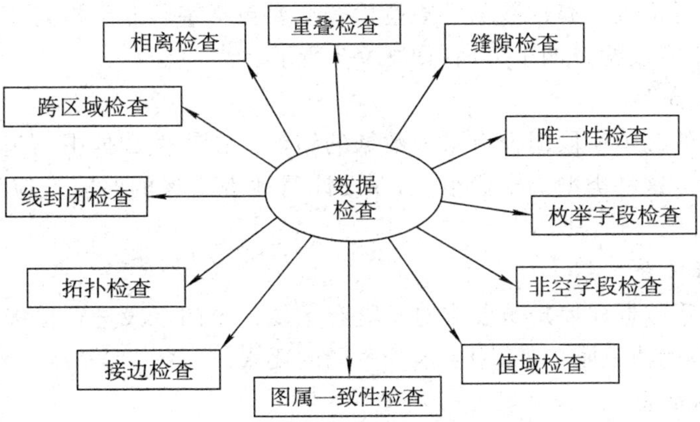

图 9-3　入库时数据质量控制

1. 面状要素相离检查

在不动产权籍要素采集过程中常常由于数字化或数据采集时业务人员的疏忽造成本应相邻的面状要素(如两个相邻的宗地)相离，形成“天窗”，这样可能导致面积统计的结果与实际不符，所以必须进行检查。

2. 面状要素重叠检查

面状要素重叠,即两个面状要素之间有重叠部分。现实中宗地、房屋等面状要素之间是不可能重叠的,重叠会导致拓扑关系错误和计算面积比实际面积少。

3. 面状要素缝隙检查

面状要素缝隙,即两个面状要素(如地籍区、地籍子区等)之间有两个以上的公共点,在公共点之间留有缝隙。显然,如果存在缝隙则会同存在相离一样,导致计算面积与实际面积不符。

4. 线状要素封闭检查

线状要素封闭,即线段的起点和终点是否为同一点,即通常所说的闭合。需要进行线状要素封闭检查的有权属界线层、行政界线层等。行政边界和权属界线是一个涉及权属双方利益的重要因素,所以行政边界和权属界线都应该达到封闭独立。

5. 线状要素跨区域检查

不动产权籍数据一般是以地籍区、地籍子区或行政区划来组织,许多不动产权籍要素对象的定义、编码都基于该管理区域。因此,线状地物不能穿越管理区域。对于线状地物必须对其是否和管理区域相交进行检查。

6. 冗余点检查

在实际数据采集时,由于作业人员的疏忽,在同一个坐标点位上往往会多次采集,产生很多无意义的点,不但会造成数据冗余而且会导致数据的不一致。冗余点应当剔除。

(二)属性检查

不动产属性数据是符合特定数据规范的数据,为了对图层中对象进行索引及面积计算,每个图层都有严格的属性要求,必须按此规范输入数据。但是工作人员对业务理解的局限性或者工作的疏忽会导致所录入或转换的属性数据出现诸如丢失、错误或不完整等错误。这些错误属性数据的存在会带来很大的问题,而且人工检查十分不便,所以必须借助计算机辅助手段对不规范数据进行检查。属性数据的规范检查主要包括字段非空检查、字段唯一性检查、字段值范围检查、枚举字段检查四个方面,如图 9-3 所示。

1. 字段非空检查

检查一些记录的必填字段但没有录入数据的错误。在属性数据中,有些字段是关键字段,是必须要填的字段。这种类型的字段很多,在设计属性表结构的时候就应该设置该字段为必填字段。

2. 字段唯一性检查

按照不动产权籍数据建库规范要求对不能有重复记录的字段进行检查。在不动产权籍属性数据中,有些字段的值是唯一的,用于区分不同的要素。

3. 字段值范围检查

不动产权籍数据中有些字段的取值是有一定范围的,字段值范围检查是检查出该字段的记录值超出规范范围的记录。例如方位角取值只能在 0°～360°。

4. 枚举字段检查

在不动产权籍属性数据中,有些字段的取值是枚举类型。例如国有土地使用权类型只能取划拨、出让、入股、租赁、授权经营及其他,房屋用途和类型只能填写数据标准字典表里有的代码等,对于这种字段必须要进行枚举字段检查来检查出不合法的输入。

(三)图属一致性检查

图层的图形数据和属性数据是相伴出现的。有图形无属性或有属性无图形都是不正确的。图形属性一致性检查就是用来检查属性和图形之间的匹配性。

(四)接边检查

由于不动产权籍信息一般是分图幅进行测绘采集的,所以当数据入库时各分幅图需要接边以保证图形在空间上的一致性。接边检查主要是检查要素是否接边,是否正确接边,包括位置接边检查、属性接边检查(检查相邻图幅接边要素的属性是否一致)。检查需接边的图层之间是否完全接边,是分别以待接边的图层边界为中心,建立一定宽度的缓冲区,检查在对应接边位置两缓冲区内是否存在属性完全相同的要素,如存在则检查两相同要素间最短距离是否在给定限差范围内。如果超出限差范围则说明接边错误,需重新接边。需接边的一般为线层和面层。

在进行数据接边检查时对于一些不太确定的要素要去实地进行调绘,并在内业进行图形拼接的处理工作,以保证数据库是一个连续的、无缝的整体。

(五)数据整理

不同来源的数据,经过质量检查后,仍存在着诸多的不一致,如符号与注记的不一致、图层的编排与内容的不一致等,在进行入库前,需要进行数据整理。数据整理主要是手工进行数据处理和编辑修改等工作,以保证数据的质量为第一目的。入库的数据质量将直接影响数据整理的工作量,提交的数据质量高则数据整理的工作量也相应减少,当提交的数据与数据标准之间差距比较大时,将大大增加数据整理的工作量。当数据整理的工作量达到一定的程度,就需要考虑数据的重新转换、提交、入库。

四、不动产权籍数据库更新

增量的不动产权籍数据通过数据的增量汇交保持数据库的现势性。同时,随着业务和服务需求变化,支撑数据库中的数据也需要及时更新,支撑数据库采用定时更新的机制来保持数据库的现势性。在系统建设的过程中,不动产权籍数据库的更新是至关重要的环节之一。

(一)不动产权籍时空数据库设计

时态性是地理信息对象的重要特性,尤其不动产权籍数据对现势性的要求非常高。不动产权籍管理信息系统除了能精确地描述不动产权籍对象的空间位置和属性外,还必须能够完整、连续地记录不动产权籍空间对象的演变过程。宗地等不动产单元的变化可分为三种:属性变化,空间不变;空间变化,属性不变;空间和属性同时变化。

在不动产权籍数据库设计的初期就要充分考虑到以后的历史数据管理。在进行数据库设计时,给每个图层要素都设置建立日期和变更日期字段,当数据发生变更时,在变更数据的同时,应记录相应的变更信息,通过该变更信息和历史数据可以进行历史数据的回溯查询。

此外,也可以通过实施版本控制以保证数据变化的连续性,并避免混乱。通过对时间维的描述,借助可视化方法可直观地表达不动产权籍数据的空间动态变化,制作随时间变化的动态地图,用于涉及时空变化的现象或概念的可视化分析。以不动产权籍数据空间实体的增量变化存储为基础,形成一个时间序列,序列上的任意项都可以备份下来作为版本加以管理,同时增量演化也可以得到相应版本的数据,如图 9-4 所示。

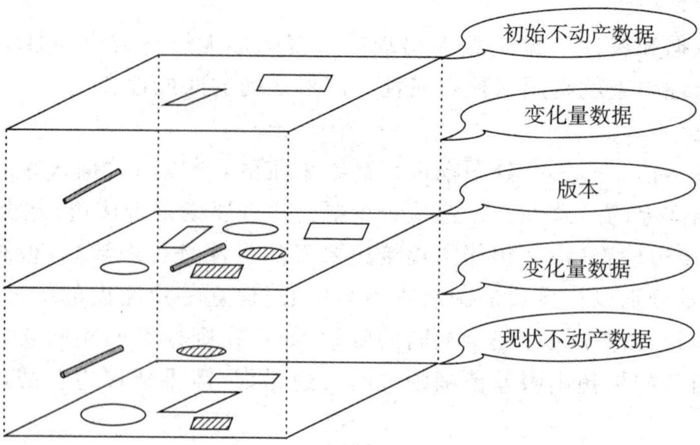

图 9-4　不动产权籍数据历史信息管理

(二)不动产权籍数据库的更新方式

目前地理信息系统空间数据的更新方式主要有时间片快照、基态修正(底图叠加)、基于事件等。不动产权籍数据库中的基础地理信息以及影像数据一般采用时间片快照,按年度进行。土地、房屋权属由于变更频繁,需要日常动态更新,一般采用基态修正模型,并能及时反映到不动产登记过程中。在数据变更前,先以某一年数据作为基态,然后对现状数据进行变更。

除了县(市)本级不动产权籍数据库的更新外,目前已要求实现不动产权籍数据库向省、国家逐级汇交和更新。实现的一种方式是采用整库汇交、定期更新。这种方式比较简单,但给数据检查带来难度,而且极大地增加数据存储空间要求,数据冗余度较高。因而,采用增量式更新是一种比较理想的模式,要实现不动产权籍数据的增量更新必须解决增量更新包的有效性检查和同步更新一致性等方面问题,技术难度较高。无论采取哪种方式,不动产权籍数据更新不是简单的删除替换,而是在数据更新的同时将被更新的数据存入历史数据库供查询检索、分析。

§9-3　不动产权籍管理信息系统建设

不动产权籍管理信息系统是在计算机和现代化信息技术支持下,以不动产单元为核心实体,实现不动产权籍信息的输入、存储、检索、处理、综合分析、辅助决策以及结果输出的信息系统,有利于信息资源的管理和共享。其建设的主要目的和作用为:借鉴现有土地、房屋、林业、农村承包地等不动产登记信息化的建设成果,结合我国不动产统一登记的总体要求和市(县)不动产统一登记工作的实际安排,研发不动产登记权籍调查管理系统,实现基于同一系统的各类不动产调查和登记数据的整合与统一,实现不动产统一登记数据的高效管理和应用。

一、不动产权籍管理信息系统架构与内容

(一)不动产权籍管理信息系统架构

信息系统一般有客户-服务器(client/server,C/S)和浏览器-服务器(browser/server,B/S)两种体系架构。由于不动产权籍数据库需要频繁地进行空间图形数据的编辑、处理和更新操作,一般采用 C/S 结构。而在不动产权籍数据库紧密关联的不动产登记业务办公自动化系

统，则可以采用B/S结构，并通过采用万维网地理信息系统（WebGIS）或服务调用的方式在客户端浏览器中可以实现不动产权籍空间数据及属性数据的查询、显示。

（二）不动产权籍管理信息系统内容

不动产权籍管理信息系统一般包括以下四个主要部分。

1. 系统硬件平台

不动产权籍管理信息系统硬件平台是用于存储、处理、传输和显示不动产权籍数据，计算机与一些外部设备及网络设备的连接构成不动产权籍管理信息系统的硬件平台，是系统功能实现的物质基础。

（1）计算机：是硬件系统的核心，包括从主机服务器到桌面工作站，用作数据的处理、管理与计算。

（2）网络设备：包括布线系统、网桥、路由器和交换机等。具体的网络设备根据网络计算的体系结构来确定。

（3）输入输出（I/O）设备：包括扫描仪、绘图仪、打印机和高分辨率显示装置等。

（4）数据存储与传送设备：包括磁带机、光盘机、活动硬盘和硬盘阵列等。

2. 系统软件

系统软件按照其功能分为：不动产权籍应用软件、地理信息平台软件、数据库软件、系统管理软件等。

（1）不动产权籍应用软件：不动产权籍应用软件是以地理信息平台软件、数据库软件为基础，针对不动产权籍管理目的而采用二次开发的应用软件系统，涵盖不动产权籍管理的主要功能，包括不动产权籍调查数据的采集、编辑处理、成果输出、分析统计、数据变更等。

（2）地理信息平台软件：地理信息平台软件一般指具有丰富功能的通用地理信息系统软件，它包含了处理地理信息的各种高级功能，是不动产权籍管理信息系统建设的图形平台。其代表产品有ArcGIS、SuperMap、MapGIS等。

（3）数据库软件：数据库软件除了在地理信息系统中用于支持复杂空间数据的管理软件以外，还包括服务于以非空间属性数据为主的数据库系统，这类软件有Oracle、DB2、SQL Server等。

（4）系统管理软件：系统管理软件主要指计算机操作系统。

3. 不动产权籍数据库

由于不动产权籍数据量一般较大，为了满足后期数据检索、分析等应用需求及提供其他业务系统共享，一般需要建立高性能和高可靠性的不动产权籍数据库。

在不动产权籍管理信息系统中，不动产权籍数据是以结构化的形式存储在计算机中的，称为不动产权籍数据库。数据库由数据库实体和数据库管理系统组成。数据库实体存储许多数据文件和文件中的大量数据，而数据库管理系统主要用于对数据的统一管理，包括查询、检索、增删、修改和维护等。不动产权籍数据库是不动产权籍管理信息系统分析与处理的对象，构成系统的应用基础。

4. 应用人员

不动产权籍管理信息系统应用人员包括系统开发人员和系统用户，系统用户又可分为一般用户和从事建立、维护、管理和更新的高级用户。系统用户中高级用户的业务素质、专业知识及对系统的掌握程度是不动产权籍管理信息系统工程及其应用成败的关键。

二、不动产权籍管理信息系统主要功能

不动产权籍管理信息系统的服务对象是多方面的,包括自然资源管理及相关使用部门、社会与经济团体、个人等。根据不同层次管理和服务的对象,不动产权籍管理信息系统一般应该具有如下功能。

(一)数据采集与交换

系统应支持多种形式的数据采集方式和主流的数据交换格式。

1. 图形数据采集

能实现数字化仪(屏幕数字化、扫描数字化)以及卫星导航定位接收机、全站仪、数字测图和数字摄影测量系统等的数据导入与编辑等。

2. 不动产权籍调查表输入

调查表表格数据和文档录入编辑、自动反填等,能实现不动产权籍调查成果数据(含楼盘表)与不动产测绘、不动产登记等业务系统的数据实时交换、同步更新。

3. 面积计算

主要是土地和房屋分摊面积的计算。

4. 坐标转换与投影变换

能实现2000国家大地坐标系统、1980西安坐标系、1954北京坐标系、地方坐标系统、独立坐标系统等坐标系转换,以及高斯-克吕格投影3°带和6°带之间的投影转换。

5. 数据格式交换

能与主流的地理信息系统(GIS)、计算机辅助制图系统(CAD)等软件系统所支持的数据格式进行交换。数据交换后应做到有效信息无损失、数据转换精度在允许的范围内、符号系统自动匹配等。

(二)数据编辑与处理

应有数据复制、修改、移动、增加、删除、剪切等图形编辑及属性增加、插入、修改、删除等功能。图形编辑能够实现空间几何实体拓扑错误检查和拓扑关系维护,确保图形数据和属性数据的一致性。如提供宗地生成界址点、宗地生成界址线、界址点自动编号等功能;提供房屋落宗,实现房屋信息与宗地信息的关联挂接等功能。

(三)数据检查

应实现数据完整性检查、数据结构正确性检查、数据内容完备性检查、层间与层内图形拓扑关系检查、图形与属性数据一致性检查等。

(四)成果管理

包括宗地图输出、房屋平面图输出、分层分户图输出、图件成果管理等图件输出管理功能,还包括统计报表管理和成果数据入库等功能。

(五)查询统计

能够实现单一条件的图形和属性信息查询,以及任意时间点、任意时间段、组合条件的图形和属性信息查询,报表的定制、报表的统计和统计图的制作等。如通过土地与房屋的关联对应关系,建立索引,实现土地与房屋的一体化查询功能。

(六)数据分析

如实现指定区域范围对宗地、房屋、林权等不动产单元的面积和类型等分析;根据指定属

性(如地籍区、地籍子区、权属、权利人等)对宗地、房屋、林权等不动产单元信息进行叠加和构成等分析。

(七)数据变更

包括不动产单元编号获取、不动产调查资料审查、数据变更工具箱、历史关系查看和变更撤销等功能。

(八)元数据管理

提供元数据的采集、编辑、检索、查询、维护与更新等管理功能。

(九)系统维护与升级

提供用户的操作权限和口令密码维护、数据字典和日志管理维护、系统安全管理与升级更新等功能。

不动产权籍管理信息系统界面如图 9-5 所示。

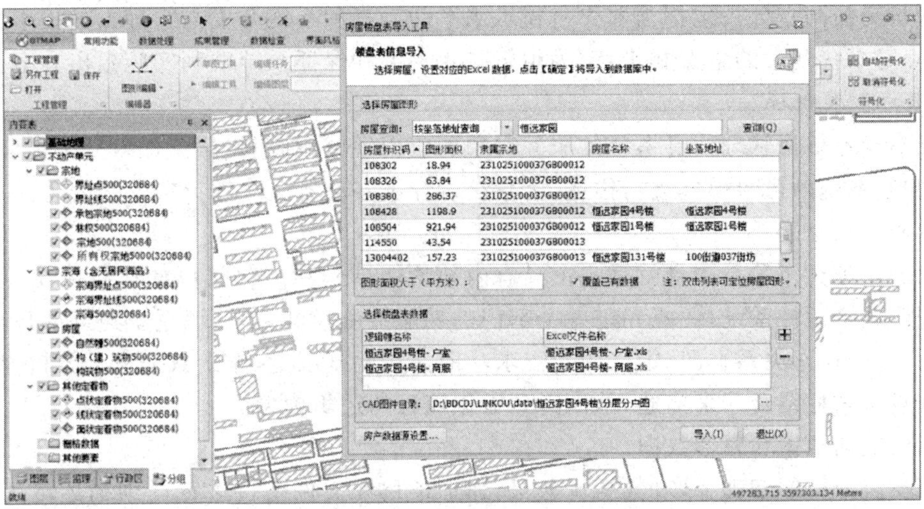

图 9-5　不动产权籍管理信息系统界面

三、不动产权籍管理信息系统工程建设步骤

不动产权籍管理信息系统建设是一项十分复杂的工程，涉及用户需求调查、系统分析、系统设计、软件开发和系统维护等技术方法，还涉及领导决策、资金保障和技术人员配备管理等协调工作。所以，在不动产权籍管理信息系统工程建设中，必须遵循一套科学的设计原理和方法，必须有一套强有力的组织管理工作，才能保证工程建设的顺利进行。不动产权籍管理信息系统工程的建设从项目立项到系统运行，大体上要经过以下五个步骤。

(一)可行性研究

1. 确定系统的总目标、总效益

不动产权籍管理信息系统工程的总目标要根据用户的需求和系统实现的功能来定，一般可分为三个层次：第一个层次是数据库系统层次，具有输入、检索和输出等主要功能；第二个层次是业务管理层次，在数据库系统基础上，具有不动产权籍管理功能，主要包括不动产数据编辑和处理、数据自动挂接、数据变更等；第三个层次是在前两个层次基础上的专家应用层次，主要包括不动产信息查询统计、不动产数据分析等。不动产权籍管理信息系统建设周期较长，应该分阶段实施,逐步提高层次。

系统的总效益分析主要包括:为政府相关部门提供数据支撑服务,为领导决策提供咨询服务,为社会各界提供信息产品服务,通过各项服务体现系统的社会效益和经济效益。这种分析是可行性研究的总结性论述,是决策人员作出决策的重要依据。

2. 资金、数据源和技术状况的调查分析

不动产权籍管理信息系统工程耗资较大,需要有足够的资金来保证系统的建设实施和维护。资金投入情况往往决定了系统的建设规模和建设速度,所以应对系统建设和系统维护的资金投入量作充分的预测估算。

数据源的调查、统计和分析对系统的效益有着决定性的影响。数据源分析包括图形资料、表格数据和文字资料是否齐全,精度保证和现势性达到什么程度,对数据源的使用价值应作出恰当的结论。

技术状况的调查分析包括当前先进技术水平的调查和系统开发与管理人员技术水平的分析,从而确定系统开发的重点和难点,为组织技术攻关和保证系统顺利实施提出方案。

3. 用户需求分析

根据不动产权籍管理信息系统的服务对象和应用领域,对用户信息加以分析提炼,定义系统功能,并对系统的逻辑模型进行描述,为系统设计做好准备。

1)定义需求功能

用户的业务运作关系本身就是一个具有内部功能结构和外部接口的运行系统,反复调查和充分理解这个运行系统,便能界定各个部门的功能范围及其关系、该系统与外部环境的信息交换关系,绘制运作关系框图,定义用户需求功能。在此基础上,作出数据流程分析,将业务运作过程和数据流程结合起来描述,从而得到数据流程的逻辑模型。

2)定义空间数据和属性数据

在数据流分析的基础上,对数据流条目、加工条目和文件条目进行详细描述定义,列出组成这些条目的数据项及组织方式,定义数据类型、存储长度和取值范围。来源于各种表格的数据都有显示定义,而来源于图件的数据没有显示定义,应当特别注意,按类别给予显示定义。最后应当撰写用户需求分析报告,作为下一阶段系统设计的依据。

(二)系统总体设计

1. 确定子系统及其接口

总体设计应当综合考虑机构设置、功能范围、数据共享和运行过程四个方面的因素,作为划分子系统的依据。各子系统应当功能明确,在业务关系上构成一个有机整体。各子系统间的联系表现在数据共享、数据传递和子功能模块的调用等方面。因此,在设计接口时,既要保证有关子系统的联系能够畅通,又要对公用数据的交换格式和使用权限有严格的规定。

2. 系统网络设计

主要包括系统主机、终端设备、外围设备之间的数据通信设计,网络中的进程控制和访问权限设计等内容。

3. 系统软硬件配置

硬件包括工作站、计算机、存储设备、扫描仪、绘图机及其他外围设备,按开发期和运行期分别予以配置。软件主要是指系统支持软件和开发应用软件。

(三)系统详细设计

详细设计在总体设计基础上进行,设计内容如下。

1. 数据库设计

根据系统的逻辑模型,进行数据模型设计和数据结构设计,建立空间数据库和属性数据库的连接关系。空间数据库设计主要是数据分层、属性项定义、属性编码和空间数据索引等。属性数据库设计主要是建立各种二维表,并按表结构存储数据,建立属性数据索引等。

2. 数据采集方案设计

此项设计主要包括:数据采集方式的选择,确定不同要素相应的数字化方法,根据需求功能和数据库组织数据的要求决定要素的选取与分层,确定各要素相互关系处理的原则,规定精度要求和作业步骤等。

3. 功能设计

功能设计通常采用结构化设计方法。这种方法以数据流程图为基础构成模块,由若干相对独立、功能单一的模块组合成系统。模块的质量直接关系到系统结构的优劣。每个模块都具有输入、输出和逻辑控制功能,具有运行程序和内部数据等属性,它们应当尽可能相对独立,功能分割明确,每一模块的修改和更新不影响其他模块。这就要求每个模块内部联系紧密,外部联系较少。结构化设计所使用的基本结构单位只有三种,即顺序结构、选择结构和循环结构。结构化程序可以采用自上而下逐步细化的方法来编写,每个程序块只有一个入口和出口,只完成特定的功能。

4. 界面设计

不动产权籍管理信息系统软件是一个专业软件,但仍应为用户提供美观、友好的界面环境。界面通常设计成下拉式,弹出汉字菜单;有的还配置精巧的图例,或加简要的说明,或采用向导的方式引导用户完成复杂的数据处理过程。

5. 系统安全设计

对用户进行分类,规定各类用户的操作级别,设计不同数据的访问权限,建立进入系统的口令与密码,建立系统运行跟踪记录文件。

6. 输入输出(I/O)设计

规定数据输入方式和图形图表输出结果的形式,确定输入、输出数据的精度,选定输入、输出设备。

(四)系统实现和系统评价

这一阶段主要是完成系统物理模型的建立,并请专家和用户对系统进行评价。具体工作包括:

(1)程序编制与调试。在开发平台软件基础上,逐个实现设计阶段定义的功能。每个模块都应传递样区数据,以检验该模块的功能。

(2)根据建库方案准备数据并进行数据采集。

(3)子系统联网并测试运行效率。

(4)进行系统评价。

(5)用户手册、操作手册和测试报告的编写。

(6)操作人员的培训。

(五)运行与维护

系统维护是保证系统正常运行、决定系统生命周期的重要手段。具体工作包括:

(1)信息安全体系建立,开展信息系统安全等级保护,确保网络、信息系统以及数据的安全,并做好数据的日常备份和异地备份。

(2)数据实时更新,维护数据库的现势性。

(3)完善系统功能,满足用户最新要求。

(4)完成硬件设备的维护和更新。

思考与练习题

1. 不动产权籍信息是什么?它具有哪些服务功能?
2. 不动产权籍信息有什么特征?主要包含哪些要素内容?
3. 不动产权籍数据采集主要有哪几种方法?
4. 不动产权籍数据转换主要完成哪些转换?在不动产权籍信息系统中存在哪几种坐标,它们之间如何转换?
5. 为什么要进行不动产权籍数据整合?数据整合的主要方法和流程是什么?
6. 在不动产权籍数据入库前,应进行数据检查,数据检查包括哪些内容?
7. 不动产权籍管理信息系统一般由哪几部分组成?采用何种系统架构?
8. 不动产权籍管理信息系统应包括哪些主要功能?
9. 简述不动产权籍数据库的设计和更新方式。

参考文献

樊志全,2004.地籍调查[M].北京:中国农业出版社.

国土资源部政策法规司,国土资源部不动产登记中心,2015.不动产登记暂行条例释义[M].北京:中国法制出版社.

李玉宝,沈学标,吴向阳,2013.控制测量学[M].南京:东南大学出版社.

宁津生,陈俊勇,李德仁,等,2004.测绘学概论[M].武汉:武汉大学出版社.

谭峻,林增杰,2008. 地籍管理[M].4版.北京:中国人民大学出版社.

吴长彬,孙在宏,王履华,等,2019.土地管理信息系统[M].北京:科学出版社.

吴向阳,王庆,王燕,等,2008. 基于"双星"结合的土地变更调查模式研究[J]. 测绘通报(8):17-19.

章书寿,陈福山,周国树,2011.测量学教程[M].4版.北京:测绘出版社.